宋 歐陽修 宋 祁 撰

新唐書

第一二册

卷八〇至卷九七（傳）

中華書局

唐書卷八十

列傳第五

太宗諸子

常山王承乾 鬱林王恪 成王千里 吳王琨 信安王禕 趙國公峘 嗣吳王祗 嗣吳王巘 濮王泰 庶人祐 蜀王愔 蔣王惲 之芳 越王貞 琅邪王冲 紀王慎 義陽王琮 曹王明 嗣曹王皐 象古 道古

太宗十四子：文德皇后生承乾，又生第四子泰、高宗皇帝，後宮生寬，楊妃生恪，又生第六子愔，陰妃生祐，王氏生惲，燕妃生貞，又生第十一子囂，韋妃生慎，後宮生簡，楊妃生福，楊氏生明。

常山愍王承乾字高明，生承乾殿，即以命之。武德三年，始王常山郡，與長沙、宜都二王同封。俄徙中山。太宗即位，立爲皇太子。

甫八歲，特敏惠，帝愛之。在諒闇，使裁決庶政，有大體，後每行幸，則令監國。及長，好聲色慢游，然懼帝，祕其迹。臨朝，言諄諄必忠孝，退乃與羣不逞狎慢。左右或進諫，危坐斂容，痛自咎。飾非辯給，諫者拜答不暇，故人人以爲賢而莫之察。後過惡寖聞，宮臣若孔穎達、令狐德棻、于志寧、張玄素、趙弘智、王仁表、崔知機等皆天下選，每規爭承乾，帝必厚賜金帛，欲以厲其心。承乾慠不悛，往往遣人陰圖害之。時魏王泰有美名，帝愛重。而承乾病足，不良行，且懼廢，與泰交惡。泰亦謀奪長，各樹黨。

東宮有俳兒，善姿首，承乾孌愛，帝聞震怒，收兒殺之，坐死者數人。承乾意爲泰告，望甚。內念兒不已，築室圖其象，贈官樹碑，爲起冢苑中，朝夕祭。承乾至其處裴回，涕數行下，愈怨懟，稱疾不朝，累數月。

又使戶奴數十百人習音聲，學胡人椎髻，翦綵爲舞衣，尋橦跳劍，鼓鞞聲通晝夜不絕。造大銅鑪、六熟鼎，招亡奴盜取人牛馬，親視烹燖，召所幸廝養共食之。又好突厥言及所服，選貌類胡者，被以羊裘，辮髮，五人建一落，張氈舍，造五狼頭纛，分戟爲陣，繫幡旗，設穹廬自居，使諸部斂羊以烹，抽佩刀割肉相啗。承乾身作可汗死，使衆號哭剺面，奔馬環臨之。忽復起曰：「使我有天下，將數萬騎到金城，然後解髮，委身思摩，當一設，顧不快邪！」左右私相語，以爲妖。又襞氈爲鎧，列丹幟，勒部陣，與漢王元昌分統，大呼擊刺爲樂。不用命者，披樹挟之，或至死，輕者輒腐之。嘗曰：「我作天子，當肆吾欲；有諫者，我殺之，殺五百人，豈不定？」

又召壯士左衞副率封師進、刺客張師政、紇干承基等謀殺魏王泰，不克，遂與元昌、侯君集、李安儼、趙節、杜荷鑱臂血咂之，謀以兵入西宮。貞觀十七年，齊王祐反齊州，承乾謂承基等：「我宮西牆，去大內正可二十步棘耳，豈與齊州等？」會承基連齊王事繫獄當死，即上變。帝詔長孫无忌、房玄齡、蕭瑀、李勣、孫伏伽、岑文本、馬周、褚遂良雜治，廢爲庶人，徙黔州。十九年死，帝爲廢朝，葬以國公禮。

子象，爲懷州別駕，厥鄂州別駕。開元中，象子適之爲宰相，贈還承乾始王，象越州都督、郇國公。

楚王寬，武德三年，出後楚哀王，蚤薨，貞觀初追封。

鬱林王恪，始王長沙，俄進封漢。貞觀二年徙蜀，與越、燕二王同封。不之國，久乃爲齊州都督。帝謂左右曰：「吾於恪豈不欲常見之？但令早有定分，使外作藩屛，吾百歲後，庶兄弟無危亡憂。」十年，改王吳，與魏、齊、蜀、蔣、越、紀六王同徙封。授安州都督。帝賜書曰：「汝惟茂親，勉思所以藩王室，以義制事，以禮制心。外之爲君臣，內之爲父子，今當去膝下，不遺汝珍，而遺汝以言，其念之哉！」坐與乳媪子博簺，罷都督，削封戶三百。高宗即位，拜司空、梁州都督。

恪善騎射，有文武才。其母隋煬帝女，地親望高，中外所向。帝初以晉王爲太子，又欲立恪，長孫无忌固爭，帝曰：「公豈以非己甥邪？且兒英果類我，若保護舅氏，未可知。」无忌曰：「晉王仁厚，守文之良主，且舉棋不定則敗，況儲位乎？」帝乃止。故无忌常惡之。永徽中，房遺愛謀反，因遂誅恪，以絕天下望。臨刑呼曰：「社稷有靈，无忌且族滅！」四子，仁、瑋、琨、璄並流嶺表。顯慶五年，追王鬱林，爲立廟，以河間王孝恭孫榮爲鬱林縣侯以嗣。神龍初，贈司空，備禮改葬。

光宅中，仁遇赦還，適會榮以罪斥，故得襲鬱林縣男，歷岳州別駕，爵郡公。嘗使江左，州人遺以金，拒不內。武后遣使者勞曰：「兒，吾家千里駒。」更名千里。自天授後，宗室賢者多株翦，唯千里詭躁不情，數進符瑞諸異物，得免。中宗反正，改王成紀。未幾，進王成。

節愍太子誅武三思，千里與其子天水王禧率數十人斬右延明門以入。太子敗，誅死，籍其家，改氏「蝮」。睿宗立，詔還氏及官爵。

瑋蚤卒，中宗追封朗陵王。子祐，出繼蜀王愔。開元中，以傍繼國改封廣漢郡王，遷太僕卿同正員，薨。

琨，武后時歷六州刺史，皆有名。聖曆中，爲嶺南招慰使，安輯反獠，甚得其宜。卒，贈司衞卿。神龍初，贈張掖郡王。開元中，以子禕貴，追封吳王。

禕少有志尚，事繼母謹，撫異母弟祇，以友稱。當襲封，固讓祇，中宗嘉其意，特封嗣江王，以繼囂後。開元時，亦以傍繼徙信安郡王。累爲州刺史，治嚴辦。遷禮部尚書、朔方節度使。

初，吐蕃據石堡城，數盜塞，詔禕與河西、隴右議攻取。既到屯，諏日進師。或謂：「城險，賊所愛，必固守。今兵深入，有如不捷，吾軍必奔，不如持重伺賊勢。」禕曰：「人臣之節，豈憚險不進乎？必衆寡不敵者，吾以死繼之。」於是分兵迮賊路，督諸將倍道進，遂拔之。自是河、隴諸軍游弈，拓地至千里。玄宗喜，更號其城曰振武軍。契丹牙官可突于叛，詔拜忠王爲河北道行軍元帥討之，敕禕以副。王不行，故禕率裴耀卿諸將分道出范陽北，擊二蕃，破之，禽酋長以還，餘部竄伏。加開府儀同三司，領關內支度營田採訪處置使，授二子官。

禕功多，執政害之，賞不讎，爲當時所恨。久之，擢兵部尚書，爲朔方節度大使。坐事下除衢州刺史。歷滑、懷二州。天寶初，以太子少師致仕。明年，遷太師，未拜，薨。

禕治家嚴，教子有法度，故峘、嶧、峴皆顯。

峘性質厚，歷官有美名，以王孫封趙國公。楊國忠亂政，悉斥不附己者。峘由考功郎中拜睢陽太守，以淸簡爲二千石最。方入計，而玄宗入蜀，卽走行在。除武部侍郎，兼御史大夫。俄拜蜀郡太守、劍南節度採訪使。郭千仭反，與陳玄禮共討平之。上皇還京，遷戶部尚書，改越國。

乾元元年，持節都統江淮節度宣慰觀察使。都統之號，自峘始。明年，宋州刺史劉展有異志，詔拜展爲淮南節度使，密詔峘與揚州長史鄧景山圖之。時展強乪，既受詔，卽悉兵度淮，峘、景山拒之，戰壽春，敗績，峘走丹楊。詔貶袁州司馬，卒于官，贈揚州大都督。弟峴別傳。

祇封嗣吳王，出爲東平太守。安祿山反，河南、陳留、滎陽、靈昌相繼陷，祇募兵拒賊，玄宗壯之。累遷陳留太守，持節河南道節度採訪使。歷太僕、宗正卿。代宗大曆時，祇旣宗室老，以太子賓客爲集賢院待制。是時，勳望大臣無職事者皆得待詔于院，給飧錢署舍以厚其禮，自左僕射裴冕等十三人爲之。

子巘，以蔭補五品官。祇薨，兄岵得罪，乃以巘嗣王。累至宗正卿，檢校刑部尚書。薨，贈太子少保。性介直，面刺人短。歷官淸白，居室不能庇風雨。收恤甥姪，慈愛過人，家無留儲，公卿合賻乃克葬。

璄，神龍初封歸政郡王，歷宗正卿，坐千里事，貶南州司馬。

濮恭王泰字惠褒。始王宜都，徙封衞，繼懷王後。又徙封越，爲揚州大都督。再遷雍州牧、左武候大將軍。改王魏。帝以泰好士，善屬文，詔卽府置文學館，得自引學士。又以泰大腰腹，聽乘小輿至朝。司馬蘇勗勸泰延賓客著書，如古賢王。泰乃奏撰括地志，於是引著作郞蕭德言、祕書郞顧胤、記室參軍蔣亞卿、功曹參軍謝偃等撰次。衞尉供帳，光祿給食，士有文學者多與，而貴游子弟更相因藉，門若市然。泰悟其過，欲速成，乃分道計州，緝疏錄，凡五百五十篇，歷四期成。詔藏祕閣，所賜萬段。後帝幸泰延康坊第，曲赦長安死罪，免坊人一年租，府僚以差賜帛。

又泰月稟過皇太子遠甚，諫議大夫褚遂良諫曰：「聖人尊嫡卑庶，謂之儲君，故用物不會，與王共之，庶子不得爲比，所以塞嫌萌，杜禍源。先王制法，本諸人情，知有國家者必有嫡庶，庶子雖愛，不得過嫡子。如當親者疏，當尊者卑，則私恩害公，惑志亂國。今魏王稟料過東宮，議者以爲非是。昔漢竇太后愛梁王，封四十餘城，王築苑三百里，治宮室，爲複道，費財鉅萬，出警入蹕，一不得意，遂發病死。宣帝亦驕淮陽王，幾至於敗，輔以退讓之臣，乃克免。今魏王新出閤，岀當示以節儉，自可在後月加歲增。又宜擇師傅，敦以謙儉；

勉以文學，就成德器，此所謂聖人之教，不肅而成也。」

帝又敕泰入居武德殿，侍中魏徵亦言：「王爲陛下愛子，欲安全之，則不當使居嫌疑之地。今武德殿在東宮之西，昔海陵居之矣，論者爲不可。雖時與事異，人之多言，尚或可畏。又王之心亦弗遑舍，願罷之，成王以寵爲懼之美。」帝悟，乃止。

時皇太子承乾病蹇，泰以計傾之，乃引駙馬都尉柴令武、房遺愛等布腹心，而韋挺、杜楚客相繼攝府事。二人者，爲泰要結中朝臣，津介賂遺，羣臣更附爲朋黨。承乾懼，陰遣人稱泰府典籤詣玄武門上封，帝省之，書言泰罪，帝怒，即遣捕詰，不獲。既而太子敗，帝陰許立泰，岑文本、劉洎請遂立泰爲太子。長孫无忌固欲立晉王，帝以太原石文有「治萬吉」，復欲從无忌。泰微知之，因語晉王：「爾善元昌，得無及乎？」王憂甚，帝怪之，以故對，帝憮然悟。會召承乾譴勒，承乾曰：「臣貴爲太子，尚何求？但爲泰所圖，與朝臣謀自安爾。無狀之人，遂教臣爲不軌事。若泰爲太子，正使其得計耳。」帝曰：「是也，有如立泰，則副君可詭求而得。使泰也立，承乾、治俱死；治也立，泰、承乾可無它。」即幽泰將作監，解雍州牧、相州都督、左武候大將軍，降王東萊。因詔：「自今太子不道、藩王窺望者，兩棄之，著爲令。」然帝猶謂无忌曰：「公勸我立雉奴，雉奴仁懦，得無爲宗社憂，奈何？」雉奴，高宗小字。

泰尋改王順陽，居均州之鄖鄉。帝嘗持泰表語左右曰：「泰文辭可喜，豈非才士？我心念泰無已時，但爲社稷計，遣居外，使兩相完也。」二十一年進王濮。高宗卽位，詔泰開府置僚屬，車服羞膳異等。薨鄖鄉，年三十五，贈太尉、雍州牧。二子：欣、徽。

欣嗣王，武后時爲酷吏所陷，貶昭州別駕，薨。子嶠，神龍初得嗣王。開元中爲國子祭酒，以罪貶鄧州別駕，薨。徽封新安郡王。

庶人祐字贊。武德八年，王宜陽，進王楚，又王燕，已乃封齊，領齊州都督。貞觀十一年始歸國。明年入朝，以疾留京師。其舅尚乘直長陰弘智，憸人也，說祐曰：「王兄弟多，卽上萬歲後，何以自全？要須得士自助。」乃引客燕弘信謁祐，祐悅，賜金帛，使募劍客。十五年還州。

初，帝用王府長史、司馬，必取骨鯁敢言者，有過失輒聞。而祐溺羣小，好弋獵，長史薛大鼎屢諫不聽，帝以輔王無狀，免之，更用權萬紀。萬紀性剛急，以法繩祐。有昝君謩、梁猛虎者，騎射得幸，萬紀斥之，祐私引與狎昵。帝數以書讓祐，萬紀恐并獲罪，卽說祐曰：「王，上愛子，上欲王改悔，故數敎責王。誠能飭躬引咎，萬紀請入朝言之，上意宜解。」祐因上書謝罪。萬紀見帝，言祐且自新，帝悅，厚賜萬紀，而仍譙戒祐。祐聞萬紀見勞，而己蒙責，以爲賣己，益不平。會萬紀又以疑貳繫君謩等，制祐不出國門，悉暴祐罪于朝，祐不勝忿。有詔刑部尚書劉德威臨訊，頗實，帝召祐、萬紀還京師。祐與燕弘亮等謀，射殺萬紀，支解之。左右勸祐遂發兵，乃募城中男子年十五以上悉發，私署左右上柱國、光祿大夫，開府儀同三司，托東、托西等王，斥庫貲行賞，驅人築堞浚隍，繕甲兵。人惡之，皆夜縋亡去。

詔兵部尚書李勣與劉德威發便道兵討之。祐日夜引弘亮等五人對其妃宴樂。語官軍，則弘亮妄言：「王毋憂，右手持酒啗，左手刀拂之。」祐信愛弘亮，聞之喜。帝手敕祐曰：「吾常戒汝勿近小人，正爲此耳。往吾子，今國讎，我上慙皇天，下愧后土。」題畢，涕而遣。祐檄諸縣，縣輒以聞。祐窮蹙，上表曰：「臣，帝子也，爲萬紀讒搆，上天降靈，罪人斯得。臣狂失心，惝怳驚悸，左右無兵，卽欲顚走，所以頗仗械以自衞護。」時勣未至，而青、淄等州兵已集。或勸祐虜子女走豆子䴚爲盜，計未決，兵曹杜行敏夜勒兵鑿垣入，祐與弘亮等閉門拒，至日中，行敏呼曰：「吾爲國討賊，不速降，且焚。」士積薪，祐乃出，執送京師。賜死內侍省，貶爲庶人，葬以國公禮。詔齊州給復一年，擢行敏巴州刺史，封南陽郡公。

祐喜養鬬鴨，方未反，狸齚鴨四十餘，絕其頭去。及敗，牽連誅死者凡四十餘人。

祐之亂，州人羅石頭數祐罪，以刀直前刺祐，不克，殺之。詔贈亳州刺史。嘗引騎徇邑聚，野人高君狀曰：「上親平寇難，土地甲兵不勝計。今王以數千人爲亂，猶一手搖泰山，又如君父何？」祐擊禽之，愧其言，不能殺。詔擢榆社令〔一〕。

蜀悼王愔，貞觀五年始王梁，與郯、漢、申、江、代五王同封。徙王蜀，實封八百戶。出爲岐州刺史。數畋游，爲非法，帝頻責敎，不悛，怒曰：「禽獸可擾於人，鐵石可爲器，愔曾不如之！」乃削封戶及國官半，徙虢州。久之，還戶，增至千。復出馳弋，敗民稼。典軍楊道整叩馬諫，愔捽擊之。御史大夫李乾祐劾愔罪，高宗怒，貶黃州刺史。擢道整匡道府折衝都尉。

吳王恪得罪，愔以母弟廢爲庶人，徙巴州。俄封涪陵王，薨。咸亨初，復爵土，贈益州大都督，陪葬昭陵，以子璠嗣王。璠，武后時謫死歸誠州。神龍初，以朗陵王瑋子褕嗣〔二〕。

蔣王惲，始王郯，又徙王蔣，拜安州都督，賜實封千戶。永徽三年，徙梁州。惲造器物服玩，多至四百車，所經州縣騷然護送，爲有司劾奏，詔貸不問。上元中，遷箕州刺史。錄事參軍張君徹誣告惲反，詔使者按驗，惲惶懼自殺。高宗知其枉，斬君徹，贈惲司空、荆州大都督，陪葬昭陵。三子：煒、煌、休道。

煒初王汝南郡，惲薨，遂嗣王，爲武后所害。神龍初，以嫡孫紹宗爲嗣蔣王，薨，子欽福嗣，爲率更令。

煌封蔡國公。孫之芳，有令譽，安祿山奏爲范陽司馬。祿山反，自拔歸京師。歷工部侍郎、太子右庶子。廣德初，詔兼御史大夫使吐蕃，被留二歲乃得歸。拜禮部尙書，改太子賓客。

休道子琚，神龍初封嗣趙王，開元中改王中山。

越王貞，始王漢，後徙原，已乃封越。貞善騎射，涉文史，有吏幹，爲宗室材王。武后初，遷累太子太傅、豫州刺史。中宗廢居房陵，貞乃與韓王元嘉及王子黃公譔，魯王靈夔、王子范陽王藹，霍王元軌、王子江都王緖，及子琅邪王沖計議反正。

垂拱四年，明堂成，悉追宗室行享禮，共疑后遂大誅戮不遺種，事且急，譔乃矯帝璽書賜沖曰：「朕幽縶，諸王宜即起兵。」於是命長史蕭德琮募兵，告諸王師期。八月，沖先發，諸王莫有應者，獨貞將兵攻上蔡，破之，而沖已敗。貞稍徇屬縣，得士七千，列五營：貞爲中營，以裴守德爲大將軍，領中營；趙成美爲左中郎將，領左營；閻弘道爲右中郎將，領右營；安摩訶爲郎將，領後軍；王孝志爲右將軍，領前軍。以韋慶禮爲司馬，署官五百。然脅誘無鬭志，家童皆佩符以辟兵。九月，后遣左豹韜衞大將軍麴崇裕、夏官尚書岑長倩率兵十萬討之，以鳳閣侍郎張光輔爲諸軍節度，乃下詔削貞父子屬籍，改氏「虺」。崇裕等次豫州，貞少子規及裴守德拒戰，兵潰，貞乃閉門守。守德者，驍勇士。貞始起，以女妻之，委以腹心。至是，欲殺貞自贖。會軍薄城，家人白貞：「今事乃爾，王豈受戮辱者邪？」即仰藥死。規自殺，守德與主俱縊。起凡二十日敗。始，貞臨水自鑒，不見其首，惡之，未幾及禍。

沖，貞長子也。好學，勇而才，累遷博州刺史。初發，有士五千，度河趣武水，武水令告急魏州，州遣莘令馬玄素領兵先乘城，沖攻之，因風，積薪焚其門，火作風反，衆心沮解，其屬董元寂誦言：「王與國家戰，乃反爾。」沖斬以徇，衆懼，遂潰，唯家僮數十從之，乃走博州，爲當關刺死。后命丘神勣討之，兵未至，沖已死，起七日敗。二弟：蒨、溫。蒨，常山公，坐死。溫以前告，流嶺南。

初，貞騰檄壽州刺史趙瓌，諭以興兵且假道。瓌得檄，許爲應，瓌妻常樂長公主亦趣諸王蚤立功，故瓌與主皆死。濟州刺史薛顗與其弟紹謀應沖，率所部庸、調，治兵募士，沖敗，下獄死。顗，駙馬都尉瓘之子，母城陽長公主，封河東縣侯。紹尙太平公主，擢累右玉鈐衞員外將軍，以主婿不加戮，餓死河南獄。

神龍初，敬暉等奏沖父子死社稷，請復爵土，爲武三思等沮罷。開元四年，乃復爵土，有司謚死不忘君曰敬。五年，又詔：「王嗣絕國除，朕甚悼焉。其以貞從孫故許王子夔國公琳嗣王，奉王祀。」琳薨，爵不傳。

貞最幼息珍子謫嶺表，數世不能歸。開成中，女孫持四世喪北還，求祔王塋。詔嘉憫，敕宗正寺、京兆府爲訪其兆，非陪陵者聽葬。女名元眞，爲道士。

紀王愼，始王申，後徙紀，食戶八百。貞觀中，遷襄州刺史，以治當最，天子璽書勞勉，人爲立石頌德。二十三年，進戶至千。文明初，累遷太子太師、貝州刺史。愼少好學，善星步，與越王齊名，當世號「紀越」。

初，貞連諸王起兵，愼知時未可，獨拒不與合。將就誅而免，改氏「虺」，載以檻車，謫巴州，薨于道。七子：續、琮、叡、秀、獻、欽、證。續與秀最知名。

續王東平，歷和州刺史，薨。琮義陽王，叡楚國公，秀襄陽郡公，獻廣化郡公，欽建平郡公，五人並爲武后所殺。神龍初，以證嗣王，擢左驍衞將軍，薨。子行同嗣。

琮三子：行遠、行芳、行休。始，琮與二弟同死桂林。開元四年，行休請身迎柩，既至，無封樹，議者謂不可復得。行休歸，地布席以祈。是夜夢王乘舟，舟判爲二。既而適野，見東洲中斷，乃悟焉。又靈堂鎖一夕莖自屈，管上有指迹，一奇二並。使卜人筮之，曰：「屈，於文爲尸出；指者，示也；一奇二並，三殯也。先王告之矣。」乃趣其所，發之如言，而一節獨闕。行休號而寢，夢琮告曰：「在洛南洲。」明日，直殯南得之。於是以三喪歸，陪葬昭陵，贈琮陳州刺史。永昌時，行遠、行芳斥嶲州，六道使至，行遠先就戮，行芳幼當赦，抱持請代，遂與俱死，西南人稱死悌云。

愼女東光縣主，始八歲，聞愼有疾，不食，父哀之，紿云已愈，主察顏色未平，終不肯御，內外稱之。長適太子司議郎裴仲將。時妃、主多恃貴，以奢豫相矜，主獨儉素，姊弟誚曰：「人生富貴在得志，獨勤苦，欲何求？」答曰：「我幼好禮，今行之不違，非得志謂何？且自古賢妃淑女以恭遜著名，驕縱敗德，況榮寵貴盛，儻來物也，可恃以淩人乎？」及王死，號慟，嘔血數升。免喪，絕膏沐者二十年。始，諸王、妃、主自垂拱後被害者皆槀掩之。神龍初，詔州縣普加求訪，祭以牲牢，復官爵，諸王皆陪葬昭、獻二陵。主聞，感慟，卒，敕其子曰：「爲我謝親戚，酷憤已雪，下見先王無恨矣！」中宗爲舉哀章善門，下詔褒揚。

并州都督，陪葬昭陵。無子，神龍初，以蔣王惲孫思順嗣王。

趙王福，貞觀十三年始王，出後隱太子。遷累梁州都督，實封八百戶。薨，贈司空、

代王簡，已封薨，無後。

江殤王囂，封之明年薨，無後。

曹王明，母本巢王妃，帝寵之，欲立爲后，魏徵諫曰：「陛下不可以辰嬴自累。」乃止。

貞觀二十一年，始王曹，累爲都督、刺史。高宗詔出後巢王。永隆中，坐太子賢事，降王零陵，徙黔州。都督謝祐逼殺之，帝聞，悼甚，黔官吏皆坐免。景雲中，陪葬昭陵。三子：

俊、傑、備。

俊嗣王，南州別駕，傑爲黎國公，垂拱時並及誅。神龍初，以傑子胤爲嗣曹王。是時，

諸王子孫自嶺外還，入見中宗，皆號慟，帝爲泣下。初，武后時，壯者誅死，幼皆沒爲官奴，或匿人間庸保。至是，相繼出，帝隨屬遠近封拜云。後備自南還，詔停胤封而封備，歷衞尉少卿同正員，薨。開元十二年，復封胤。薨，子戢嗣，位左衞率府中郎將。子皐嗣。

皐字子蘭，少補左司禦兵曹參軍。天寶十一載嗣王。事母太妃鄭以孝聞。安祿山反，奉母逃民間，間走蜀，謁玄宗，由都水使者遷左領軍將軍。上元初旱歉，皐祿不足養，請補外，不許，乃故抵輕法，貶溫州長史，俄攝州事。州大饑，發官廩數十萬石賑餓者，僚吏叩庭請先以聞，皐曰：「人日不再食且死，可俟命後發哉？苟殺我而活衆，其利大矣！」既貸，乃自劾，優詔開許，就進少府監。時殿中侍御史李鈞與其弟京兆法曹參軍鍔宦既遂，不肯還鄉，母窮不自給。皐行縣見之，歎曰：「入則孝，出則悌，有餘力則學。若二子者可與事君乎哉？」舉劾之，並錮死。召還，未得見，即上書言治道，詔授衡州刺史，爲觀察使讒劾，貶潮州。會楊炎起道州爲宰相，知皐直，復用爲衡州刺史。初，御史覆訊，皐懼憂其母，出則囚服，入乃衣冠，貌言如平常。及爲潮，以遷入告。至是復位，乃言其實。

建中元年，進拜湖南觀察使。前帥辛京杲貪虐，使部將王國良戍武岡，頼其富，即劾以死，國良恐，據縣反，斂荆、黔、洪、桂兵討之，再歲不能下。皐至，遺書曰：「觀將軍非敢大逆者，特逃讒抗死爾！將軍遇我，可以降，我固爲京杲誣者，幸蒙雪，何忍以兵加將軍哉？以爲不然，我以陣術破將軍陣，以攻法屠將軍城；非將軍所度也。」國良得書，喜且畏，因請降，然內尚首鼠。皋卽日單騎稱使者造國良壘，賊延使者入，皋大呼其軍曰：「有識曹王者乎？乃我也。來受良降，良今安在？」一軍愕眙，不敢動，國良迎拜，叩頭請罪。皋執手，約爲昆弟，則盡焚攻守具，散其兵。有詔赦之，賜名惟新。

明年，持母喪至江陵。會梁崇義反，奪爲左衞大將軍，復觀察湖南。李希烈反，遷江西節度使。受命日，不宿家，至豫章，大令將吏曰：「有功未申與懷器謀不發者，皆自言。」得裨校伊愼、李伯潛、劉旻，悉補大將。擢王鍔爲中軍，以馬彝、許孟容爲幕府。治戰艦，裒兵二萬，以士二千五百委愼等敎之。自將五百人，敎以秦兵團力法，聯其賞罰，弛張如一，乃約以五百人擊愼卒二千五百，莫能當其鋒，卽盡以敎之。初，愼嘗從希烈平襄州，至是，希烈懼爲皋用，卽反間，德宗信之，將誅愼，皋請赦之，使自效。會與賊夾江陣，皋勉愼立功，以所乘馬及器鎧賜之，使將先鋒，斬賊數百級，乃免。

賊柵蔡山不可攻，皋聲言西取蘄，引兵艦循厓泝江上。賊聞，以羸師保柵，悉軍行江北，與皋直。西去蔡山三百里，皋遣步士悉登舟，順流下，攻蔡山，拔之。間一日，賊救至，遂大敗，乃取蘄州，降其將李良，平黃州，兵益振。

會舒王爲元帥，授皋前軍兵馬使。俄而天子狩奉天，鹽鐵使包佶爲陳少游所窘，以運艚泝江，次蘄口，希烈使杜少誠將步騎三萬將絕江道，皋遣伊慎兵七千禦于永安，走之。以功進工部尚書。帝駐梁州，皋之貢助相望。以天子處外，乃不敢居城府，出屯西塞山大洲，徙郡縣爲軍市。改戶部尚書。又遣伊慎、王鍔攻安州，未下，希烈遣劉戒虛以步騎八千援之，皋命李伯潛迎擊於應山，俘之，遂下安州，斬僞刺史王嘉祥。希烈別遣兵援隋州，皋破之厲鄉，因下平靜、白雁關，賊遂不敢南略。遷荆南節度使，賜實封三百戶。凡戰大小三十二，取州五、縣二十，斬首三萬三千，禽生萬六千，未嘗敗。師所過，不敢伐桑棗、踐禾稼。朝廷仰食江淮，而西道出九江，至大別，皆與賊接，皋轉戰數千里，餉路遂通，江漢倚皋爲固。淮西平，乃請護喪歸東都，帝走中人賵弔。訖葬來朝，還就鎮。

初，江陵東北傍漢有古鄣，不治，歲輒溢。皋脩塞之，得其下良田五千頃。規江南廢洲爲廬舍，構二橋跨江，而流人自占者二千餘家。繇荆抵樂鄉二百里，其間墟聚凡數十，不井飲，皋始命鑿井以便人。貞元初，吳少誠擅蔡，故徙皋鎮山南東道，割隋、汝以益軍，練兵峙糧，市回鶻馬以益戰騎，歲時大畋以教士，少誠畏之。

皋性勤儉，能知人疾苦。參聽微隱，盡得吏下短長，其賞罰必信。所至常平物估，豪舉不得擅其利。教爲戰艦，挾二輪蹈之，鼓水疾進，駛于陣馬。有所造作，皆用省而利長。以物遺人，必自視衡量，庫帛皆印署，以杜吏謾。扶風馬彝未知名，皐識之，卒以正直稱。張柬之有園圃在襄陽，皐嘗宴集，將市取之。彝曰：「漢陽有中興功，今遺業當百世共保，奈何使其子孫鬻乎？」皐謝曰：「主吏失詞，以爲君羞，微君安得聞此言？」卒年六十，贈尙書右僕射，謚曰成。

皐嘗自創意爲欹器，以髤木上出五觚，下銳圓，爲盂形，所容二豆，少則水弱，多則彊，中則水器力均，雖動搖，乃不覆云。

子象古、道古。

象古，元和中，自衡州刺史擢安南都護，貪縱不法。驩州刺史楊淸者，蠻酋也，象古忌其豪，召爲牙門將，常鬱鬱思亂。會討黄賊，象古發甲助之，乃授淸兵三千。淸與子志烈還襲安南，殺象古幷其家。詔赦淸爲瓊州刺史，以桂仲武爲都護。淸拒命，仲武分諭渠酋，兵皆附，破城，斬淸，夷其族。

道古，舉進士，獻書闕下，擢校書郎、集賢院學士。累遷司門員外郎，歷利、隋、唐、睦四州刺史。柳公綽鎭鄂岳，爲飛譖上聞，憲宗欲代之。裴度言：「嗣曹王皐嘗能以江漢兵制李希烈，威惠在人，今以其子將，必有功。」會道古自黔中觀察使入朝，乃代公綽，倍道入其軍，公綽惶遽出，財貲皆被奪。元和十二年，攻申州，破其郛，進圍中城。守卒夜驅女子登而譟，發懸門以出，道古衆亂，多死於賊。李聽守安州，未嘗敗，道古誣逐之。自將出木陵關，士卒驕，不能制，又度支錢道古悉以饋權倖，故賜不給，其下怨怒，戰不甚力，賊亦易之。故再入申，不能下，卒無功。淮西平，加檢校御史大夫，召爲宗正卿、左金吾將軍。

帝喜服餌，道古欲自媚，而所善柳泌自謂能化金爲不死藥，乃因宰相皇甫鏄以聞，俄會帝崩。穆宗爲太子，惡之，既立，誅泌，貶鏄，斥道古爲循州司馬。終以服丹歐血死。長慶初，詔還其官。道古巧于宦，便佞傾下，游公卿間，常與奕博，僞不勝，厚進所償，嗜利者多得其懽心，故少盜美名。及死，賣宅以葬。

校勘記

〔一〕詔擢榆祉令　「祉」，各本原作「杜」，通鑑卷一九六作「祉」。按本書及舊書卷三九地理志、元和志卷一三及通典卷一七九，榆祉縣屬遼州（卽儀州）。據改。

〔二〕以朗陵王瑋子禕嗣　「瑋」，各本原作「褘」。據本卷鬱林王恪傳、本書卷七〇下宗室世系表及舊書卷七六吳王恪傳、蜀王愔傳改。

唐書卷八十一

列傳第六

三宗諸子

燕王忠　澤王上金　許王素節　褒信王璆　孝敬皇帝弘　裴居道
章懷太子賢　邠王守禮　廣武王承宏　燉煌王承寀　懿德太子重潤
譙王重福　節愍太子重俊　讓皇帝憲　汝陽王璡　漢中王瑀　景儉
惠莊太子撝　惠文太子範　嗣岐王珍　惠宣太子業　嗣薛王知柔

高宗八子：後宮劉生忠，鄭生孝，楊生上金，蕭淑妃生素節，武后生弘、賢、中宗皇帝、睿宗皇帝。

燕王忠字正本。帝始爲太子而忠生，宴宮中，俄而太宗臨幸，詔宮臣曰：「朕始有孫，欲共爲樂。」酒酣，帝起舞，以屬羣臣，在位皆舞，賚賜有差。貞觀二十年，始王陳。永徽初，拜雍州牧。王皇后無子，后舅柳奭說后，以忠母微，立之必親己，后然之，請於帝；又奭與褚遂良、韓瑗、長孫无忌、于志寧等繼請，遂立爲皇太子。后廢，武后子弘甫三歲，許敬宗希后旨，建言：「國有正嫡，太子宜同漢劉彊故事。」帝召見敬宗曰：「立嫡若何？」對曰：「正本則萬事治，太子，國本也。且東宮所出微，今知有正嫡，不自安；竊位而不自安，非社稷計。」帝曰：「忠固自讓。」敬宗曰：「能爲太伯，不亦善乎？」於是降封梁王、梁州都督，賜甲第，實封戶二千，物二萬段。俄徙房州刺史。忠寖懼不聊生，至衣婦人衣，備刺客。數有妖夢，嘗自占。事露，廢爲庶人，囚黔州承乾故宅。

麟德初，宦者王伏勝得罪於武后，敬宗乃誣忠及上官儀與伏勝謀反，賜死，年二十二。無子。明年，太子弘表請收葬，許之。神龍初，追封，又贈太尉、揚州大都督。

原悼王孝，永徽元年始王許，與杞、雍二王同封。早薨。神龍初，追封及謚。

澤王上金，始王杞。永徽三年，遙領益州大都督。歷鄜、壽二州刺史。武后疾其母，故有司誣奏，削封邑，徙置澧州。久之，后陽若可喜者，表杞王上金、鄱陽王素節聽朝集，義陽、宣城二公主各增夫秩。由是上金爲沔州刺史，素節岳州刺史，然卒不朝。高宗崩，詔上金、素節、二公主赴哀。文明元年，徙王畢，又徙王澤。歷五州刺史。載初中，武承嗣諷周興誣上金、素節謀反，召繫御史獄。上金聞素節已被殺，即雉經，七子並流死顯州。神龍初，追還官爵，以子義珣嗣王。

義珣始被謫，匿身爲傭保，而嗣許王瓘利其爵邑，告義珣假冒，復流嶺外。開元初，以素節子璆爲後，而玉眞公主表義珣實上金子，乃奪璆爵，復使義珣嗣王，拜率更令。薨，子濾嗣。

許王素節，始王雍，授雍州牧。方羈丱，即誦書日千言。師事徐齊聃，淬勉自彊，帝愛之。轉岐州刺史，更王郇。母被譖死，出素節爲申州刺史。乾封初，詔素節病無入朝。而實不病，乃著忠孝論自明。倉曹參軍張柬之以聞，欲帝省其誣，武后滋不悅，坐受賕降王鄱陽，削封戶什七，徙置袁州，錮終身。儀鳳三年，爲岳州刺史，更王葛，又徙王，歷三州刺史。與上金同追逮赴都，道聞遭喪哭者，謂左右曰：「病死何可得，而須哭哉？」至龍門驛被縊，年四十三，葬以庶人禮。子瑛等九人並誅，惟琳、瓘、璆、欽古尚幼，長囚雷州。

中宗復位，追故封，又贈開府儀同三司、許州刺史，陪葬乾陵。詔瓘嗣王，實封戶四百。開元初，封琳爲嗣越王，璆嗣澤王。琳至右監門衞將軍，子隨封夔國公。瓘爲衞尉卿，以抑上金子不得封，貶鄂州別駕。因詔外繼嗣王者皆歸宗，乃以嗣江王禕爲信安王，嗣蜀王褕爲廣漢王，嗣密王徹爲濮陽王，嗣曹王臻爲濟國公，嗣趙王琚爲中山王，武陽王繼宗爲澧國公。瓘累遷太子詹事。薨，贈蜀郡大都督。二子解、需皆幼，以璆子益嗣。天寶十四載，解始襲王。

璆，初封嗣澤王，降爲郢國公，官宗正、光祿卿，進封褒信王。初，張九齡撰龍池頌，刊石興慶宮，宗子以爲不稱盛德，更命璆爲頌，建花萼樓北。天寶初，復拜宗正卿。性友弟聰敏，宗子有一善，無不薦延，故宗室在省闥者多璆所啓。薨，贈江陵郡大都督。二子：謙爲郢國公，梓州刺史，巽汝南郡公。

欽古封巴國公，子賁嗣。

孝敬皇帝弘，永徽六年始王代，與潞王同封。顯慶元年，立爲皇太子。受春秋左氏於率更令郭瑜，至楚世子商臣弒其君，喟而廢卷曰：「聖人垂訓，何書此邪？」瑜曰：「孔子作春秋，善惡必書，褒善以勸，貶惡以誡，故商臣之罪雖千載猶不得滅。」弘曰：「然所不忍聞，願讀它書。」瑜拜曰：「里名勝母，曾子不入。殿下睿孝天資，黜凶悖之迹，不存視聽。臣聞安上治民，莫善於禮，故孔子稱『不學禮，無以立』。請改受禮。」太子曰：「善。」四年，加元服。又命賓客許敬宗、右庶子許圉師、中書侍郎上官儀、中舍人楊思儉即文思殿擿采古今文章，號瑤山玉彩，凡五百篇。書奏，帝賜物三萬段，餘臣賜有差。又詔五日一赴光順門決事。總章元年，釋采國學，請贈顏回爲太子少師，曾參太子少保，制可。

會有司以征遼士亡命及亡命不即首者，身殊死，家屬沒官。弘諫以爲「士遇病不及期，或被略若溺、壓死，而軍法不因戰亡，則同隊悉坐，法家曰亡命，而家屬與眞亡者同沒。傳曰：『與殺不辜，寧失不經。』臣請條別其科，無使淪胥」。詔可。帝幸東都，詔監國。時關中饑，弘視廡下兵食有楡皮、蓬實者，悄然命家令寺給米。

義陽、宣城二公主以母故幽掖廷，四十不嫁，弘聞眙惻，建請下降。武后怒，即以當上衞士配之，由是失愛。又請以同州沙苑分假貧民。會納妃裴，而有司奏贄用白鴈，適苑中獲之，帝喜曰：「漢獲朱鴈，爲樂府歌。今得白鴈爲婚贄，婚乃人倫首，我則無慙。」禮畢，曲赦岐州。

帝嘗語侍臣：「弘仁孝，賓禮大臣，未嘗有過。」而后將騁志，弘奏請數怫旨。上元二年，從幸合璧宮，遇酖薨，年二十四，天下莫不痛之。詔曰：「太子嬰沈瘵，朕須其痊復，將遜于位。弘性仁厚，既承命，因感結，疾日以加。宜申往命，謚爲孝敬皇帝。」葬緱氏，墓號恭陵，制度盡用天子禮，百官從權制三十六日釋服。帝自製睿德紀，刻石陵側。營陵功費鉅億，人厭苦之，投石傷所部官司，至相率亡去。妃裴，謚哀皇后。無子。永昌初，以楚王隆基嗣。中宗立，詔以主祔太廟，號義宗。開元中，有司奏：「孝敬皇帝宜建廟東都，以謚名廟。」詔可。於是罷義宗號。

妃卽裴居道女，有婦德，而居道以妃故拜內史納言，歷太子少保、翼國公，爲酷吏所陷，下獄死。

章懷太子賢字明允。容止端重，少爲帝愛。甫數歲，讀書一覽輒不忘，至論語「賢賢易色」，一再誦之。帝問故，對曰：「性實愛此。」帝語李世勣，稱其夙敏。始王潞，歷幽州都督、雍州牧。徙王沛，累進揚州大都督、右衞大將軍。更名德。徙王雍，仍領雍州牧、涼州大都督，實封千戶。上元年，復名賢。

是時，皇太子薨，其六月，立賢爲皇太子。俄詔監國，賢於處決尤明審，朝廷稱焉，帝手敕褒賜。賢又招集諸儒：左庶子張大安、洗馬劉訥言、洛州司戶參軍事格希玄、學士許叔牙、成玄一、史藏諸、周寶寧等，共注范曄後漢書。書奏，帝優賜段物數萬。

時正諫大夫明崇儼以左道爲武后所信，崇儼言英王類太宗，而相王貴，賢聞，惡之。宮人或傳賢乃后姊韓國夫人所生，賢益疑，而后撰少陽政範、孝子傳賜賢，數以書讓勒，愈不安。調露中，天子在東都，崇儼爲盜所殺，后疑出賢謀，遣人發太子陰事，詔薛元超、裴炎、高智周雜治之，獲甲數百首於東宮。帝素愛賢，薄其罪，后曰：「賢懷逆，大義滅親，不可赦。」乃廢爲庶人，焚甲天津橋，貶大安普州刺史，流訥言於振州，坐徙者十餘人。開耀元年，徙賢巴州。

武后得政，詔左金吾將軍丘神勣檢衞賢第，迫令自殺，年三十四。后舉哀顯福門，貶神勣疊州刺史，追復舊王。神龍初，贈司徒，遣使迎喪，陪葬乾陵。睿宗立，追贈皇太子及謚。三子：光順、守禮、守義。

光順爲樂安王，徙義豐，被誅。守義爲犍爲王，徙封桂陽，薨。先天中，追封光順莒王，守義畢王。

守禮嗣王，始名光仁，授太子洗馬。武后革命，畏疾宗室，而守禮以父得罪，與睿宗諸子閉處宮中十餘年。睿宗封相王，許出外邸，於是守禮等始居外，改司議郎。中宗即位，復故封，拜光祿卿，實封戶五百。唐隆元年，進封邠王。睿宗立，兼檢校左金吾衞大將軍，出爲幽州刺史，遙兼單于大都護，遷司空。開元初，累爲州刺史。時寧、申、岐、薛王同爲刺史，皆擇僚首持綱紀。守禮惟弋獵酣樂，不領事，故源乾曜、袁嘉祚、潘好禮皆爲邠府長史、州佐，督檢之。後還諸王京師，守禮以外支爲王，不甚才而多寵嬖，子六十餘人，無可稱者。常負息錢數百萬。或勸少治居產，守禮曰：「豈天子兄無葬者邪？」諸王每白上以爲歡。岐王嘗奏守禮知雨暘，帝問故，答曰：「臣無它，當天后時，太子被罪，臣幽宮中，歲被敕杖凡四三，累創痕膚，前雨則沈懣，霽則佳，以此知之。」因泣下，帝爲惻然。薨，年七十，贈太尉。子承宏、承寧、承寀可記者。

承宏，爵廣武王，坐交非其人，貶房州別駕，還爲宗正卿。廣德元年，吐蕃入京師，天子如陜，虜宰相馬重英立承宏爲帝，以翰林學士于可封、霍瓌爲宰相。賊退，詔放承宏于華州，死。

承寧封嗣邠王。

承寀，燉煌王，拜宗正卿，與僕固懷恩使回紇和親，卽納其女爲妃，封毗伽公主。薨，贈司空。

唐制：嗣郡王加四品階，親王子服緋。開元中，張九齡奏：「寧、薛及邠王三子爲王者賜紫，餘皆服緋，官不越六局郎，王府掾屬仍員外置。」後從帝至蜀者皆服紫。

中宗四子：韋庶人生重潤，後宮生重福、重俊、殤帝。

懿德太子重潤，本名重照，避武后諱改焉。帝爲皇太子時，生東宮，高宗喜甚，乳月滿，爲大赦天下，改元永淳。是歲，立爲皇太孫，開府置官屬。帝問吏部侍郎裴敬彝、郎中王方慶，對曰：「禮有嫡子，無嫡孫。漢、魏太子在，子但封王。晉立愍懷太子爲皇太孫，齊立文惠子爲皇太孫，皆居東宮。今有太子，又立太孫，於古無有。」帝曰：「自我作故若何？」對曰：「禮，君子抱孫不抱子，孫可以爲王父尸者，昭穆同也。陛下肇建皇孫，本支千億之慶。」帝悅，詔議官屬。敬彝等奏置師、傅、友、文學、祭酒、左右長史、東西曹掾、主簿、管記、司錄、六曹等官，加王府一級，然卒不補。將封嵩山，召太子赴東都，以太孫留守京師。

中宗失位，太孫府廢，貶庶人，別囚之。帝復位，封郡王。大足中，張易之兄弟得幸武后，或譖重潤與其女弟永泰郡主及主壻竊議，后怒，杖殺之，年十九。

重潤秀容儀，以孝愛稱，誅不緣罪，人皆流涕。神龍初，追贈皇太子及謚，陪葬乾陵，號墓爲陵，贈主爲公主。

譙王重福，高宗時王唐昌郡，徙封平恩。長安末乃進王。神龍初，韋庶人譖與張易之兄弟陷重潤，貶濮州員外刺史，徙合、均二州，不領事。景龍三年，中宗親郊，赦天下，十惡者咸宥，流人得還。重福不得歸，自陳「蒼生皆自新，而一子擯棄，皇天平分，固若此乎！」不報。

韋后得政，詔左屯衞大將軍趙承恩、薛思簡以兵護守。睿宗立，徙集州，未行，洛陽男子張靈均說重福曰：「大王居嫡長，當爲天子。相王雖平大難，安可越居大位？昔漢誅諸呂，乃東迎代王。今百官士庶皆願王來。王若陰幸東都，殺留守，擁兵西據陝，徇河南、河北，天下可圖也。」重福又遣靈均與其黨鄭愔計，愔亦密招重福爲天子，豫尊睿宗爲皇季叔，重茂皇太弟，制稱中元克復元年，愔自署左丞相，知內外文武事，以靈均爲右丞相、天柱大將軍，知出征事，其餘以次除署。重福自均州與靈均乘驛趨東都，舍駙馬裴巽家。洛陽令候巽，重福驚，遽出，欲劫左右屯營兵，至天津橋，願從者數百人。侍御史李邕遇之，先馳至右屯營，呼曰：「譙王得罪先帝，擅入都爲亂。公等勉立功取富貴。」稍稍閉皇城諸門以拒。重福徇右營不能動，趨左掖門，已闔，怒，縱火燒之。左營兵寖逼，衆遂潰，重福走山谷。明日，留守裴談總兵大索，投漕渠死，年三十一，磔其屍。帝詔以三品禮葬。

節愍太子重俊，聖曆三年王義興，神龍初王衞，拜洛州牧，實封千戶。俄領揚州大都督。明年爲皇太子，與太后喪，殺册禮，詔在藩食封，歲納東宮。給事中盧粲上言：「太子與列國同入封，不可爲法。」詔罷之。

重俊性明果，然少法度。既楊璬、武崇訓爲賓客，二人馮貴寵，無學術，惟狗馬蹴蹹相戲昵。左庶子姚珽數上疏諍導，右庶子平貞慎又獻孝經議、養德等傳，太子納而不克用。武三思挾韋后勢，將圖逆，內忌太子，而崇訓又三思子，尙安樂公主，常教主辱重俊，以非韋出，詈爲奴，數請廢，自爲皇太女。

三年七月，重俊恚忿，遂率李多祚洎左羽林將軍李思沖、李承況、獨孤禕之、沙吒忠義，矯發左羽林及千騎兵殺三思、崇訓幷其黨十餘人，使左金吾大將軍成王千里守宮城，自率兵趨肅章門，斬關入，索韋后、安樂公主、昭容上官所在。后挾帝升玄武門，宰相楊再思、蘇瓌、李嶠及宗楚客、紀處訥統兵二千餘人守太極殿，帝召右羽林將軍劉仁景等率留軍飛騎百人拒之，多祚兵不得進。帝據檻語千騎曰：「爾乃我爪牙，何忽爲亂？能斬賊者有賞。」於是士倒戈斬多祚，餘黨潰。重俊亡入終南山，欲奔突厥，楚客遣果毅趙思愼追之，重俊憩于野，爲左右所殺。詔殊首朝堂，獻太廟，幷以告三思、崇訓柩。睿宗立，加贈謚，陪葬定陵。

初，重俊被害，官屬莫敢視，惟永和丞甯嘉勗號哭，解衣裹其首，時人義之；楚客怒，收付獄，貶平興丞，卒。至是，亦贈永和令。

重俊子宗暉，景雲三年封湖陽郡王，天寶中，至太常員外卿，薨。

睿宗六子：肅明皇后生憲，宮人柳生撝，昭成皇后生玄宗皇帝，崔孺人生範，王德妃生業，後宮生隆悌。

讓皇帝憲，始王永平。文明元年，武后以睿宗爲皇帝，故憲立爲皇太子；睿宗降爲皇嗣，更册爲皇孫，與諸王皆出閤，開府置官屬。長壽二年，降王壽春，與衡陽、巴陵、彭城三王同封，復詔入閤。中宗立，改王蔡，固辭不敢當。唐隆元年，進封宋。

睿宗將建東宮，以憲嫡長，又嘗爲太子，而楚王有大功，故久不定。憲辭曰：「儲副，天下公器，時平則先嫡，國難則先功，重社稷也。使付授非宜，海內失望，臣以死請。」因涕泣固讓。時大臣亦言楚王有定社稷功，且聖庶抗嫡，不宜更議。帝嘉憲讓，遂許之，立楚王爲皇太子，以憲爲雍州牧、揚州大都督、太子太師，實封至二千戶，賜甲第，物段五千，良馬二十，奴婢十房，上田三十頃。進尚書左僕射，又兼司徒。讓司徒，更爲太子賓客。

時太平公主有醜圖，姚元崇、宋璟白帝，請出憲及申王成義爲刺史，以銷釋陰計，乃以司徒兼蒲州刺史，進司空。玄宗既討定蕭、岑之難，進憲位太尉，增千戶，固辭，更授開府儀同三司，解太尉、揚州大都督。徙王寧，又兼太常卿。開元十四年，表解卿。久之，復爲太尉。歷澤、岐、涇三州刺史，累封至五千五百戶。二十九年薨。

初，帝五子列第東都積善坊，號「五王子宅」。及賜第上都隆慶坊，亦號「五王宅」。玄宗爲太子，嘗製大衾長枕，將與諸王共之。睿宗知，喜甚。及先天後，盡以隆慶舊邸爲興慶宮，而賜憲及薛王第於勝業坊，申、岐二王居安興坊，環列宮側。天子於宮西、南置樓，其西署曰「花萼相輝之樓」，南曰「勤政務本之樓」，帝時時登之，聞諸王作樂，必亟召升樓，與同榻坐，或就幸第，賦詩燕嬉，賜金帛侑歡。諸王日朝側門，既歸，即具樂縱飲，擊毬、鬭雞、馳鷹犬爲樂，如是歲月不絕，所至輒中使勞賜相踵，世謂天子友悌，古無有者。帝於敦睦蓋天性然，雖讒邪亂其間，而卒無以搖。時有鶺鴒千數集麟德殿廷樹，翔棲浹日。左清道率府長史魏光乘作頌，以爲天子友悌之祥。帝喜，亦爲作頌。

憲尤謹畏，未嘗干政而與人交，帝益信重，嘗以書賜憲等曰：「魏文帝詩：『西山一何高，高高殊無極。上有兩僊童，不飲亦不食。賜我一丸藥，光耀有五色。服之四五日，身體生羽翼。』朕每言服藥而求羽翼，寧如兄弟天生之羽翼乎？陳思王之才，足以經國，絕其朝謁，卒使憂死，魏祚未終，司馬氏奪之，豈神丸效耶？虞舜至聖，捨象傲以親九族，九族既睦，平章百姓。今數千載，天下歸善焉，此朕廢寢忘食所慕歎也。頃因餘暇，選僊錄得神方，云餌之必壽。今持此藥，願與兄弟共之，偕至長齡，永永無極也。」後申王等相繼薨，唯憲在，帝親待愈益厚。每生日必幸其第爲壽，往往留宿；居常無日不賜遺，尚食總監及四方所獻酒酪異饌，皆分餉之。憲嘗請歲盡錄賜目付史官，必數百紙。後有疾，護醫將膳，騎相望也。僧崇一者療之，少損，帝喜甚，賜緋袍、銀魚。已而疾寖劇，薨，年六十三。帝失聲號慟，左右皆泣下。

帝以憲實推天下，有高世之行，非大號不稱，乃追謚讓皇帝，遣尚書左丞相裴耀卿、太常卿韋縚持節奉册。其子璡表陳憲宿素退讓，不敢當大號。制不許。及斂，出天子服一稱，詔右監門大將軍高力士以手書寘靈坐，贈妃元爲恭皇后，葬橋陵旁。及葬，敕中使諭璡等，送終之具，使衆見之，示以儉薄。所司請如諸陵，設千味食內壙中，監護使耀卿建言：「尚食料水陸千餘種及馬、牛、驢、犢、麞、鹿、鵝、鴨、魚、鴈體節之味，并藥酒三十名，盛夏胎養，不可多殺，考求禮據，無所憑依。陛下每申讓帝之志，務存約素，請蠲省折衷。」詔可。既發引，大雨，有詔慶王潭等涉塗泥，步送十里，號其墓曰惠陵。

憲嘗從帝按舞萬歲樓，帝從複道上見衞士已食，棄其餘竇中。帝怒，詔高力士杖殺之，憲從容曰：「從複道上窺人之私，恐士不自安，且失大體，豈以性命輕於餘飱乎？」帝遽止，謂力士曰：「王於我，可謂有急難也。不然，且誤殺士。」又涼州獻新曲，帝御便坐，召諸王觀之。憲曰：「曲雖佳，然宮離而不屬，商亂而暴，君卑逼下，臣僭犯上。發於忽微，形於音聲，播之詠歌，見於人事，臣恐一日有播遷之禍。」帝默然。及安、史亂，世乃思憲審音云。

憲本名成器，避昭成太后謚，與申王成義俱改今名。憲子十九人，其聞者璡、嗣莊、琳、瑀。

璡眉宇秀整，性謹絜，善射，帝愛之。封汝陽王，歷太僕卿。與賀知章、褚庭誨、梁涉等善。薨，贈太子太師。

嗣莊幼有令名，爲太子左諭德，封濟陰王。薨，贈幽州大都督。

琳以祕書監爲嗣寧王，從天子幸蜀，薨。

瑀早有材望，偉儀觀。始封隴西郡公。從帝幸蜀，至河池，封漢中王，山南西道防禦使。乾元初，寧國公主降回紇，詔瑀以特進、太常卿持節册拜回紇爲威遠可汗。瑀亦知音，嘗早朝過永興里，聞笛音，顧左右曰：「是太常工乎？」曰：「然。」它日識之，曰：「何故臥吹？」笛工驚謝。又聞康昆崙奏琵琶，曰：「琵聲多，琶聲少，是未可彈五十四絲大絃也。」樂家以自下逆鼓曰琵，自上順鼓曰琶云。肅宗詔收羣臣馬助戰，瑀與魏少游等持不可。帝怒，貶蓬州長史。薨，贈太子太師，謚曰宣。孫景儉。

景儉字寬中。及進士第。彊記多聞，善言古成敗王霸大略，高自負，於士大夫無所屈。王叔文等更譽之，以爲管仲、諸葛亮比。叔文敗，景儉以母喪得不坐。韋夏卿守東都，辟幕府。竇羣任中丞，引爲監察御史，羣貶，景儉亦爲江陵戶曹參軍。累擢忠州刺史。元和末，入朝，不見用，復爲澧州刺史。素與元稹、李紳善。二人方在翰林，言其才。及延英奉辭，景儉自陳見抑遠，穆宗憐之，追詔爲倉部員外郎，不遣。閱月，拜諫議大夫。性矜誕，使酒縱氣，語侵宰相，蕭俛、段文昌訴于帝，貶建州刺史。稹得君，爲之助，故還爲諫議大夫。與馮宿、楊嗣復、溫造、李肇等集史官獨孤朗所，景儉醉，至中書，慢罵宰相王播、崔植、杜元穎，吏爲遜言厚謝，乃去，坐貶漳州刺史，宿等皆逐矣。未及漳，稹輔政，改楚州刺史，議者謂景儉辱丞相，貶未至卽還，非是。稹懼，改少府少監，悉還宿等。景儉旣湮阨不得志，卒。然其爲人輕財，篤于義，旣沒，士悵悼之。

惠莊太子撝，本名成義。初生，武后以母賤，欲不齒，以示浮屠萬回，回詭曰：「此西土樹神，宜兄弟。」后喜，乃畜之。垂拱三年，始王恆，與衞、趙二王同封。俄改王衡陽。睿宗立，進王申，與岐、薛二王同封。累遷右衞、金吾二大將軍，實封至千戶。進司徒，兼益州大都督，四爲州刺史。開元八年，停刺史，復爲司徒。薨，册書贈太子及謚，陪葬橋陵。

撝性寬裕，儀貌瓌重。無嗣，詔以讓帝子琄嗣，爲懷寧王，徙封同安。薨。天寶中，復以讓帝子璹嗣。

惠文太子範，始名隆範。玄宗立，與薛王隆業避帝諱去二名。初王鄭，改封衞。俄降封巴陵，進王岐，爲太常卿、并州大都督、左羽林大將軍。從玄宗誅太平公主，以功賜封，與薛王業並滿五千戶。歷爲州刺史，遷太子太傅。開元十四年薨，册書贈太子及謚，陪葬橋陵。帝哭之慟，徹常膳至累旬，羣臣勉請乃復。

範好學，工書，愛儒士，無貴賤爲盡禮。與閻朝隱、劉廷琦、張諤、鄭繇等善，常飲酒賦詩相娛樂。又聚書畫，皆世所珍者。初，隋亡，禁內圖書湮放，唐興募訪，稍稍復出，藏祕府。長安初，張易之奏天下善工潢治，乃密使摹肖，殆不可辨，竊其眞藏于家。旣誅，悉爲薛稷取去，稷又敗，範得之，後卒爲火所焚。駙馬都尉裴虛己善讖緯，坐私與範游，徙嶺南，廷琦貶雅州司戶，諤爲山茌丞，然帝於範無少間也，謂左右曰：「兄弟情天至，於我豈有異哉！趨競者彊相附，我終不以爲纖介。」時王毛仲等起賤微，暴貴，諸王見必加禮，獨範接之自如。

子璀嗣。

璀落魄不飭名檢，沈酒色，歷太僕卿，封河東王，暴薨，贈太子少師。天寶中，復以薛王子略陽公珍爲嗣岐王。

珍儀觀豐偉，爲宗正員外卿，與蔚州鎭將朱融善。融嘗言珍似上皇，因有陰謀，往語金吾將軍邢濟曰：「關外寇近，京師草草，奈何？」濟曰：「我金吾，天子押衙，以死生從，安自脫？」融曰：「見嗣岐王無慮矣。」濟以聞，肅宗詔廢珍爲庶人，賜死，融黨皆誅，擢濟爲桂管防禦使。

惠宣太子業，始王趙，降封中山，授都水使者。徙彭城，兼陳州別駕，進王薛，爲羽林大將軍、荆州大都督。以好學授祕書監。開元初，進太子少保，卽拜太保，累歷州刺史。

初，母早終，從母賢妃鞠之。八年，迎賢妃外邸，事之甚謹。其女弟淮陽、涼國二公主亦早卒，撫甥與己子均，帝益愛之。嘗被疾，帝自祝禬。旣瘉，幸其第，置酒賦詩爲初生歡。帝嘗不豫，業妃弟內直郎韋賓與殿中監皇甫恂妄言休咎事，賓坐死，恂貶錦州刺史。妃恐，降服待罪，業亦不敢入謁，帝聞，遽召之，業伏殿下請罪，帝趨就執其手曰：「吾所猜于兄弟者，天地共咎之！」遂復燕歡，仍諭妃復位。俄進司徒。二十二年，業有疾，帝憂之，一昔容髮爲變，因假寢，夢獲方，寤而業少閒，邠王守禮等請以事付史官。及薨，帝悲不能食，册書加贈及謚，陪葬橋陵。

十一子，其聞者瑗、瑒、琄。帝後追思業，引見瑗等，傷之，乃下詔共賜實封千戶。瑗爲樂安王。瑒滎陽王、宗正卿。琄爲嗣薛王，歷鴻臚卿。天寶中，琄舅韋堅爲李林甫所搆，坐貶夷陵别駕，徙置夜郎、南浦。及安祿山亂，乃還京師。

曾孫知柔，嗣王，再爲宗正卿。久之，擢京兆尹。始，鄭、白渠梗壅，民不得歲。知柔調三輔，治復舊道，灌浸如約，遂無旱虞，民詣闕請立石紀功，知柔固讓得止。加累檢校司徒、同中書門下平章事。又詔營緝太廟，判度支，充諸道鹽鐵轉運使。昭宗出莎城，獨知柔從，乘輿器用庖頓皆主之，大細畢給。性儉約，雖位通顯，無居第。未幾，出拜清海軍節度使，在鎮廉絜，貢獻時入，進檢校太傅，兼侍中。仕凡四紀，常爲宗室冠。卒于鎮。

隋王隆悌，始封汝南王。早薨，睿宗追王，贈荆州大都督，爵不傳。

贊曰：中宗失道，身爲母所廢，妻所弑，而四子皆不得其死，嗣亦不傳，殆天穢其德而絶之，何耶？彼固自絕于天云爾。睿宗有聖子，一受命，一追帝，三贈太子，天與之報，福流無窮，盛歟！

唐書卷八十二

列傳第七

十一宗諸子

奉天皇帝琮　太子瑛　棣王琰　鄂王瑤　靖恭太子琬　光王琚

潁王璬　永王璘　壽王瑁　延王玢　盛王琦　豐王珙　汴王璥

越王係　承天皇帝倓　彭王僅　襄王僙 嗣王熅　恭懿太子佋

昭靖太子邈　睦王述　舒王誼　通王諶　虔王諒　肅王詳

文敬太子謜　郯王經　惠昭太子寧　澧王惲　絳王悟　建王恪

懷懿太子湊　安王溶　悼懷太子普　陳王成美　莊恪太子永

通王滋　吉王保　德王裕

玄宗三十子：劉華妃生琮、第六子琬、第十二子璲，趙麗妃生瑛，元獻皇后生肅宗皇帝，錢妃生琰，皇甫德儀生瑤，劉才人生琚，武惠妃生一、第十五子敏、第十八子瑁、第二十一子琦，高婕妤生璬，郭順儀生璘，柳婕妤生玢，鍾美人生環，盧美人生瑝，閻才人生玼，王美人生珪，陳才人生珙，鄭才人生瑱，武賢儀生璿、第三十子璥；餘七子夭，母氏失傳。

奉天皇帝琮，景雲元年，王許昌郡，與眞定王同封。先天元年，進王郯，與郢王同封。開元四年，領安西大都護、安撫河東關內隴右諸蕃大使。十三年，徙王慶，與忠、棣、榮、光、儀、潁、永、壽、延、盛、濟十一王同封。十五年，與十王並領節度，不出閤。琮以涼州都督兼河西諸軍節度大使。天寶元年，改節河東。十載薨，贈太子，謚靖德。

肅宗立，詔曰：「靖德太子琮，親則朕兄，睿悊聰明，朕昔踐儲極，顧誠非次，君父有命，不敢違，永言懇讓，不克如素。宜進謚奉天皇帝，妃竇爲恭應皇后。」詔尙書右僕射裴冕持節改葬，羣臣素服臨送達禮門，帝御門哭以過喪，墓號齊陵。無子，以太子瑛子俅嗣王。

琮始名嗣直，太子嗣謙，棣王嗣眞，鄂王嗣初，靖恭太子嗣玄。開元十三年，更名曰潭，曰鴻，曰洽，曰涓，曰滉。後十年改今名。

太子瑛，始王眞定，進王郢。開元三年，立爲皇太子。七年，詔太子、諸王入國學行齒胄禮，太常擇日謁孔子，太子獻。詔右散騎常侍褚无量執經，羣臣、學官、諸生以差賜帛。明年，瑛加元服，見太廟。十六年，詔九品官息女可配太子者，有司採閱待進止，以太常少卿薛縚女爲妃。帝種麥苑中，瑛、諸王侍登，帝曰：「是將薦宗廟，故親之，亦欲若等知稼穡之難。」因分賜侍臣，曰「春秋書『無麥禾』，古所甚重。比詔使者閱田畝，所對不以實，故朕自蒔以觀其成」云。

初，瑛母以倡進，善歌舞，帝在潞得幸。及卽位，擢妃父元禮、兄常奴皆至大官。鄂、光二王母亦帝爲臨淄王時以色選。及武惠妃寵幸傾後宮，生壽王，愛與諸子絕等。而太子、二王以母失職，頗怏怏。惠妃女咸宜公主婿楊洄揣妃旨，伺太子短，譁爲醜語，惠妃訴于帝，且泣，帝大怒，召宰相議廢之。中書令張九齡諫曰：「太子、諸王日受聖訓，天下共慶。陛下享國久，子孫蕃衍，奈何一日棄三子？昔晉獻公惑嬖姬之讒，申生憂死，國乃大亂；漢武帝信江充巫蠱，禍及太子，京師蹀血；晉惠帝有賢子，賈后譖之，乃至喪亡；隋文帝聽后言，廢太子勇，遂失天下。今太子無過，二王賢。父子之道，天性也，雖有失，尙當掩之。惟陛下裁赦。」帝默然，太子得不廢。俄而九齡罷，李林甫專國，數稱壽王美以揠妃意，妃果德之。

二十五年，洄復搆瑛、瑤、琚與妃之兄薛鏽異謀。惠妃使人詭召太子、二王，曰：「宮中有賊，請介以入。」太子從之。妃白帝曰：「太子、二王謀反，甲而來。」帝使中人視之，如言，遽召宰相林甫議，答曰：「陛下家事，非臣所宜豫。」帝意決，乃詔：「太子瑛、鄂王瑤、光王琚同惡均罪，並廢爲庶人；鏽賜死。」瑛、瑤、琚尋遇害，天下冤之，號「三庶人」。歲中，惠妃數見庶人爲祟，因大病。夜召巫祈之，請改葬，且射行刑者瘞之，訖不解。妃死，祟亡。寶應元年，詔贈瑛皇太子，瑤等復王。

瑛子五人：儼、伸、倩、俅、備。瑛之廢，帝使慶王畜儼等爲子。儼封新平郡王，伸平原郡王，俅嗣慶王，備太僕卿，倩失傳。

棣王琰，開元二年始王鄫，與鄂、鄄二王同封。後徙王棣，領太原牧、太原以北諸軍節度大使。天寶初，爲武威郡都督，經略節度河西、隴右。會妃韋以過置別室，而二孺人爭寵不平，求巫者密置符琰履中以求媚。仇人告琰厭魅上，帝伺其朝，使人取履視之，信。帝怒責琰，琰頓首謝曰：「臣罪宜死，然臣與婦不相見二年，有二孺人爭長，臣恐此三人爲之。」及推，果驗。然帝猶疑琰，怒未置，太子以下皆爲請，乃囚於鷹狗坊，以憂薨。妃，縚之女，無子，還本宗。

琰凡五十五子，得王者四人，僎王汝南郡，僑宜都，俊濟南，俛順化；僚太僕卿，俠國子祭酒，仁殿中監，僾祕書監。寶應元年，詔復琰王爵。

鄂王瑤，旣封，遙領幽州都督、河北節度大使。開元二十三年，與榮、光、儀、潁、永、壽、延、盛、濟、信、義十一王並授開府儀同三司，實封二千戶。詔詣東宮、尙書省，上日百官集送，有司供張設樂。是日，悉拜王府官屬，然未有府也，而選任冒濫，時不以爲榮。

靖恭太子琬，始王鄄，徙王榮。爲京兆牧，領隴右節度大使。又詔親巡按隴右，選關內、河東飛騎五萬防盛秋。累兼單于、安北大都護。安祿山反，詔琬爲征討元帥，募河、隴兵屯陝，以高仙芝副之，會薨。琬風格秀整，有素望，中外倚之。及薨，莫不爲國悵恨。詔加贈謚。

琬男女五十八人，得王者三人，俯王濟陰郡，偕北平，倩陳留；倷衞尉卿，償祕書監，佩鴻臚卿。

光王琚，開元十三年始王，與儀、潁、永、壽、延、盛、濟七王同封。俄領廣州都督。勇力善騎射，帝愛之。與鄂王同居，友睦甚，皆篤學。既廢，無嗣。初，琚名涺，儀王濰，潁王澐，永王澤，壽王淸，延王洄，盛王沐，濟王溢，信王沔，義王漼，陳王泚，豐王澄，恆王湛，涼王漎，汴王滔，至二十三年，詔悉改今名。

夏悼王一，生韶秀，以母寵，故鍾愛，命之曰一。未免懷薨，追爵及謚。時帝在東都，故葬龍門東岑，欲宮中望見云。

儀王璲，旣封，授河南牧。薨，贈太傅。子佻王鍾陵郡，侹廣陵。

潁王璬，喜讀書，好文辭。開元十五年，遙領安東都護。安祿山反，詔領劍南節度大使，以楊國忠爲之副。帝西出，令御史大夫魏方進爲置頓使，移書劍南屬郡，託璬之藩，大設儲偫。璬先郎鎭，更以蜀郡長史崔圓爲副。璬濟江，舟中以綵席藉步，命徹之，曰：「此可寢，奈何踐之？」璬之出遽，不及受節，司馬史賁請建大纛，蒙油囊，先驅以威道路。璬笑曰：「旣爲眞王矣，安用假節爲？」將至成都，崔圓迎拜馬前，璬不爲禮，圓銜之。璬視事再踰月，人便其寬，圓奏罷居內宅。乃詔宣慰肅宗於彭原，從還京師。建中四年薨，年六十六。

子伸爲滎陽王，僙高邑王，俔楚國公，僔夔國公。

懷思王敏，貌豐秀若圖畫，帝愛之。甫晬薨，追爵及謚，祔葬敬陵。

永王璘，少失母，肅宗自養視之。長聰敏好學。貌陋甚，不能正視。既封，領荆州大都督。安祿山反，帝至扶風，詔璘即日赴鎮。俄又領山南、江西、嶺南、黔中四道節度使，以少府監竇昭爲副。璘至江陵，募士得數萬，補署郎官、御史。

時江淮租賦鉅億萬，在所山委。璘生宮中，於事不通曉，見富且強，遂有闚江左意，以薛鏐、李臺卿、韋子春、劉巨鱗、蔡駉爲謀主。肅宗聞之，詔璘還覲上皇于蜀，璘不從。其子襄城王偒，剛鷙乏謀，亦樂亂，勸璘取金陵。即引舟師東下，甲士五千趨廣陵，以渾惟明、季廣琛、高仙琦爲將，然未敢顯言取江左也。

會吳郡採訪使李希言平牒璘，璘因發怒曰：「寡人上皇子，皇帝弟，地尊禮絕。今希言乃平牒抗威，落筆署字，何邪？」乃使惟明襲希言，而令廣琛趨廣陵，攻採訪使李成式。璘至當塗，希言已屯丹楊，遣將元景曜等拒戰，不勝，降於璘，江淮震動。

明年，肅宗遣宦者啖廷瑤等與成式謀招喻之。時河北招討判官李銑在廣陵，有兵千餘，廷瑤邀銑屯揚子，成式又遣裴茙以廣陵卒三千戍伊婁埭，張旗幟，大閱士。璘與瑒登陴望之，有懼色。廣琛知事不集，謂諸將曰：「與公等從王，豈欲反邪？上皇播遷，道路不通，而諸子無賢於王者。如總江淮銳兵，長驅雍、洛，大功可成。今乃不然，使吾等名絓叛逆，如後世何？」衆許諾，遂割臂盟。於是惟明奔江寧，馮季康奔白沙，廣琛以兵六千奔廣陵。璘使騎追躡之，廣琛曰：「我德王，故不忍決戰，逃命歸國耳。若逼我，且決死。」追者止，乃免。

是夜，銑陣江北，夜然束葦，人執二炬，景亂水中，覘者以倍告，璘軍亦舉火應之。璘疑王師已濟，攜兒女及麾下遁去。遲明覺其紿，復入城，具舟檝，使瑒驅衆趨晉陵。諜者告曰：「王走矣！」成式以兵進，先鋒至新豐，璘使瑒、仙琦逆擊之。銑合勢，張左右翼，射瑒中肩，軍遂敗。仙琦與璘奔鄱陽，司馬閉城拒，璘怒，焚城門入之，收庫兵，掠餘干，將南走嶺外。皇甫侁兵追及之，戰大庾嶺，璘中矢被執，侁殺之。瑒爲亂兵所害，仙琦逃去。

璘未敗時，上皇下誥：「降爲庶人，徙置房陵。」及死，侁送妻子至蜀，上皇傷悼久之。肅宗以少所自鞠，不宣其罪。謂左右曰：「皇甫侁執吾弟，不送之蜀而擅殺之，何邪？」由是不復用。薛鏐等皆伏誅。

子僙爲餘姚王，偵莒國公，傒郯國公，伶、儀並國子祭酒。

壽王瑁，母惠妃頻姙不育，及瑁生，寧王請養邸中，元妃自乳之，名爲己子，故封比諸王最後。開元十五年，遙領益州大都督。初，帝以永王等尙幼，詔不入謁。瑁七歲，請與諸兄衆謝，拜舞有儀矩，帝異之。寧王薨，請制服以報私恩，詔可。大曆十年薨，贈太傅。

子王者三人，僾王德陽郡，伓濟陽郡，僙廣陽郡，伉薛國公，傑國子祭酒。

延王玢，母尙書右丞範之孫，帝重其名家，而玢亦仁愛有學。旣封，遙領安西大都護。帝入蜀，玢凡三十六子，不忍棄，故徐進，數日，見行在所，帝怒，漢中王瑀申救得解，聽歸靈武。興元元年薨。

子倬王彭城郡，侹平陽，倞魯國公，偃荊國公，优太僕卿。

盛宣王琦，旣封，領揚州大都督。帝之西，詔爲廣陵大都督、淮南江東河南節度大使，以劉彙爲副，李成式爲副大使，琦不行。廣德二年薨，贈太傅。

子儹封眞定王，佩武都王，俗徐國公，係許國公。

濟王環，逸其薨年。子倈王永嘉郡，俛平樂郡。

信王瑝，開元二十一年始王，與義、陳、豐、恆、涼、汴六王同封。子倜封新安王，倜晉陵王。

義王玼，與信王並失薨年。子儀爲舞陽王，僇高密王。

陳王珪，二十一子，得王者三人，倫王安南郡，佗臨淮，佼安陽。

豐王珙，已封，爲左衞大將軍。帝至普安，授珙武威都督、河西隴右安西北庭節度大使，以隴西太守鄧景山爲副，珙不行。

廣德初，吐蕃入京師，代宗幸陝，將軍王懷忠閉苑門，以五百騎劫諸王西迎虜，遇郭子儀，懷忠曰：「上東遷，宗社無主，今僕奉諸王西奔，以係天下望。公爲元帥，惟所廢置。」子儀未對。珙輒曰：「公何如？」司馬王延昌質責珙曰：「上雖蒙塵，未有失德，王爲藩翰，安得狂悖之言？」子儀亦讓之，卽護送行在所，帝赦不責。珙語不遜，羣臣恐其亂，請除之，乃賜死。

子佻爲齊安王。

恆王瑱，好方士，常服道士服。從帝幸蜀，還，代宗時薨。

涼王璿，母高平王重規之女，宮中號小武妃者。璿薨代宗時。子仿爲濾陽郡王。

汴哀王璥，於諸子爲最少，初封纔數歲，容貌秀澈，有成人風，帝愛之。開元二十三年，授右千牛衞大將軍。明年，薨。

唐制：親王封戶八百，增至千；公主三百，長公主止六百。高宗時，沛英豫三王、太平公主武后所生，戶始踰制。垂拱中，太平至千二百戶。聖曆初，相王、太平皆三千，壽春等五王各三百。神龍初，相王、太平至五千，衞王三千，温王二千，壽春等王皆七百，嗣雍、衡陽、臨淄、巴陵、中山王五百，安樂公主二千，長寧千五百，宣城、宜城、宜安各千，相王女爲縣主，各三百。相王增至七千，安樂三千，長寧二千五百，宜城以下二千。相王、太平、長寧、安樂以七丁爲限，雖水旱不蠲，以國租、庸滿之。中宗遺詔，雍、壽春王進爲親王，戶千。開元後，天子敦睦兄弟，故寧王戶至五千五百，岐、薛五千，申王以外家微，戶四千，邠王千八百，帝妹戶千，中宗諸女如之，通以三丁爲限。及皇子封王，戶二千，公主五百。咸宜公主以母惠妃故，封至千，自是，諸公主例千戶止。

初，文德皇后崩，晉王最幼，太宗憐之，不使出閤。豫王亦以武后少子不出閤，嗣聖初，卽帝位，及降封相王，乃出閤。中宗時，譙王失愛，遷外藩，温王年十七，猶居宮中，遂立爲帝。開元後，皇子幼，多居禁內，旣長，詔附苑城爲大宮，分院而處，號「十王宅」，所謂慶、忠、棣、鄂、榮、光、儀、潁、永、延、盛、濟等王，以十，舉全數也。中人押之，就夾城參天子起居。家令日進膳。引詞學士入授書，謂之侍讀。壽、信、義、陳、豐、恆、涼七王就封，亦居十宅。鄂、光廢死，忠王立爲太子，慶、棣繼薨，唯榮、儀十四王居院，而府幕列於外坊，歲時通名起居。旣又諸孫多，則於宅外更置「百孫院」。天子歲幸華清宮，又置十王、百孫院于宮側。宮人每院四百餘，百孫院亦三四十人。禁中置維城庫，以給諸王月奉。諸孫納妃、嫁女，就十王宅。太子不居東宮，處乘輿所幸別院。太子、親王、公主婚嫁竝供帳於崇仁之禮院。此承平制云。

肅宗十四子：章敬皇后生代宗皇帝，宮人孫生係，張生倓，王生佖，陳婕妤生僙，韋妃生僩，張美人生僙，後宮生榮，裴昭儀生僙，段婕妤生倕，崔妃生偲，張皇后生佋、侗，後宮生僖。

越王係，生開元時。玄宗末年，悉王太子子，故係王南陽郡。帝卽位，至德二載十二月，進王趙，與彭、兗、涇、鄆、襄、杞、召、興、定九王同封。

乾元二年，九節度兵潰河北，朝廷震駭，乃以李光弼代郭子儀總兵關東，而光弼請賢王爲帥，於是詔係充天下兵馬元帥，而光弼以司空兼侍中、薊國公副，知節度行營事，係留京師。史思明陷洛陽，係請行，不聽。明年，徙王越。

帝寢疾，皇太子監國，張皇后與中人李輔國有隙，因召太子入，謂曰：「輔國典禁軍，用事久，四方詔令皆出其口，矯天子制，逼徙聖皇，天下側目。今上疾彌留，輔國常快快，忌吾與汝。又程元振陰結黃門，圖不軌。若釋不誅，禍不移頃。」太子泣曰：「此二人者，陛下勳舊，而上體不豫，重以此事，得無震驚乎？願出外徐計之。」后曰：「是難與共事者！」乃召係曰：「汝能行此乎？」係許諾。卽遣內謁者監段恆俊選材勇宦者二百人，授甲長生殿，以帝命召太子。元振以告輔國，乃相與勒兵淩霄門，迎太子，以難告。太子曰：「上疾亟，吾可懼死不赴乎？」元振曰：「赴則及禍。」乃以兵護太子止飛龍廄，勒兵夜入三殿，收係及恆俊等百餘人繫之，幽后別殿。后及係皆爲輔國所害。係三子：建王武威郡，逌興道，遂齊國公。

承天皇帝倓，始王建寧。英毅有才略，善騎射。祿山亂，典親兵，扈車駕。度渭，百姓遮道留太子，太子使喩曰：「至尊播遷，吾可以違左右乎？」倓進說曰：「逆胡亂常，四海崩分，不因人情圖興復，雖欲從上入蜀，而散關以東非國家有。夫大孝莫若安社稷，殿下當募豪桀，趣河西，收牧馬。今防邊屯士不下十萬，而光弼、子儀全軍在河朔，與謀興復，策之上者。」廣平王亦贊之，於是議定。太子北過渭，兵仗鹽惡，士氣崩沮，日數十戰。倓以驍騎數百從，每接戰，常身先，血殷袂，不告也。太子或過時未食，倓輒涕泗不自勝，三軍皆屬目。

至靈武，太子卽帝位，議以倓爲天下兵馬元帥，左右固請廣平王。帝曰：「廣平旣冢嗣，安用元帥？」答曰：「太子從曰撫軍，守曰監國。元帥，撫軍也，莫宜於廣平王。」帝從之，更詔倓典親軍，以李輔國爲府司馬。時張良娣有寵，與輔國交搆，欲以動皇嗣者。倓忠謇，數爲帝言之，由是爲良娣、輔國所譖，妄曰：「倓恨不總兵，鬱鬱有異志。」帝惑偏語，賜倓死，俄悔悟。

明年，廣平王收二京，使李泌獻捷。泌與帝雅素，從容語倓事，帝改容曰：「倓於艱難時實自有力，爲細人間鬩，欲害其兄，我計社稷，割愛而爲之所。」泌曰：「爾時臣在河西，知其詳。廣平於兄弟篤睦，至今言建寧，則嗚咽不自已。陛下此言得之讒口耳。」帝泣下曰：「事已爾，未耐何！」泌曰：「陛下嘗聞黃臺瓜乎？高宗有八子，天后所生者四人，自爲行，而睿宗最幼。長曰弘，爲太子，仁明孝友，后方圖臨朝，鴆殺之，而立次子賢。賢日憂惕，每侍上，不敢有言，乃作樂章，使工歌之，欲以感悟上及后。其言曰：『種瓜黃臺下，瓜熟子離離。

一摘使瓜好，再摘令瓜稀。三摘尚云可，四摘抱蔓歸。』」而賢終爲后所斥，死黔中。陛下今一摘矣，愼無再！」帝愕然曰：「公安得是言？」是時，廣平有大功，亦爲后所構，故泌因對及之，廣平遂安。及即位，追贈倓齊王。大曆三年，有詔以倓當艱難時，首定大謀，排衆議，於中興有功，乃進謚承天皇帝，以興信公主季女張爲恭順皇后，冥配焉，葬順陵，祔主奉天皇帝廟，同殿異室云。

初，李泌請加贈倓，代宗曰：「倓性忠孝，而困於讒，追帝之，若何？」答曰：「開元中，上皇兄弟皆贈太子。」帝曰：「是特祖宗友愛耳，豈若倓有功乎？」於是追帝號。遣使迎喪彭原，既至城門，喪輴不動。帝謂泌曰：「豈有恨邪？卿往祭之，以白朕意。且卿及知倓艱難定策者。」泌爲挽詞二解，追述倓志，命挽士唱，泌因進酹，輴乃行，觀者皆爲垂泣。

衞王泌，始王西平。蚤薨。寶應元年五月，與鄆王同追封。

彭王僅，始王新城，進封彭。史思明陷河、洛，人心震騷，羣臣請以諸王臨統方鎭兵，遙相維壓。於是詔僅充河西節度，兗王北庭，涇王隴右，杞王陝西，興王鳳翔，並爲大使。是歲僅薨。

子鎭爲常山郡王。

兗王僴，始王潁川，進王兗。寶應元年薨。

涇王侹，始王東陽，進王涇。興元元年薨。

鄆王榮，始王靈昌。蚤薨，追封。

襄王僙，至德二載始王，與杞、召、興、定四王同封。貞元七年薨。子宣爲伊吾郡王，宋樂安王。宣裔孫熅。

熅，性謹柔，材無過人者。光啓二年，田令孜逼僖宗幸興元，邠寧節度使朱玫以五千騎追乘輿不及。熅以疾不能從，玫劫之，駐鳳翔，得臺省官百餘，乃脅宰相蕭遘等率羣臣盟石鼻驛，奉熅爲嗣襄王，監軍國事，因還京師，即封拜官屬。初，遘執不可，於是罷遘，而玫自爲侍中，號令己出。以裴澈爲門下侍郎，鄭昌圖中書侍郎，皆平章事。遣柳陟等十餘人分諭天下嗣襄王所以監國意，皆得進官。玫又脅太子太師裴璩等奉牋勸進，熅五讓乃即位，改元建貞，尊僖宗爲太上元皇聖帝。河中節度使王重榮率諸藩貢奉，歸者十八九，而蔡州秦宗權自僭號，惟太原李克用不從。時帝遣使喻重榮、克用，故二人聽命。樞密使楊復恭等傳檄三輔，募能斬玫者，以邠寧節度畀之。其僞將王行瑜自鳳州入京師殺玫，而熅與澈、昌圖幷官屬奔東渭橋。重榮紿使迎之，熅與官屬別，且泣曰：「朕見重榮，當令備所服迓公等。」至蒲，執殺之，因械澈等于獄，誅殺僞官，函熅首至行在所。熅即僞位凡九月敗。始，熅首至，羣臣白帝御興元南門受之，百官稱賀。太常博士殷盈孫奏言：「禮，公族有罪，有司曰：『某之罪在大辟。』君曰：『赦之。』如是者三，走出，致刑焉，君爲素服不舉者三日。今熅皇族，以不能固節，迫脅至此，宜廢爲庶人，絕屬籍，葬以庶人禮。大捷之慶，須朱玫首至乃賀。」詔可。

杞王倕，貞元十四年薨。

召王偲，元和元年薨。

恭懿太子佋，始封興王。上元元年薨。佋生，后方專愛，帝最憐之。后數撼儲嫡，欲以佋嗣，會薨，計塞。是夕，帝及后夢佋辭決流涕去，帝鯁悵，故册贈皇太子。

定王侗，寶應初薨。

代宗二十子：睿眞皇后生德宗皇帝，崔妃生邈，貞懿皇后生迥；十七王，史亡其母之氏、位。

昭靖太子邈，好學，以賢聞。上元二年始王益昌。帝卽位，寶應元年進王鄭，與韓王同封。淄青牙將李懷玉逐其帥侯希逸，詔邈爲平盧淄青節度大使，以懷玉知留後。大曆初，代皇太子爲天下兵馬元帥。八年薨，遂罷元帥府。

均王遐，早薨。貞元八年追封。

睦王述。大曆十年，田承嗣不臣，而昭靖夭，無彊王，帝乃悉王諸子，領諸鎭軍，威天下。於是以述爲睦王，領嶺南節度，逾郴王、渭北鄜坊節度，迥韓王、汴宋節度，造忻王、昭義節度，皆爲大使；連爲恩王，遘鄜王，暹韶王，運端王，遹循王，通恭王，逵原王，逸雅王，並開府儀同三司，然不出閤。

德宗建中初，周天下訪太后所在，述於諸王最長，故拜奉迎太后使，以工部尚書喬琳副之。貞元七年薨。

丹王逾，始王郴，建中四年，與簡王同徙封。元和十五年薨。

恩王連，元和十二年薨。

韓王迥，始王延慶郡，以母寵，故與鄭王先徙封。貞元十二年薨。

簡王遘，始王鄜，徙封簡。元和四年薨。

益王迺，大曆十四年始王。亡薨年。

隋王迅，興元元年薨。

荆王選，蚤薨，建中二年追王。

蜀王遡，本名遂，大曆十四年始王，建中二年改今名。

忻王造，元和六年薨。

韶王暹，貞元十二年薨。

嘉王運，貞元十七年薨。

端王遇，貞元七年薨。

循王遹，亡薨年。

恭王通，亡薨年。

原王逵，大和六年薨。

雅王逸，貞元十五年薨。

德宗十一子：昭德皇后生順宗皇帝，帝取昭靖太子子誼爲第一子，又取順宗子謜爲第六子；餘八王，史亡其母之氏、位。

舒王誼，初名謨。帝愛其幼，取爲子。大曆十四年始王舒，與通、虔、肅、資四王同封。拜開府儀同三司，詔有司給奉稍，俄以軍興罷。謨於諸王最長，帝欲試以事，故拜涇原節度大使。時尚父郭子儀病篤，帝臨軒遣謨持詔往視。謨冠遠游冠，御絳袍，乘象輅四馬，飛龍士三百，國府官皆袴褶以從。子儀手叩頭謝恩。謨宣詔已，乃易服勞問還。

於是，李希烈反，招討使李勉戰不勝，奔宋州，朝廷大震。乃拜謨揚州大都督、荆襄江西沔鄂節度使、諸軍行營兵馬都元帥。改名誼。軍中以哥舒翰由元帥敗，而王所封同之，帝乃使徙王普。以兵部侍郎蕭復爲統軍長史，湖南觀察使孔巢父爲行軍左司馬，山南東道節度行軍司馬樊澤爲右，刑部員外郎劉從一、侍御史韋儹爲判官，兵部員外郎高參掌書記，右金吾大將軍渾瑊爲中軍虞候，江西節度使嗣曹王皐爲前軍兵馬使，鄂岳團練使李兼副之，山南東道節度使賈耽爲中軍兵馬使，荆南節度使張伯儀爲後軍兵馬使，左神武軍使王价、左衞將軍高承謙、檢校太子詹事郭曙、檢校右庶子常愿爲押衙。未及行，涇原兵反，誼從帝出奉天。朱泚攻城，誼晝夜傳勞諸軍不解帶。帝還京師，復故封揚州大都督如故。永貞元年薨。

通王諶，始王，拜開府儀同三司。貞元九年，領宣武節度大使，以李萬榮爲留後，二年徙河東，以李說爲留後，皆不出閤。

虔王諒，以王拜開府儀同三司。貞元二年，領蔡州節度大使，以吳少誠爲留後；十年，徙節朔方靈鹽，以李欒爲留後；明年，領橫海，又徙徐州，以程懷信、張愔爲留後。不出閤。

肅王詳，資秀異，帝愛之。建中二年薨，甫四歲。帝欲用浮屠說，塔而不墳，禮儀判官李岧諫非禮，乃止。詔贈揚州大都督。

文敬太子謜，見愛於帝，命爲子。貞元初，先諸王王邕。歷義武、昭義二軍節度大使，以張茂昭、王虔休爲留後，不出閤。十五年薨，年十八，追贈及謚。葬日，羣臣以位而哭通化門外。陵及廟置令、丞云。

資王謙，亡薨年。

代王諲，始王縉雲郡。蚤薨，建中二年追王。

昭王誡，貞元二十一年始王。亡薨年。

欽王諤，順宗卽位，與珍王同封。亡薨年。

珍王諴，大和六年薨。

順宗二十七子：莊憲皇后生憲宗皇帝及綰，張昭訓生經，趙昭儀生結，王昭儀生總、約、緄；餘二十王，史亡母之氏、位，四王蚤薨，亡官謚。

郯王經，本名涣。貞元四年，始王建康郡，與廣陵、洋川、臨淮、弘農、漢東、晉陵、高平、雲安、宣城、德陽、河東、洛交十二王同封。二十一年，又與均、漵、莒、密、郇、邵、宋、集、冀、和、衡、欽、會、珍、福、撫、岳、袁、桂、翼二十王皆進王。王二十九年，大和八年薨。

均王緯，初名沔。王洋川，後進王。王三十三年，開成二年薨。

漵王縱，初名洵。王臨淮，後進王。王三十二年，開成元年薨。

莒王紓，初名浼。爲祕書監。王弘農，後進王。王二十九年，大和八年薨。

密王綢，初名泳。王漢東，後進王。王三年，元和二年薨。

郇王總，初名湜。授少府監。王晉陵，後進王。王四年，元和三年薨。

邵王約，初名漵。爲國子祭酒。王高平，進王。王二年，元和元年薨。

宋王結，初名滋。王雲安，進王。王十八年，長慶二年薨。

集王緗，初名淮。王宣城，進王。王十八年，長慶二年薨。

冀王絿，初名湑。爲太常卿。王德陽，進王。王三十年，大和九年薨。

和王綺，初名浥。王河東，進王。王二十八年，大和七年薨。

衡王絢，王二十二年，寶曆二年薨。

會王纁，王六年，元和五年薨。

福王綰，歷魏博節度大使。咸通元年，進拜司空。王五十七年，咸通二年薨。

珍王繕，初名況。王洛交，後進王。亡薨年。

撫王紘，咸通初，歷司空，又進司徒、太尉。王七十三年，乾符三年薨。

岳王緄，王二十三年，大和二年薨。

袁王紳，王五十六年，咸通元年薨。

桂王綸，王十年，元和九年薨。

翼王綽，王五十八年，咸通三年薨。

蘄王緝，王六年，咸通八年薨。

欽王績，亡薨年。

憲宗二十子：紀美人生寧，懿安皇后生穆宗皇帝，孝明皇后生宣宗皇帝；餘十七王，皆後宮所生，史逸其母之號、氏。

惠昭太子寧，貞元二十一年，始王平原，與同安、彭城、高密、文安四王同封。帝卽位，進王鄧，與澧、深、洋、絳四王同封。

於是國嗣未立，李絳等建言：「聖人以天下爲大器，知一人不可獨化，四海不可無本，故建太子以自副，然後人心定，宗祏安，有國不易之常道。陛下受命四年，而冢子未建，是開窺覦之端，乖愼重之義，非所以承列聖，示萬世。」帝曰：「善。」以寧爲皇太子，更名宙，前以制示絳等。未幾，復初名。册禮用孟夏，雨，不克，改用孟秋，亦雨，冬十月克行禮。明年薨，年十九。

澧王惲，始王同安，後進王。惠昭之喪，吐突承璀議復立儲副，意屬惲，帝自以穆宗爲太子。帝崩之夕，承璀死，王被殺，祕不發喪，久之以告，廢朝三日。三子：曰漢，王東陽郡；曰源，安陸；曰演，臨安。

初，惲名寬，深王察，洋王寰，絳王寮，建王審，元和七年，並改今名。

深王悰，始王彭城郡，進王深。子潭王河內，淑吳興。

洋王忻，始王高密，進王洋。大和二年薨。子沛王潁川郡。

絳王悟，始王文安，進王。敬宗崩，蘇佐明等矯詔以王領軍國事。王守澄等立文宗，王見殺。二子：洙王新安，滂高平。

建王恪，元和元年始封。時淄青節度使李師古死，其弟師道丐符節，故詔恪爲鄆州大都督、平盧軍淄青等州節度大使，以師道爲留後，然不出閤。長慶元年薨，無嗣。

鄜王憬，長慶元年始王，與瓊、沔、婺、茂、淄、衢、澶七王同封。開成四年薨。子溥平陽郡王。

瓊王悅，子津河間郡王。

沔王恂，子瀛晉陵郡王。

婺王懌，子清新平郡王。

茂王愔，子濾武功郡王。

淄王恊，開成元年薨。子滐許昌郡王，渙馮翊郡王。

衢王憺〔二〕，子涉晉平郡王。

澶王怳，子濘鴈門郡王。

棣王惴，大中六年始王，與彭、信二王同封。咸通三年薨，無嗣。

彭王惕，乾寧中，韓建殺之石隄谷。無嗣。

信王憻，咸通八年薨，無嗣。

榮王憒，咸通三年始王。廣明初，拜司空。子令平嗣王。

凡八王，史失其薨年。

穆宗五子：恭僖皇后生敬宗皇帝，貞獻皇后生文宗皇帝，宣懿皇后生武宗皇帝；餘二王，亡其母之氏、位。

懷懿太子湊，少雅裕，有尋矩。長慶元年始王漳，與安王同封。

文宗卽位，疾王守澄顓很，引支黨橈國，謀盡誅之，密引宰相宋申錫使爲計。守澄客鄭注伺知之，以告，乃謀先事殺申錫。又以王賢，有中外望，因欲株聯大臣族夷之。乃令神策虞候豆盧著上飛變，且言：「宮史晏敬則、朱訓與申錫昵吏王師文圖不軌，訓嘗言上多疾，太子幼，若兄終弟及，必漳王立。申錫陰以金幣進王，而王亦以珍服厚答。」卽捕訓等繫神策獄，榜掠定其辭。諫官羣伏閤極言，出獄牒付外雜治。注等懼事洩，乃請下詔貶王。帝未之悟，因黜湊爲巢縣公，時大和五年也。命中人持詔卽賜，且慰曰：「國法當爾，無它憂！」

八年薨，贈齊王。注後以罪誅，帝哀湊被讒死不自明，開成三年追贈。

安王溶。初，楊賢妃得寵於文宗，晚稍多疾，妃陰請以王爲嗣，密爲自安地。帝與宰相李珏謀，珏謂不可，乃止。及帝崩，仇士良立武宗，欲重己功，即擿溶嘗欲以爲太子事，殺之。

敬宗五子：妃郭氏生普，餘四王，亡母之氏、位。

悼懷太子普，姿性韶悟。寶曆元年始王晉。文宗愛之若己子，嘗欲爲嗣。大和二年薨，帝惻念不能已，故贈卹加焉。

敬宗第二子休復，文宗開成二年封梁王，第三子執中爲襄王，第四子言揚爲紀王，第五子成美爲陳王。執中子宷爲樂平郡王。

陳王成美。初，文宗以莊恪薨，大臣數請建東宮，開成四年，帝乃立成美爲皇太子，典册未具而帝崩，仇士良立武宗，殺之於邸。子儼王宣城郡。

文宗二子：王德妃生永，後宮生宗儉。

莊恪太子永，大和四年始王魯。帝以王幼，宜得賢輔，因召見傅和元亮。元亮以卒史進，有所問，不能答。帝責謂宰相：「王可教，官屬應任士大夫賢者，寧元亮比邪！」於是劇選戶部侍郎庾敬休兼王傅，太常卿鄭肅兼長史，戶部郎中李踐方兼司馬。六年，遂立爲皇太子。帝承寶曆荒怠，身勤儉率天下，謂晉王生謹敏，欲引爲嗣，會蚤夭，故久不議東宮事。及太子立，天下屬心焉。

開成三年，詔宮臣詣崇明門謁朔望，侍讀偶日入對。太子稍事燕豫，不能壹循法，保傅戒告，愁不納。又母愛弛，楊賢妃方幸，數譖之。帝它日震怒，御延英，引見羣臣，詔曰：「太子多過失，不可屬天下，其議廢之。」羣臣頓首言：「太子春秋盛，雖有過，尚可改。且天下本，不可輕動，惟陛下幸赦。」御史中丞狄兼謩流涕固爭，帝未決，罷。羣臣又連章論救，意稍釋，詔太子還少陽院，以中人護視，誅倖昵數十人，敕侍讀竇宗直、周敬復詣院授經。然太子終不能自白其讒，而行己亦不加脩也。是年暴薨，帝悔之。

明年，下詔以陳王爲太子，置酒殿中。有俳兒緣橦，父畏其顚，環走橦下。帝感動，謂左右曰：「朕有天下，返不能全一兒乎！」因泣下。即取坊工劉楚才等數人付京兆榜殺之，及禁中女倡十人斃永巷，皆短毁太子者。宰相楊嗣復等不及知，因言：「楚才等罪當誅，京兆殺之，不覆奏，敢以請。」翌日，詔京兆後有決死敕不覆者，亦許如故事以聞。

蔣王宗儉，開成二年始王。亡薨年。

武宗五子，其母氏、位皆不傳。

杞王峻，開成五年始王；

益王峴，會昌二年始王，與兗、德、昌三王同封，

兗王岐；

德王嶧；

昌王嵯：並逸其薨年。

宣宗十一子：元昭太后生懿宗皇帝，餘皆亡其母之氏、位。

靖懷太子渼，會昌六年始王雍，與夔、慶二王同封。大中六年薨，有詔追册。

雅王涇，大中元年始王。亡薨年。

通王滋，會昌六年始王夔，與慶王沂同封。帝初詔鄆王居十六宅，餘五王處大明宮內院，以諫議大夫鄭漳、兵部郎中李鄴爲侍讀，五日一謁乾符門，爲王授經。鄆王立爲懿宗，乃罷。滋徙王。

昭宗乾寧三年，領侍衞諸軍。是時，誅王行瑜，而李茂貞怨，以兵入覲，詔滋與諸王分統安聖、奉宸、保寧、安化軍衞京師。天子將狩太原，韓建道迎之，留次華州。建畏王等有兵，遣人上急變，告諸王欲殺建，脅帝幸河中。帝驚，召建諭之，稱疾不肯入。敕滋與睦王、濟王、韶王、彭王、韓王、沂王、陳王謁建自解，建留軍中，奏言：「中外異體，臣不可以私見。」又言：「晉八王擅權，卒敗天下。請歸十六宅，悉罷所領兵。」帝不許。建以兵環行在，請誅大將李筠。帝懼，斬筠以謝。建盡逐衞兵，自是天子孤弱矣。

初，帝使嗣延王戒丕、嗣丹王允往見李克用，二王還，建惡之；又嗣覃王嘗督軍伐茂貞，於是劾奏：「比歲兵纏近輔，諸王陷其禍，使乘輿越在下藩，不得安，臣已請解其兵。今延、覃、丹三王尙陰計以危國，請誅之。」帝曰：「渠至是邪？」後三日，與劉季述矯詔以兵攻十六宅。諸王被髮乘垣走，或升屋極號曰：「帝救我！」建乃將十一王并其屬至石隄谷殺之，徐以謀反聞，天下冤之。濟、韶、彭、韓、沂、陳、延、覃、丹九王，史逸其系胄云。

慶王沂，大中十四年薨。

濮王澤，大中二年始王。亡薨年。

鄂王潤，大中五年始王。乾符三年薨。

懷王洽，大中八年與昭、康二王同封。亡薨年。

昭王汭，乾符三年薨。

康王汶，乾符四年薨。

廣王澭，大中十一年始王，與衞王同封。乾符四年薨。

衞王灌，大中十四年薨。

懿宗八子：惠安皇后生僖宗皇帝，恭憲皇后生昭宗皇帝，餘六王亡其母氏、位。

魏王佾，咸通三年始王，與涼、蜀二王同封。

涼王侹，乾符六年薨。

蜀王佶。

威王侃，咸通六年始王郢，十年徙王。

吉王保，咸通十三年始王，與睦王同封。王於兄弟爲最賢。始，僖宗崩，王最長，將立之，楊復恭獨議以昭宗嗣。乾寧元年，李茂貞等以兵入京師，謀廢帝立王，會李克用以兵逐行瑜，乃止。

恭哀太子倚，初封睦王。爲劉季述所殺，天復初追贈。

僖宗二子，史失其母氏、位。

建王震，中和元年始王；

益王陞，光啓三年始王：並亡薨年。

昭宗十七子：積善皇后生裕及哀皇帝，餘皆失母之氏、位。

德王裕，大順二年始王。帝幸華州，韓建已奪諸王兵，不自安，乃請王皇子之未王者，既又殺諸王，因請立裕爲皇太子，釋言於四方，時乾寧四年也。劉季述等幽帝東內，奉裕卽皇帝位。季述誅，裕匿右軍，或請殺之，帝曰：「太子沖孺，賊彊立之，且何罪？」詔還少陽院，復爲王。

朱全忠自鳳翔還，見王春秋盛，標宇軒秀，忌之，密語崔胤曰：「王旣竊帝矣，大義滅親，渠可留？公任宰相，盍啓之？」胤從容言如全忠意，帝不許。他日，以語全忠，全忠曰：「此國大事，臣安敢與？此必亂賣臣也。」乃免。帝遷洛，它日謂蔣玄暉曰：「德王，朕愛子，全忠奈何欲殺之？」言已泣下，自齧指流血。玄暉卽擿語全忠，全忠恚。帝被弒，玄暉置酒邀諸王九曲池，飲酣，皆殺之，投尸水中。

棣王祤，乾寧元年始王，與虔、沂、遂三王同封。

虔王禊。

沂王禋。

遂王禕。

景王祕，乾寧四年始王，與祁王同封。

祁王祺。

雅王禛，光化元年始王，與瓊王同封。

瓊王祥。

端王禎，天祐元年始王，與豐、和、登、嘉四王同封。

豐王祁。

和王福。

登王禧。

嘉王祜。

潁王禔，天祐二年始王，與蔡王祐同封。

蔡王祐。

贊曰：唐自中葉，宗室子孫多在京師，幼者或不出閤，雖以國王之，實與匹夫不異，故無赫赫過惡，亦不能爲王室軒輊，運極不還，與唐俱殫。然則曆數短長，自有底止。彼漢七國、晉八王，不得其效，愈速禍云。

校勘記

〔一〕衢王憺　「衢」，各本原作「衡」，本書卷八及舊書卷一六穆宗紀、册府卷二六五、通鑑卷二四一和本卷上文均作「衢」，據改。

唐書卷八十三

列傳第八

諸帝公主

世祖一女　高祖十九女　太宗二十一女　高宗三女　中宗八女
睿宗十一女　玄宗二十九女　肅宗七女　代宗十八女
德宗十一女　順宗十一女　憲宗十八女　穆宗八女　敬宗三女
文宗四女　武宗七女　宣宗十一女　懿宗八女　僖宗二女
昭宗十一女

世祖一女。

同安公主，高祖同母娣也。下嫁隋州刺史王裕。貞觀時，以屬尊進大長公主。嘗有疾，太宗躬省視，賜縑五百，姆侍皆有賚予。永徽初，賜實戶三百。薨年八十六。裕，隋司徒柬之子，終開府儀同三司。

高祖十九女。

長沙公主，下嫁馮少師。

襄陽公主，下嫁竇誕。

平陽昭公主，太穆皇后所生，下嫁柴紹。初，高祖兵興，主居長安，紹曰：「尊公將以兵清京師，我欲往，恐不能偕，奈何？」主曰：「公行矣，我自爲計。」紹詭道走并州，主奔鄠，發家貲招南山亡命，得數百人以應帝。於是，名賊何潘仁壁司竹園，殺行人，稱總管，主遣家奴馬三寶喻降之，共攻鄠。別部賊李仲文、向善志、丘師利等各持所領會戲下，因略地盩厔、武功、始平，下之。乃申法誓衆，禁剽奪，遠近咸附，勒兵七萬，威振關中。帝度河，紹以數百騎並南山來迎，主引精兵萬人與秦王會渭北。紹及主對置幕府，分定京師，號「娘子軍」。帝卽位，以功給賚不涯。

武德六年薨，葬加前後部羽葆、鼓吹、大路、麾幢、虎賁、甲卒、班劍。太常議：「婦人葬，古無鼓吹。」帝不從，曰：「鼓吹，軍樂也。往者主身執金鼓，參佐命，于古有邪？宜用之。」

高密公主，下嫁長孫孝政，又嫁段綸。綸，隋兵部尙書文振子，爲工部尙書、杞國公。永徽六年主薨，遺命：「吾葬必令墓東向，以望獻陵，冀不忘孝也。」

長廣公主，始封桂陽。下嫁趙慈景。慈景，隴西人，帝美其姿制，故妻之。帝起兵，或勸亡去，對曰：「母以我爲命，且安往？」吏捕繫于獄。帝平京師，引拜開化郡公，爲相國府文學。進兵部侍郎。爲華州刺史。討堯君素戰死，贈秦州刺史，謚曰忠。公主更嫁楊師道。聰悟有思，工爲詩，豪侈自肆，晚稍折節，以壽薨。

長沙公主，始封萬春。下嫁豆盧寬子懷讓。

房陵公主，始封永嘉。下嫁竇奉節，又嫁賀蘭僧伽。

九江公主，下嫁執失思力。

廬陵公主，下嫁喬師望，爲同州刺史。

南昌公主，下嫁蘇勗。

安平公主，下嫁楊思敬。

淮南公主，下嫁封道言。

眞定公主，下嫁崔恭禮。

衡陽公主，下嫁阿史那社尒。

丹陽公主，下嫁薛萬徹。萬徹蠢甚，公主羞，不與同席者數月。太宗聞，笑焉，爲置酒，悉召它壻與萬徹從容語，握槊賭所佩刀，陽不勝，遂解賜之。主喜，命同載以歸。

臨海公主，下嫁裴律師。

館陶公主，下嫁崔宣慶。

安定公主，始封千金。下嫁温挺。挺死，又嫁鄭敬玄。

常樂公主，下嫁趙瓌。生女，爲周王妃，武后殺之。逐瓌括州刺史，徙壽州。越王貞將舉兵，遺瓌書假道，瓌將應之。主進使者曰：「爲我謝王，與其進，不與其退。

若諸王皆丈夫，不應淹久至是。我聞楊氏簒周，尉遲迥乃周出，猶能連突厥，使天下響震，況諸王國懿親，宗祏所託，不捨生取義，尙何須邪？人臣同國患爲忠，不同爲逆，王等勉之。」王敗，周興劾瓌與主連謀，皆被殺。

太宗二十一女。

襄城公主，下嫁蕭銳。性孝睦，動循矩法，帝敕諸公主視爲師式。有司告營別第，辭曰：「婦事舅姑如父母，異宮則定省闕。」止葺故第，門列雙戟而已。銳卒，更嫁姜簡。永徽二年薨，高宗擧哀於命婦朝堂，遣工部侍郎丘行淹馳馹弔祭，陪葬昭陵。喪次故城，帝登樓望哭以送柩。

汝南公主，蚤薨。

南平公主，下嫁王敬直，以累斥嶺南，更嫁劉玄意。

遂安公主，下嫁竇逵。逵死，又嫁王大禮。

長樂公主，下嫁長孫沖。帝以長孫皇后所生，故敕有司裝賫視長公主而倍之。魏徵曰：

「昔漢明帝封諸王曰：『朕子安得同先帝子乎？』然則長公主者，尊公主矣。制有等差，渠可越也？」帝以語后，后曰：「嘗聞陛下厚禮徵而未知也，今聞其言，乃納主於義，社稷臣也。妾於陛下，夫婦之重，有所言，猶候顏色，況臣下情隔禮殊，而敢犯嚴顏陳忠言哉！願許之，與天下爲公。」帝大悅，因請齎帛四百匹、錢四十萬即徵家賜之。

豫章公主，下嫁唐義識。

比景公主，始封巴陵。下嫁柴令武，坐與房遺愛謀反，同主賜死。顯慶中追贈，立廟於墓，四時祭以少牢。

普安公主，下嫁史仁表。

東陽公主，下嫁高履行。高宗即位，進爲大長公主。韋正矩之誅，主坐婚家，斥徙集州。又坐章懷太子累，奪邑封。以長孫无忌舅族也，故武后惡之，垂拱中，幷二子徙置巫州。

臨川公主，韋貴妃所生。下嫁周道務。主工籀隸，能屬文。高宗立，上孝德頌，帝下詔褒答。永徽初，進長公主，恩賞卓異。永淳初薨。

道務，殿中大監、譙郡公範之子。初，道務孺褓時，以功臣子養宮中。範卒，還第，毀瘠如成人。復內之，年十四乃得出。歷營州都督，檢校右驍衛將軍。謚曰襄。

清河公主名敬，字德賢，下嫁程懷亮，薨麟德時，陪葬昭陵。懷亮，知節子也，終寧遠將軍。

蘭陵公主名淑，字麗貞，下嫁竇懷悊，薨顯慶時。懷悊官兗州都督，太穆皇后之族子。

晉安公主，下嫁韋思安，又嫁楊仁輅。

安康公主，下嫁獨孤諶。

新興公主，下嫁長孫曦。

城陽公主，下嫁杜荷，坐太子承乾事誅，又嫁薛瓘。初，主之婚，帝使卜之，繇曰：「二火皆食，始同榮，末同戚，請晝昏則吉。」馬周諫曰：「朝謁以朝，思相戒也；講習以晝，思相成也；燕飲以昃，思相歡也；婚合以夜，思相親也。故上下有成，內外有親，動息有時，吉凶有儀。今先亂其始，不可爲也。夫卜所以決疑，若黷禮慢先，聖人所不用。」帝乃止。麟德初，瓘歷左奉宸衞將軍。主坐巫蠱，斥瓘房州刺史，主從之官。咸亨中，主薨而瓘卒，雙柩還京師。

子顗，封河東縣侯、濟州刺史。琅邪王沖起兵，顗與弟紹以所部庸、調作兵募士，且應之。沖敗，殺都吏以滅口。事泄，下獄俱死。

合浦公主，始封高陽。下嫁房玄齡子遺愛。主，帝所愛，故禮異它婿。主負所愛而驕。房遺直以嫡當拜銀青光祿大夫，讓弟遺愛，帝不許。玄齡卒，主導遺愛異貲，既而反譖之，遺直自言，帝痛讓主，乃免。自是稍疏外，主怏怏。會御史劾盜，得浮屠辯機金寶神枕，自言主所賜。初，浮屠廬主之封地，會主與遺愛獵，見而悅之，具帳其廬，與之亂，更以二女子從遺愛，私餉億計。至是，浮屠殊死，殺奴婢十餘。主益望，帝崩無哀容。又浮屠智勗迎占禍福，惠弘能視鬼，道士李晃高醫，皆私侍主。主使掖廷令陳玄運伺宮省禨祥，步星次。永徽中，與遺愛謀反，賜死。顯慶時追贈。

金山公主，蚤薨。

晉陽公主字明達，幼字兕子，文德皇后所生。未嘗見喜慍色。帝有所怒責，必伺顏徐辯解，故省中多蒙其惠，莫不譽愛。后崩，時主始孩，不之識；及五歲，經后所游地，哀不自勝。帝諸子，唯晉王及主最少，故親畜之。王每出閤，主送至虔化門，泣而別。王勝衣，班于朝，主泣曰：「兄今與羣臣同列，不得在內乎？」帝亦爲流涕。主臨帝飛白書，下不能辨。薨年十二。帝閱三旬不常膳，日數十哀，因以癯羸。羣臣進勉，帝曰：「朕渠不知悲愛無益？而不能已，我亦不知其所以然。」因詔有司簿主湯沐餘貲，營佛祠墓側。

常山公主，未及下嫁，薨顯慶時。

新城公主，晉陽母弟也。下嫁長孫詮，詮以罪徙巂州。更嫁韋正矩，爲奉冕大夫，遇主不以禮。俄而主暴薨，高宗詔三司雜治，正矩不能辯，伏誅。以皇后禮葬昭陵旁。

高宗三女。

義陽公主，蕭淑妃所生，下嫁權毅。

高安公主，義陽母弟也。始封宣城。下嫁潁州刺史王勗。天授中，勗爲武后所誅。神龍初，進册長公主，實封千戶，開府置官屬。睿宗立，增戶千。薨開元時，玄宗哭於暉政門，遣大鴻臚持節赴弔，京兆尹攝鴻臚護喪事。

太平公主，則天皇后所生，后愛之傾諸女。榮國夫人死，后丐主爲道士，以幸冥福。儀鳳中，吐蕃請主下嫁，后不欲棄之夷，乃眞築宮，如方士薰戒，以拒和親事。久之，主衣紫袍玉帶，折上巾，具紛礪，歌舞帝前。帝及后大笑曰：「兒不爲武官，何遽爾？」主曰：「以賜駙馬可乎？」帝識其意，擇薛紹尙之。假萬年縣爲婚館，門隘不能容翟車，有司毁垣以入，自興安門設燎相屬，道樾爲枯。紹死，更嫁武承嗣，會承嗣小疾，罷昏。后殺武攸暨妻，以配主。主方額廣頤，多陰謀，后常謂「類我」。而主內與謀，外檢畏，終后世無它訾。

永淳之前，親王食實戶八百，增至千輒止；公主不過三百，而主獨加戶五十。及聖曆時，進及三千戶。預誅二張功，增號鎭國，與相王均封五千，而薛、武二家女皆食實封。主與相王衞王成王、長寧安樂二公主給衞士，環第十步一區，持兵呵衞，僭肖宮省。神龍時，與長寧、安樂、宜城、新都、定安、金城凡七公主，皆開府置官屬，視親王。安樂戶至三千，長寧二千五百，府不置長史。宜城、定安非韋后所生，戶止二千。主三子：崇簡、崇敏、崇行，皆拜三品。

韋后、上官昭容用事，自以謀出主下遠甚，憚之。主亦自以軋而可勝，故益橫。於是推進天下士，謂儒者多窶狹，厚持金帛謝之，以動大議，遠近翕然嚮之。

玄宗將誅韋氏，主與祕計，遣子崇簡從。事定，將立相王，未有以發其端者。主顧溫王乃兒子，可劫以爲功，乃入見王曰：「天下事歸相王，此非兒所坐。」乃掖王下，取乘輿服進睿宗。睿宗卽位，主權由此震天下，加實封至萬戶，三子封王，餘皆祭酒、九卿。主每奏事，漏數徙乃得退，所言皆從。有所論薦，或自寒冗躐進至侍從，旋踵將相。朝廷大政事非關決不下，間不朝，則宰相就第咨判，天子殆畫可而已。主侍武后久，善策人主微指，先事逢合，無不中。田園徧近甸，皆上腴。吳、蜀、嶺嶠市作器用，州縣護送，道相望也。天下珍滋譎怪充于家，供帳聲伎與天子等。侍兒曳紈縠者數百，奴伯媪監千人，隴右牧馬至萬匹。

長安浮屠慧範畜貲千萬，諂結權近，本善張易之。及易之誅，或言其豫謀者，於是封上庸郡公，月給奉稍。主乳媪與通，奏擢三品御史大夫。御史魏傳弓劾其姦贓四十萬，請論死。中宗欲赦之，進曰：「刑賞，國大事，陛下賞已妄加矣，又欲廢刑，天下其謂何？」帝不得已，削銀青階。大夫薛謙光劾慧範不法，不可貸，主爲申理，故謙光等反得罪。

玄宗以太子監國，使宋王、岐王總禁兵。主恚權分，乘輦至光範門，召宰相白廢太子。於是宋璟、姚元之不悅，請出主東都，帝不許，詔主居蒲州。主大望，太子懼，奏斥璟、元之以銷戢怨嫌。監察御史慕容珣復劾慧範事，帝疑珣離間骨肉，貶密州司馬。主居外四月，太子表追還京師。

時宰相七人，五出主門下。又左羽林大將軍常元楷、知羽林軍李慈皆私謁主。主內忌太子明，又宰相皆其黨，乃有逆謀。先天二年，與尚書左僕射竇懷貞、侍中岑義、中書令蕭至忠崔湜、太子少保薛稷、雍州長史李晉、右散騎常侍昭文館學士賈膺福、鴻臚卿唐晙及元楷、慈、慧範等謀廢太子，使元楷、慈舉羽林兵入武德殿殺太子，懷貞、義、至忠舉兵南衙爲應。既有日矣，太子得其姦，召岐王、薛王、兵部尚書郭元振、將軍王毛仲、殿中少監姜皎、中書侍郎王琚、吏部侍郎崔日用定策。前一日，因毛仲取內閑馬三百，率太僕少卿李令問王守一、內侍高力士、果毅李守德叩虔化門，梟元楷、慈於北闕下，縛膺福內客省，執義、至忠至朝堂，斬之，因大赦天下。主聞變，亡入南山，三日乃出，賜死于第。諸子及黨與死者數十人。簿其田貲，瓌寶若山，督子貸，凡三年不能盡。

崇簡素知主謀，苦諫，主怒，榜掠尤楚，至是復官爵，賜氏李。

始，主作觀池樂游原，以爲盛集，既敗，賜寧、申、岐、薛四王，都人歲祓禊其地。

中宗八女。

新都公主，下嫁武延暉。

宜城公主，始封義安郡主。下嫁裴巽。巽有嬖姝，主恚，刵耳劓鼻，且斷巽髮。帝怒，斥爲縣主，巽左遷。久之，復故封。神龍元年，與長寧、新寧、義安、安樂、新平五郡主皆進封。

定安公主，始封新寧郡。下嫁王同皎。同皎得罪，神龍時，又嫁韋濯。濯卽韋皇后從祖弟，以衞尉少卿誅，更嫁太府卿崔銑。主薨，王同皎子請與父合葬，給事中夏侯銛曰：「主義絕王廟，恩成崔室，逝者有知，同皎將拒諸泉。」銑或訴於帝，乃止。銛坐是貶瀘州都督。

長寧公主，韋庶人所生，下嫁楊愼交。造第東都，使楊務廉營總。第成，府財幾竭，乃擢務廉將作大匠。又取西京高士廉第、左金吾衞故營合爲宅，右屬都城，左頫大道，作三重樓以馮觀，築山浚池。帝及后數臨幸，置酒賦詩。又并坊西隙地廣鞠場。

東都廢永昌縣，主丐其治爲府，以地瀕洛，築鄣之，崇臺、蜚觀相聯屬，無慮費二十萬。魏王泰故第，東西盡一坊，瀦沼三百畝，泰薨，以與民。至是，主丐得之，亭閣華詭埒西京。內倚母愛，寵傾一朝，與安樂宜城二主、后娣郕國崇國夫人爭任事，賕謁紛紜。東都第成，不及居，韋氏敗，斥愼交絳州別駕，主偕往，乃請以東都第爲景雲祠，而西京鬻第，評木石直，爲錢二十億萬。

開元十六年，愼交死，主更嫁蘇彥伯。務廉卒坐贓數十萬，廢終身。

永壽公主，下嫁韋鐬。蚤薨，長安初追贈。

永泰公主，以郡主下嫁武延基。大足中，忤張易之，爲武后所殺。帝追贈，以禮改葬，號墓爲陵。

安樂公主，最幼女。帝遷房陵而主生，解衣以褓之，名曰裹兒。姝秀辯敏，后尤愛之。下嫁武崇訓。帝復位，光艷動天下，侯王柄臣多出其門。嘗作詔，箝其前，請帝署可，帝笑從之。又請爲皇太女，左僕射魏元忠諫不可，主曰：「元忠，山東木強，烏足論國事？阿武子尚爲天子，天子女有不可乎？」與太平等七公主皆開府，而主府官屬尤濫，皆出屠販，納訾售官，降墨敕斜封授之，故號「斜封官」。

主營第及安樂佛廬，皆憲寫宮省，而工緻過之。嘗請昆明池爲私沼，帝曰：「先帝未有以與人者。」主不悅，自鑿定昆池，延袤數里。定，言可抗訂之也。司農卿趙履温爲繕治，累石肖華山，隥彴橫邪，回淵九折，以石瀵水。又爲寶罏，鏤怪獸神禽，間以璖貝珊瑚，不可涯計。

崇訓死，主素與武延秀亂，即嫁之。是日，假后車輅，自宮送至第，帝與后爲御安福門臨觀，詔雍州長史竇懷貞爲禮會使，弘文學士爲儐，相王障車，捐賜金帛不貲。翌日，大會羣臣太極殿，主被翠服出，嚮天子再拜，南面拜公卿，公卿皆伏地稽首。武攸暨與太平公主偶舞爲帝壽。賜羣臣帛數十萬。帝御承天門，大赦，因賜民酺三日，內外官賜勳，緣禮官屬兼階、爵。奪臨川長公主宅以爲第，旁徹民廬，怨聲囂然。第成，禁藏空殫，假萬騎仗、內音樂送主還第，天子親幸，宴近臣。崇訓子方數歲，拜太常卿，封鎬國公，實封戶五百。公主滿孺月，帝、后復幸第，大赦天下。

時主與長寧、定安三家廝臺掠民子女爲奴婢，左臺侍御史袁從一縛送獄，主入訴，帝爲手詔喩免。從一曰：「陛下納主訴，縱奴驪掠平民，何以治天下？臣知放奴則免禍，劾奴則得罪於主，然不忍屈陛下法，自偷生也。」不納。

臨淄王誅庶人，主方覽鏡作眉，聞亂，走至右延明門，兵及，斬其首。追貶爲「悖逆庶人」。睿宗卽位，詔以二品禮葬之。

趙履温諂事主，嘗褫朝服，以項挽車。庶人死，蹈舞承天門呼萬歲，臨淄王斬之，父子同刑。百姓疾其興役，割取肉去。

成安公主，字季姜。始封新平。下嫁韋捷。捷以韋后從子誅，主後薨。

睿宗十一女。

壽昌公主，下嫁崔眞。

安興昭懷公主，蚤薨。

荆山公主，下嫁薛伯陽。

淮陽公主，下嫁王承慶。

代國公主名華，字華婉，劉皇后所生。下嫁鄭萬鈞。

涼國公主字華莊，始封仙源。下嫁薛伯陽。

薛國公主，始封淸陽。下嫁王守一。守一誅，更嫁裴巽。

鄎國公主，崔貴妃所生。三歲而妃薨，哭泣不食三日，如成人。始封荆山。下嫁薛儆，又嫁鄭孝義。開元初，封邑至千四百戶。

金仙公主，始封西城縣主。景雲初進封。太極元年，與玉眞公主皆爲道士，築觀京師，以方士史崇玄爲師。崇玄本寒人，事太平公主，得出入禁中，拜鴻臚卿，聲勢光重。觀始興，詔崇玄護作，日萬人。羣浮屠疾之，以錢數十萬賂狂人段謙冒入承天門，升太極殿，自稱天子。有司執之，辭曰：「崇玄使我來。」詔流嶺南，且敕浮屠、方士無兩競。太平敗，崇玄伏誅。

玉眞公主字持盈，始封崇昌縣主。俄進號上淸玄都大洞三景師。天寶三載，上言曰：「先帝許妾捨家，今仍叨主第，食租賦，誠願去公主號，罷邑司，歸之王府。」玄宗不許。又言：「妾，高宗之孫，睿宗之女，陛下之女弟，於天下不爲賤，何必名繫主號、資湯沐，然後爲貴？請入數百家之產，延十年之命。」帝知至意，乃許之。薨寶應時。

霍國公主，下嫁裴虛己。

玄宗二十九女。

永穆公主，下嫁王繇。

常芬公主，下嫁張去奢。

孝昌公主，蚤薨。

唐昌公主，下嫁薛鏽。

靈昌公主，蚤薨。

常山公主，下嫁薛譚，又嫁竇澤。

萬安公主，天寶時爲道士。

開元新制：長公主封戶二千，帝妹戶千，率以三丁爲限；皇子王戶二千，主半之。左右以爲薄。帝曰：「百姓租賦非我有，士出萬死，賞不過束帛，女何功而享多戶邪？使知儉嗇，不亦可乎？」於是，公主所稟殆不給車服。後咸宜以母愛益封至千戶，諸主皆增，自是著于令。主不下嫁，亦封千戶，有司給奴婢如令。

上仙公主，蚤薨。

懷思公主，蚤薨，葬築臺，號登眞。

晉國公主，始封高都。下嫁崔惠童。貞元元年，與衞、楚、宋、齊、宿、蕭、鄧、紀、郜國九公主同徙封。

新昌公主，下嫁蕭衡。

臨晉公主，皇甫淑妃所生。下嫁郭潛曜〔一〕。薨大曆時。

衞國公主，始封建平。下嫁豆盧建，又嫁楊説。薨貞元時。

眞陽公主，下嫁源淸，又嫁蘇震。

信成公主，下嫁獨孤明。

楚國公主，始封壽春。下嫁吳澄江。上皇居西宮，獨主得入侍。興元元年，請爲道士，詔可，賜名上善。

普康公主，蚤薨。咸通九年追封。

昌樂公主，高才人所生。下嫁竇鍔。薨大曆時。

永寧公主，下嫁裴齊丘。

宋國公主，始封平昌。下嫁温西華，又嫁楊徽。薨元和時。

齊國公主，始封興信，徙封寧親。下嫁張垍，又嫁裴潁，末嫁楊敷。薨貞元時。

咸宜公主，貞順皇后所生。下嫁楊洄，又嫁崔嵩。薨興元時。

宜春公主，蚤薨。

廣寧公主，董芳儀所生。下嫁程昌胤，又嫁蘇克貞。薨大曆時。

萬春公主，杜美人所生。下嫁楊朏，又嫁楊錡。薨大曆時。

太華公主，貞順皇后所生。下嫁楊錡。薨天寶時。

壽光公主，下嫁郭液。

樂城公主，下嫁薛履謙，坐嗣岐王珍事誅。

新平公主，常才人所生。幼智敏，習知圖訓，帝賢之。下嫁裴玲，又嫁姜慶初。慶初得罪，主幽禁中。薨大曆時。

壽安公主，曹野那姬所生。孕九月而育，帝惡之，詔衣羽人服。代宗以廣平王入謁，帝字呼主曰：「蟲娘，汝後可與名王在靈州請封。」下嫁蘇發。

肅宗七女。

宿國公主，始封長樂。下嫁豆盧湛。

蕭國公主，始封寧國。下嫁鄭巽，又嫁薛康衡。乾元元年，降回紇英武威遠可汗，乃置府。二年，還朝。貞元中，讓府屬，更置邑司。

和政公主，章敬太后所生。生三歲，后崩，養于韋妃。性敏惠，事妃有孝稱。下嫁柳潭。

安祿山陷京師，寧國公主方嫠居，主棄三子，奪潭馬以載寧國，身與潭步，日百里，潭躬水薪，主躬爨，以奉寧國。

初，潭兄澄之妻，楊貴妃姊也，勢幸傾朝，公主未嘗干以私；及死，撫其子如所生。從玄宗至蜀，始封，遷潭駙馬都尉。郭千仞反，玄宗御玄英樓諭降之，不聽。潭率折衝張義童等殊死鬬，主彀弓授潭，潭手斬賊五十級，平之。

肅宗有疾，主侍左右勤勞，詔賜田，以女弟寶章主未有賜，固讓不敢當。阿布思之妻隸掖廷，帝宴，使衣綠衣爲倡。主諫曰：「布思誠逆人，妻不容近至尊；無罪，不可與羣倡處。」帝爲免出之。自兵興，財用耗，主以貿易取奇贏千萬澹軍。及帝山陵，又進邑入千萬。

代宗初立，屢陳人間利病、國家盛衰事，天子鄉納。吐蕃犯京師，主避地南奔，次商於，遇羣盜，主諭以禍福，皆稽顙願爲奴。代宗以主貧，詔諸節度餉億，主一不取。親紉裢裳衣，諸子不服紈綺。廣德時，吐蕃再入寇，主方妊，入語備邊計，潭固止，主曰：「君獨無兄乎？」入見內殿。翌日，免乳而薨。

郯國公主，始封大寧。下嫁張淸。薨貞元時。

紀國公主，始封宜寧。下嫁鄭沛。薨元和時。

永和公主，韋妃所生。始封寶章。下嫁王詮。薨大曆時。

郜國公主，始封延光。下嫁裴徽，又嫁蕭升。升卒，主與彭州司馬李萬亂，而蜀州別駕蕭鼎、澧陽令韋惲、太子詹事李昪皆私侍主家。久之，姦聞。德宗怒，幽主它第，杖殺萬，斥鼎、惲、昪嶺表。貞元四年，又以厭蠱廢。六年薨。子位，坐爲蠱祝，囚端州，佩、儒、偲囚房州，前生子駙馬都尉裴液囚錦州。主女爲皇太子妃，帝畏妃怨望，將殺之，未發，會主薨，太子屬疾，乃殺妃以厭災，謚曰惠。

代宗十八女。

靈仙公主，蚤薨，追封。

眞定公主，蚤薨，追封。

永清公主，下嫁裴倣。

齊國昭懿公主，崔貴妃所生。始封升平。下嫁郭曖。大曆末，寰內民訴涇水爲磑壅不得溉田，京兆尹黎幹以請，詔撤磑以水與民。時主及曖家皆有磑，丐留，帝曰：「吾爲蒼生，若可爲諸戚唱！」卽日毀，由是廢者八十所。憲宗卽位，獻女伎，帝曰：「太上皇不受獻，朕何敢違？」還之。薨元和時，贈虢國，賜謚。穆宗立，復贈封。

華陽公主，貞懿皇后所生。韶悟過人，帝愛之。視帝所喜，必善遇；所惡，曲全之。大曆七年，以病丐爲道士，號瓊華眞人。病甚，嚙帝指傷。薨，追封。

玉淸公主，蚤薨，追封。

嘉豐公主，下嫁高怡。與普寧公主同降，有司具册禮光順門，以雨不克，罷。薨建中時。

長林公主，下嫁衞尉少卿沈明。貞元二年具册禮，德宗不御正殿，不設樂，遂爲故事。薨元和時。

太和公主，蚤薨，追封。

趙國莊懿公主，始封武淸。貞元元年，徙封嘉誠。下嫁魏博節度使田緒，德宗幸望春亭臨餞。厭翟敝不可乘，以金根代之。公主出降，乘金根車，自主始。薨元和時，贈封及謚。

玉虛公主，蚤薨。

普寧公主，下嫁吳士廣。

晉陽公主，下嫁太常少卿裴液。薨大和時。

義淸公主，下嫁祕書少監柳杲。

壽昌公主，下嫁光祿少卿竇克良。薨貞元時。

新都公主，貞元十二年下嫁田華，具禮光順門，五禮由是廢。

西平公主，蚤薨。

章寧公主，蚤薨。

德宗十一女。

韓國貞穆公主，昭德皇后所生。幼謹孝，帝愛之。始封唐安。將下嫁祕書少監韋宥，未克而朱泚亂，從至城固薨，加封謚。

魏國憲穆公主，始封義陽。下嫁王士平。主恣橫不法，帝幽之禁中；錮士平于第，久之，拜安州刺史，坐交中人貶賀州司戶參軍。門下客蔡南史、獨孤申叔爲主作團雪散雪辭狀離曠意。帝聞，怒，捕南史等逐之，幾廢進士科。薨，追封及謚。

鄭國莊穆公主，始封義章。下嫁張孝忠子茂宗。薨，加贈及謚。

臨眞公主，下嫁祕書少監薛釗。薨元和時。

永陽公主，下嫁殿中少監崔譓。

普寧公主，蚤薨。

文安公主，丐爲道士。薨大和時。

燕國襄穆公主，始封咸安。下降回紇武義成功可汗，置府。薨元和時，追封及謚。

義川公主，蚤薨。

宜都公主，下嫁殿中少監柳昱。薨貞元時。

晉平公主，蚤薨。

順宗十一女。

漢陽公主名暢，莊憲皇后所生。始封德陽郡主。下嫁郭鏦。辭歸第，涕泣不自勝，德宗曰：「兒有不足邪？」對曰：「思相離，無他恨也。」帝亦泣，顧太子曰：「眞而子也。」永貞元年，與諸公主皆進封。時戚近爭爲奢詡事，主獨以儉，常用鐵簪畫壁，記田租所入。文宗尤惡世流侈，因主入，問曰：「姑所服，何年法也？今之弊，何代而然？」對曰：「妾自貞元時辭宮，所服皆當時賜，未嘗敢變。元和後，數用兵，悉出禁藏纖麗物賞戰士，由是散於人間，內外相矜，忸以成風。若陛下示所好于下，誰敢不變？」帝悅，詔宮人視主衣製廣狹，徧諭諸主，且敕京兆尹禁切浮靡。主嘗誨諸女曰：「先姑有言，吾與若皆帝子，驕盈貴侈，可戒不可恃。」開成五年薨。

梁國恭靖公主，與漢陽同生。始封咸寧郡主，徙普安。下嫁鄭何。薨，追封及謚。

東陽公主，始封信安郡主。下嫁崔杞。

西河公主，始封武陵郡主。下嫁沈翬。薨咸通時。

雲安公主，亦漢陽同生。下嫁劉士涇。

襄陽公主，始封晉康縣主。下嫁張孝忠子克禮。主縱恣，常微行市里。有薛樞、薛渾、李元本皆得私侍，而渾尤愛，至謁渾母如姑。有司欲致詰，多與金，使不得發。克禮以聞，穆宗幽主禁中。元本乃功臣惟簡子，故貸死，流象州，樞、渾崖州。

潯陽公主，崔昭儀所生。大和三年，與平恩、邵陽二公主並爲道士，歲賜封物七百匹。

臨汝公主，崔昭訓所生。蚤薨。

虢國公主，始封清源郡主，徙陽安。下嫁王承系。薨，追封。

平恩公主，蚤薨。

邵陽公主，蚤薨。

憲宗十八女。

梁國惠康公主，始封普寧。帝特愛之。下嫁于季友。元和中，徙永昌。薨，詔追封及謚。將葬，度支奏義陽、義章公主葬用錢四千萬，有詔減千萬。

永嘉公主，爲道士。

衡陽公主，蚤薨。

宣城公主，下嫁沈蟻。

鄭國温儀公主，始封汾陽。下嫁韋讓。薨，追封及謚。

岐陽莊淑公主，懿安皇后所生。下嫁杜悰，帝爲御正殿臨遣，繇西朝堂出，復御延喜門，止主車，大賜賓從金錢。開第昌化里，疏龍首池爲沼。后家上尙父大通里亭爲主別館。貴震當世。然主事舅姑以禮聞，所賜奴婢偃蹇，皆上還，丐直自市。悰爲澧州刺史，主與偕，從者不二十婢，乘驢，不肉食，州縣供具，拒不受。姑寢疾，主不解衣，藥糜不嘗不進。開成中，悰自忠武入朝，主疾侵，曰：「願朝興慶宮，雖死於道，不恨。」道薨。

陳留公主，下嫁裴損。損爲太子諭德。

眞寧公主，下嫁薛翃。

南康公主，下嫁沈汾。薨咸通時。

臨眞公主，始封襄城。下嫁衞洙。薨咸通時。

普康公主，蚤薨。

眞源公主，始封安陵。下嫁杜中立。

永順公主，下嫁劉弘景。

安平公主，下嫁劉異。宣宗即位，宰相以異爲平盧節度使，帝曰：「朕唯一妹，欲時見之。」乃止。後隨異居外，歲時輒乘馹入朝。薨乾符時。

永安公主，長慶初，許下嫁回鶻保義可汗，會可汗死，止不行。大和中，丐爲道士，詔賜邑印，如尋陽公主故事，且歸婚貲。

義寧公主，未及下嫁薨。

定安公主，始封太和。下嫁回鶻崇德可汗。會昌三年來歸，詔宗正卿李仍叔、祕書監李踐方等告景陵。主次太原，詔使勞問係塗，以黠戛斯所獻白貂皮、玉指環往賜。至京師，詔百官迎謁再拜。故事：邑司官承命答拜，有司議：「邑司官卑，不可當。」羣臣請以主左右上媵戴鬢帛承拜，兩襠持命。又詔神策軍四百具鹵簿，羣臣班迓。主乘輅謁憲、穆二室，欷歔流涕，退詣光順門易服、褫冠鑷待罪，自言和親無狀。帝使中人勞慰，復冠鑷乃入，羣臣賀天子。又詣興慶宮。明日，主謁太皇太后。進封長公主，遂廢太和府。主始至，宣城以下七主不出迎，武宗怒，差奪封絹贖罪。宰相建言：「禮始中壼，行天下，王化之美也，請載于史，示後世。」詔可。

貴鄉公主，蚤薨。

穆宗八女。

義豐公主，武貴妃所生。下嫁韋處仁。薨咸通時。

淮陽公主，張昭儀所生。下嫁柳正元。

延安公主，下嫁竇澣。

金堂公主，始封晉陵。下嫁郭仲恭。薨乾符時。

清源公主，薨大和時。

饒陽公主，下嫁郭仲詞。

義昌公主，爲道士。薨咸通時。

安康公主，爲道士。乾符四年，以主在外頗擾人，詔與永興、天長、寧國、興唐四主還南內。

敬宗三女。

永興公主。

天長公主。

寧國公主，薨廣明時。

文宗四女。

興唐公主。

西平公主。

朗寧公主，薨咸通時。

光化公主，薨廣明時。

武宗七女。

昌樂公主。

壽春公主。

長寧公主，薨大中時。

延慶公主。

靜樂公主，薨咸通時。

樂溫公主。

永淸公主，薨咸通時。

宣宗十一女。

萬壽公主，下嫁鄭顥。主，帝所愛，前此下詔：「先王制禮，貴賤共之。萬壽公主奉舅姑，宜從士人法。」舊制：車輿以鐐金釦飾。帝曰：「我以儉率天下，宜自近始，易以銅。」主每進見，帝必諄勉篤誨，曰：「無鄙夫家，無忓時事。」又曰：「太平、安樂之禍，不可不戒！」故諸主祗畏，爭爲可喜事。帝遂詔：「夫婦，敎化之端。其公主、縣主有子而寡，不得復嫁。」

永福公主。

齊國恭懷公主，始封西華。下嫁嚴祁。祁爲刑部侍郎。主薨大中時，追贈及謚。

廣德公主，下嫁于琮。初，琮尚永福公主，主與帝食，怒折匕筯，帝曰：「此可爲士人妻乎？」更許琮尚主。琮爲黃巢所害，主泣曰：「今日誼不獨存，賊宜殺我！」巢不許，乃縊室中。

主治家有禮法，嘗從琮貶韶州，侍者纔數人，卻州縣饋遺。凡內外冠、婚、喪、祭，主皆身答勞，疏戚咸得其心，爲世聞婦。

義和公主。

饒安公主。

盛唐公主。

平原公主，懿咸通時，已而追封。

唐陽公主。

許昌莊肅公主，下嫁柳陟。懿中和時。

豐陽公主。

懿宗八女。

衞國文懿公主，郭淑妃所生。始封同昌。下嫁韋保衡。咸通十年薨。帝既素所愛，自製挽歌，羣臣畢和。又許百官祭以金貝、寓車、廞服，火之，民爭取煨以汰寶。及葬，帝與妃坐延興門，哭以過柩，仗衞彌數十里，冶金爲俑，怪寶千計實墓中，與乳保同葬。追封及謚。

安化公主。

普康公主。

昌元公主，薨咸通時。

昌寧公主。

金華公主。

仁壽公主。

永壽公主。

僖宗二女。

唐興公主。

永平公主。

昭宗十一女。

新安公主。

平原公主，積善皇后所生。帝在鳳翔，以主下嫁李茂貞子繼偘，后謂不可。帝曰：「不爾，我無安所！」是日，宴內殿，茂貞坐帝東南，主拜殿上。繼偘族兄弟皆西向立，主徧拜之。及帝還，朱全忠移茂貞書，取主還京師。

信都公主。

益昌公主。

唐興公主。

德清公主。

太康公主。

永明公主，蚤薨。

新興公主。

普安公主。

樂平公主。

贊曰：婦人內夫家，雖天姬之貴，史官猶外而不詳。又僖、昭之亂，典策埃滅，故諸帝公主降日、薨年，粗得其概，亡者闕而不書。

校勘記

〔一〕郭潛曜　「郭」，各本及唐會要卷六同。本書卷一九五孝友傳、冊府卷三〇〇作「鄭」。孝友傳並云「（潛曜）父萬鈞，駙馬都尉，滎陽郡公，母代國長公主」，與本卷上文「代國公主……下嫁鄭萬鈞」相合。糾謬卷六謂作「郭」誤。

唐書卷八十四

列傳第九

李密 單雄信 祖君彥

李密字玄邃，一字法主，其先遼東襄平人。曾祖弼，魏司徒，賜姓徒何氏，入周爲太師、魏國公。祖曜，邢國公。父寬，隋上柱國、蒲山郡公。遂家長安。

密趣解雄遠，多策略，散家貲養客禮賢不愛藉。以蔭爲左親衞府大都督、東宮千牛備身。額銳角方，瞳子黑白明澈。煬帝見之，謂宇文述曰：「左仗下黑色小兒爲誰？」曰：「蒲山公李寬子密。」帝曰：「此兒顧盼不常，無入衞。」它日，述諭密曰：「君世素貴，當以才學顯，何事三衞間哉！」密大喜，謝病去，感厲讀書。聞包愷在緱山，往從之。以蒲韉乘牛，挂漢書一帙角上，行且讀。越國公楊素適見于道，按轡躡其後，曰：「何書生勤如此？」密識素，下拜。問所讀，曰：「項羽傳。」因與語，奇之。歸謂子玄感曰：「吾觀密識度，非若等輩。」

玄感遂傾心結納。嘗私密曰：「上多忌，隋曆且不長，中原有一日警，公與我孰後先？」密曰：「決兩陣之勝，噫嗚咄嗟，足以讋敵，我不如公。攬天下英雄馭之，使遠近歸屬，公不如我。」

大業九年，玄感舉兵黎陽，遣人入關迎密。密至，謀曰：「今天子遠在遼左，去幽州尙千里，南限鉅海，北阻彊胡，號令所通，惟榆林一道爾。若鼓而入薊，直扼其喉，高麗抗其前，我乘其後，不旬月齎糧竭，舉麾召之，衆可盡取，然後傳檄而南，天下定矣，上計也。關中四塞之地，彼留守衞文昇，易人耳。若徑行勿留，直保長安，據函、崤，東制諸夏，是隋亡襟帶，我勢萬全，中計也。若因近趣便，先取東都，頓兵堅城下，不可以勝負決，下計也。」玄感曰：「公之下計，乃吾上策。今百官家屬皆在洛，當先取之，以搖其心。且經城不拔，何以示武？」密計不行。玄感至東都，所戰必克，自謂功在旦暮。既獲內史舍人韋福嗣，遂任之，故謀不專密。福嗣恥見執，策議皆持兩端。密揣其貳，謂玄感曰：「福嗣窮，爲我虜，志在觀望。公初舉大事，姦人在側，事必敗，請斬以徇。」不從。密謂所親曰：「玄感好反而不圖勝，吾屬虜矣！」福嗣果遁去。會左武候大將軍李子雄得罪，傳送行在，道殺使者，奔玄感，勸舉大號。玄感問密，密曰：「昔張耳諫陳勝自王，荀彧止魏武求九錫，皆見疑外。今密將無類之乎？然阿諛順旨，非義士也。且公雖屢勝，而郡縣未有應者，東都尙彊，救兵踵來，公當率精甲，身定關中，奈何亟自帝？」玄感笑而止。

及隋軍至，玄感曰：「策安決？」密曰：「元弘嗣方戍隴右，可陽言其反，使迎我，因引軍西。」從之。至陝，欲圍弘農宮，密曰：「今紿衆入關，機在速，而追兵踵我，若前不得據險，退無所守，何以共完！」玄感不聽。留攻三日，不能拔，引去，至閿鄉，追及而敗。

密羸行入關，爲邏所獲，與支黨護送帝所。密謂衆曰：「吾等至行在，且葅醢，今尚可以計脫，何爲安就鼎鑊？」衆然之。乃令出所有金示監使曰：「卽死，幸報德。」使者顧金，禁漸弛，益市酒，飲笑讙譁，守者懈，密等遂夜亡去。抵平原，賊郝孝德不見禮，去之淮陽。歲饑，削木皮以食。變姓名爲劉智遠，教授諸生自給，鬱鬱不得志，哀吟泣下。人有告太守趙佗者，佗捕之，遁免。往依婣婿雍丘令丘君明，轉匿大俠王季才家，爲吏迹捕，復亡去。

時東郡賊翟讓聚黨萬人，密因介其徒王伯當以策干讓曰：「今主昏於上，人怨於下，銳兵盡之遼海，和親絕於突厥，南巡流連，空棄關輔，此實劉、項挺興之會。足下資豪桀，士馬精勇，指罪誅暴，爲天下先，楊氏不足亡也。」讓由是加禮，遣說諸賊，至輒下。因爲讓計曰：「今稟無見糧，難以持久，卒遇敵，其亡無時。不如取滎陽，休兵館穀，待士逸馬肥，乃可與人爭利。」讓聽之，遂破金隄關，徇滎陽諸縣，皆下。滎陽太守楊慶、河南討捕大使張須陁合兵討讓，讓素憚須陁，欲引去。密曰：「須陁健而無謀，且驟勝易驕，吾爲公破之。」讓不得已，陣而待。密率驍勇常何等二十人爲游騎，伏千兵莽間。須陁素輕讓，引兵搏之，讓少却，伏發，與游軍乘之，遂殺須陁。

十三年，讓分兵與密，別爲牙帳，號蒲山公。密持軍嚴，雖盛夏號令，士皆若負霜雪，然戰得金寶，盡散之，繇是人爲用。復說讓曰：「今羣豪競興，公宜先天下攘除羣凶，寧常剽奪草間求活哉？若直取興洛倉，發粟以賑窮乏，百萬之衆一朝可附，霸王之業成矣。」讓曰：「僕起畎隴，志不及此，須君得倉，更議之。」

二月，密以千人出陽城北，踰方山，自羅口拔興洛倉，據之，獲縣長柴孝和。開倉賑食，衆繈屬至數十萬。隋越王侗遣將劉長恭、房崱討密，又令裴仁基統兵出成皋西。密乃爲十隊，跨洛水，抗東、西二軍。令單雄信、徐世勣、王伯當騎爲左右翼，自引麾下急擊長恭等，破之。東都震恐，衆保太微城，臺寺俱滿。

讓等乃推密爲主，建號魏公。鞏南設壇場，即位，刑牲歃血，改元永平，大赦，其文移稱行軍元帥魏公府。以讓爲司徒，邴元眞左長史，房彥藻右長史，楊德方左司馬，鄭德韜右司馬，單雄信左武候大將軍，徐世勣右武候大將軍，祖君彥記室。城洛口，周四十里，居之。命護軍將軍田茂廣造雲旝三百具，以機發石，爲攻城械，號「將軍礮」。進逼東都，燒上春門。

四月，隋虎牢將裴仁基、淮陽太守趙佗降，長白山賊孟讓以所部歸密。以仁基爲上柱國，與讓率兵二萬襲回洛倉，守之。入都城掠居人，火天津橋。隋出軍乘之，仁基等敗，還保鞏。司馬楊德方戰死。密自督衆三萬，破隋軍於故城，復得回洛倉。俄而德韜死，乃以鄭頲爲左司馬，鄭虔象右司馬。諸賊帥黎陽李文相、洹水張昇、淸河趙君德、平原郝孝德皆歸密，因襲取黎陽倉。永安大族周法明舉江、黃地附之，齊郡賊徐圓朗、任城大俠徐師仁來歸。密令幕府移檄州縣，列煬帝十罪，天下震動。

護軍柴孝和說密曰：「秦地阻山帶河，項背之亡，漢得之王。今公以仁基壁回洛，翟讓保洛口，公束鎧倍道趨長安，百姓誰不郊迎？是征而不戰也。衆附兵彊，然後東向，指撝豪桀，天下廓廓無事矣。今遲之，恐爲人先。」密曰：「僕懷此久，顧我部皆山東人，今未下洛，安肯與我偕西？且諸將皆羣盜，不相統一，敗則掃地矣。」遂止。是時，隋軍益出，密負銳，急與之确，中流矢，臥營中，隋軍乘之，密衆潰，棄倉守洛口。

高祖起師太原，密自謂主盟，遣將軍張仁則致書于帝，呼爲兄，請以步騎會河內。帝覽書，笑曰：「密陸梁，不可折箠致之。吾方定京師，未能東略，若不與，是生一隋。密適爲吾守成皋，拒東都兵，使不得西，更遣票將莫如密。吾寧推順，使驕其志，我得留撫關中，大事濟矣。」令記室溫大雅作報書，厚禮尊讓。密大喜，示其下，曰：「唐公見推，天下無可慮者。」

遂專事隋。

九月，遣將李士才將兵十二萬，攻隋鷹揚郎將張珣河陰，舉之。珣極罵不屈死。齊方士徐鴻客上書勸密因士氣趨江都，挾帝以令天下。密異其言，具幣邀之，已亡去。煬帝遣王世充選卒十萬擊密，世充營洛西，戰不利，更陳洛北，登山以望洛口。密引度洛，與世充戰。密兵多騎與長槊，而北薄山，地隘騎迮不得騁。世充多短兵盾穳，蹙之，密軍卻，世充乘勝進攻密月城。密還洛南，引而西，突世充營，世充奔還。師徒多喪，孝和溺死洛水，密哭之慟。自是大小六十餘戰。

翟讓部將王儒信憚密威望，勸讓自爲大冢宰，總秉衆務，收密權。讓兄寬亦曰：「天子當自取，何乃授人？」密聞之，與鄭頲陰圖讓。會世充兵又至，讓出拒，少退；密馳助之，戰石子河，世充走。明日，高會饗士，讓至密所，密令房彥藻引其左右就別帳飲。密出名弓示讓，讓挽滿，遣劍士蔡建從後擊之，幷殺其兄、姪及儒信。密馳入讓壁慰諭，士無敢動者，以徐世勣、單雄信、王伯當分統其兵。隋將楊慶守滎陽，因說下之。世充夜襲倉城，密伏甲殪其衆。

義寧二年，世充復營洛北，爲浮梁，絕水以戰，密以千騎迎擊，不勝。世充進薄其壘，密提敢死士數百邀之，世充大潰，士爭橋溺死者數萬，洛水爲不流，殺大將六人，獨世充脫。會夜大雨雪，士卒僵死且盡。密乘銳拔偃師，脩金墉城居之，有衆三十萬。又與東都留守韋津戰上春門，執津於陣。將作大匠宇文愷子儒童、河南留守職方郎柳續、河陽都尉獨孤武都、河內郡丞柳燮皆降。於是海岱、江淮間爭響附，竇建德、朱粲、楊士林、孟海公、徐圓朗、盧祖尙、周法明等悉上表勸進，府官屬亦請之。密曰：「東都未平，且勿議。」

五月，越王侗稱帝。六月，宇文化及擁兵十餘萬至黎陽。侗遣使授密太尉、尙書令、東南道大行臺行軍元帥、魏國公，令平化及而後入輔，密受之。乃引兵東追化及黎陽。密知化及乏食，利速戰，乃持重以老其兵，使徐世勣保黎陽倉，化及攻不可下。密與隔水陣，遙謂化及曰：「公家本戎隸破野頭爾，父子兄弟受隋恩，至妻公主。上有失德不能諫，又虐弑之，冒天下之惡，今安往？能卽降，尙全後嗣。」化及默然良久，乃瞋目爲鄙語辱密。密顧左右曰：「此庸人，圖爲帝，吾當折箠驅之。」乃以輕騎五百焚其攻具，火終夜不滅。度化及糧盡，乃僞與和，化及喜，使軍恣食，既而密饋不至，乃寤。遂大戰童山下，密中矢，頓汲縣堅壁。化及勢窮，掠汲郡，趣魏縣。其將陳智略、張童仁等率所部兵歸密，前後相踵。

初，化及留輜重東郡，遣所署刑部尙書王軌守之。至是，軌舉郡降密。由是引而西，遣使朝東都，執弑逆人于弘達獻於侗。侗召密入朝，至溫，聞世充殺元文都，乃止。遂歸金墉，拘侗使不遣。

初，密既殺翟讓，心稍驕，不卹士，素無府庫財，軍戰勝，無所賜與，又厚撫新集，人心始離。民食興洛倉者，給授無檢，至負取不勝，委於道，踐蹂狼扈。密喜，自謂足食。司倉賈潤甫諫曰：「人，國本；食，人天。今百姓飢捐，暴骨道路。公雖受命，然賴人之天以固國本。而稟取不節，敖庾之藏有時而儩，粟竭人散，胡仰而成功？」不聽。徐世勣數規其違，密內不憙，使出就屯，故下苟且無固志。初，世充乏食，密少帛，請交相易，難之。邴元眞好利，陰勸密許焉。後世充士飽，降者益少，密悔而止。

武德元年九月，世充悉衆決戰，先以騎數百度河，密遣迎戰，驍將十餘人皆被創返。明日，密留王伯當守金墉，自引精兵出偃師，北阻邙山待之。密議所便，裴仁基曰：「世充悉勁兵來，東都必虛，請選衆二萬向洛，世充必自拔歸，我整軍徐還。兵法所謂彼歸我出，彼出我歸，以疲之也。」密眩於衆，不能用。仁基擊地嘆曰：「公後必悔！」遂出兵陣。世充陰索貌類密者，使縛之。既兩軍接，埃霧囂塞，世充軍，江淮士，出入若飛，密兵心動。世充督衆疾戰，使牽類密者過陣，譟曰：「獲密矣！」士皆呼萬歲，密軍亂，遂潰。裴仁基、祖君彥皆爲世充所禽，偃師劫鄭頲叛歸世充。密提衆萬餘馳洛口，將入城，邴元眞已輸款世充，潛導其軍。密知不發，期世充度兵半洛水，掩擊之。候騎不時覺，比出，世充絕河矣。卽引騎遁武牢，元眞遂降，衆稍散。

密將如黎陽，或曰：「向殺翟讓，世勣傷幾死，瘡猶未平，今可保乎？」時王伯當棄金墉屯河陽，密輕騎歸之，謂曰：「敗矣，久苦諸君，我今自刎以謝衆！」伯當抱密慟絕，衆皆泣，莫能仰視。密復曰：「幸不相棄，當共歸關中，密雖無功，諸君必富貴。」掾柳燮曰：「昔盆子歸漢，尚食均輸。公與唐同族，雖不共起，然遏隋歸路，使無西，故唐不戰而據京師，亦公功也。」密又謂伯當曰：「將軍族重，豈復與孤俱行哉？」伯當曰：「昔蕭何舉宗從漢，今不昆季盡行，以爲媿。豈公一失利，輕去就哉？雖隕首穴胸，所甘已。」左右感動，遂來歸。

初，密建號登壇，疾風鼓其衣，幾仆；及即位，狐鳴於旁，惡之。及將敗，羣數有回風發於地，激砂礫上屬天，白日爲晦；屯營羣鼠相銜尾西北度洛，經月不絕。

及入關，兵尚二萬。高祖使迎勞，冠蓋相望，密大喜，謂其徒曰：「吾所舉雖不就，而恩結百姓，山東連城數百，以吾故，當盡歸國。功不減竇融，豈不以台司處我？」及至，拜光祿卿，封邢國公，殊怨望。帝嘗呼之弟，妻以表妹獨孤氏。後禮寖薄，執政者又求賄，滋不平。因朝會進食，謂王伯當曰：「往在洛口，嘗欲以崔君賢爲光祿，不意身自爲此。」

未幾，聞故所部將多不附世充者，高祖詔密以本兵就黎陽招撫故部曲，經略東都，伯當以左武衞將軍爲密副。馳驛東至稠桑驛，有詔復召密，密大懼，謀叛。伯當止之，不從，乃曰：「士立義，不以存亡易慮。公顧伯當厚，願畢命以報。今可同往，死生以之，然無益也。」

乃簡驍勇數十人，衣婦人服，戴羃䍦，藏刀裙下，詐爲家婢妾者，入桃林傳舍，須臾變服出，據其城。掠畜產，趣南山而東，馳告張善相以兵應己。熊州副將盛彥師率步騎伏陸渾縣南邢公峴之下，密兵度，橫出擊，斬之，年三十七，伯當俱死，傳首京師。時徐世勣尚爲密保黎陽，帝遣使持密首往招世勣。世勣表請收葬，詔歸其尸，乃發喪，具威儀，三軍縞素，以君禮葬黎陽山西南五里，墳高七仞。密素得士，哭多歐血者。

邴元眞之降也，世充以爲行臺僕射，鎭滑州。密故將杜才幹恨其背密，僞以兵歸之，斬取其首，祭密冢，已乃歸國。

單雄信，曹州濟陰人。與翟讓友善。能馬上用槍，密軍中號「飛將」。偃師敗，降世充，爲大將。秦王圍東都，雄信拒戰，槍幾及王，徐世勣呵之曰：「秦王也！」遂退。後東都平，斬洛渚上。

祖君彥，齊僕射孝徵子。博學彊記，屬辭贍速。薛道衡嘗薦之隋文帝，帝曰：「是非殺斛律明月人兒邪？朕無用之。」煬帝立，尤忌知名士，遂調東都書佐，檢校宿城令，世謂祖宿城。負其才，常鬱鬱思亂。及爲密草檄，乃深斥主闕。密敗，世充見之，曰：「汝爲賊罵國足未？」君彥曰：「跖客可使刺由，但愧不至耳！」世充令撲之。旣困臥樹下，世充已自欲活，中悔，命醫許惠照往視之，欲其蘇。郎將王拔柱曰：「弄筆生有餘罪。」乃斃其心，卽死，戮尸於偃師。

贊曰：或稱密似項羽，非也。羽興五年霸天下，密連兵數十百戰不能取東都。始玄感亂，密首勸取關中；及自立，亦不能鼓而西，宜其亡也。然禮賢得士，乃田橫徒歟，賢陳涉遠矣！噫，使密不爲叛，其才雄亦不可容於時云。

唐書卷八十五

列傳第十

王世充　竇建德

王世充字行滿。祖西域胡，號支頹耨，後徙新豐，死，其妻與霸城人王粲爲庶妻。頹耨子收從之，冒粲姓，仕隋，歷懷、汴二州長史。生世充，豺聲卷髮，忌刻深阻。涉書傳，喜兵法，通龜策、推步。以蔭爲左翊衞，遷御府直長、兵部員外郎。從楊素北伐，爲幽州長史。大業初，爲民部侍郎，善占對，習法，敢舞文上下。人或辨駁，世充以口舌緣飾，衆知其非，亦不能屈也。出爲江都贊治，遷郡丞。煬帝數南幸，世充善伺帝顏色，阿邑順旨。性機巧，飾臺沼、陰奏遠方珍物以媚帝，帝愛昵之，拜江都通守，兼知宮監事。

世充觀隋政方亂，而江左浮剽易動，乃陰結豪桀，有繫獄者，皆橈法貸減，以樹私恩。楊玄感反，吳人朱燮、晉陵人管崇起江南應之，兵十餘萬。隋將吐萬緒、魚俱羅討之不克，世充以偏將募江都萬人，頻擊破之。每捷必歸功於下，虜獲盡推與士卒，故人爭爲效，由是功最多。

大業十年，齊賊孟讓轉寇諸郡，至盱眙，世充拒之，保都梁山，列五壁不戰，羸兵以示弱。讓笑曰：「世充文法吏，安知兵？吾今生縛之，鼓行下江都矣！」時百姓皆入保，野無所掠，讓衆餒，又苦五壁閉道不得南，卽分兵圍之。世充數戰，陽不利，走壁；讓益驕，數日，稍分其下南略，裁留兵足圍壁。世充知賊懈，夜夷竈撤幕，爲方陣外向，毀壘，旦而出，奮擊，大破之，讓以數十騎去，斬首萬級，虜十餘萬人。煬帝以世充有將帥略，復委捕諸盜，所向輒定。會突厥圍帝鴈門，世充悉發江都兵赴難，詐爲可喜事以邀聲譽。在軍蓬首垢面，日夜悲泣，不釋甲，臥必席藁。帝以爲忠，愈屬信之。

厭次賊格謙兵十餘萬屯豆子𨺗，太僕卿楊義臣殺謙，世充討其餘黨，夷之。進擊賊盧明月於南陽，俘係數萬。還，帝自持酒爲勞。

世充啓帝：「江淮良家女願備後廷，無繇進。」帝喜，令閱端麗者，以庫貲爲聘，費不可校，署計簿云「敕別用」，有司不敢閲。具舟送東都宮，會道路剽奪，使者苦之，或沈舟亡去，世充屏不奏。

李密逼東都，詔世充爲將軍，以兵屯洛口。大小百餘戰，無大勝負。詔卽拜右翊衞將軍，趣破賊。十四年，世充引軍與密戰洛南，有氣若城壓其營，世充大敗，衆幾盡，走保河陽。自繫獄，請罪於越王侗，侗以書慰勉，賜金帛安之，召還洛，裒亡散得萬人，屯含嘉城，畏縮不敢出。

會江都弒逆，羣臣奉侗爲帝，以世充爲吏部尙書，封鄭國公。宇文化及擁兵北還，侗聽內史令元文都、盧楚等謀，以重官畀李密，使討賊，若化及破而密兵亦疲，乘其弊，可得志。乃遣使以太尉、尙書令卽軍中拜密，趣兵北討。密稱臣奉制，引兵從化及黎陽，戰勝來告，衆大悅；世充獨謂其下曰：「文都等刀筆才，必爲密禽，且我軍與賊戰，多殺其父子兄弟，一旦爲之下，吾屬無類矣！」以此言激衆，文都等聞，大懼。

侗欲以文都爲御史大夫，世充不許，曰：「嘗與公等約，左右僕射、尙書令、御史大夫，留待勳舊。今各欲得，則流競開矣，何以共守？」文都憾焉，潛與楚謀，因世充入殿伏甲殺之。納言段達庸怯，畏不果，馳告世充。世充夜以兵襲含嘉門，圍宮城。右武衞大將軍皇甫無逸等遣將費曜、田闍拒戰太陽門，曜敗，世充入之，無逸以單騎遁，收楚殺之。時紫微宮尙閉，世充扣門，紿侗曰：「元文都等欲執陛下降李密，臣不反，誅反者耳。」段達執文都送世充，殺之。世充悉遣腹心代衞士，然後入謝曰：「文都、楚無狀，規相屠戮，臣急爲此，非敢它。」侗與之盟，進拜尙書左僕射，總督內外諸軍事。乃去含嘉城，居尙書省，專宰朝政。以其兄世惲爲內史令，居禁中，子弟皆將兵。分官吏爲十頭，以主軍政。

未幾，李密破化及，還屯金墉，勁兵良馬多死。世充欲擊之，恐士心未一，乃謀以鬼動衆，令德陽門衞張永通言夢人謂己曰：「我，周公，能以兵助討密。」世充白侗，立祠洛旁，使巫宣言：「周公令急擊密，有大功；不然，兵且疫。」世充下皆楚人，信妖，遂請戰。乃簡精卒二萬、騎二千，跨洛水爲三橋以度兵。密軍偃師北山，新破敵，有輕世充心，不設壁壘。世充夜遣二百騎藏山伏，因秣馬蓐食，遲明薄之，密陣未成，伏兵上北原，乘高馳下，壓其營，縱焚廬落，密衆大潰，降其將張童仁、陳智略，進拔偃師。初，密得世充兄世偉及子玄應於化及軍，囚之，至是皆歸。世充兵次洛口，密長史邴元眞、司馬鄭虔象以城降，悉收美人、寶貨而還。密以數十騎跳奔。

於是，世充自爲太尉、尙書令，加黃門印綠綟綬，以尙書省爲府，置官屬。乃設三榜於府外，其一求文學堪濟世務者，其一武幹絕衆、椎鋒陷陣者，其一能治冤抑不申者。繇是上書陳事日數百，皆慰勞省接，雖吏卒，必飾詞誘納。而世充素詭妄，不能讎其語，士大夫遂貳。初，殺文都，欲詭衆取信，乃請事侗母劉太后爲假子，至是加號聖感太后。散騎常侍崔德本曰：「此王莽文母何異乎？」後食侗前，得嘔疾，疑見毒，遂不復朝。以將張績、董濬衞宮城。

武德二年，矯侗詔假黃鉞，相國總百揆，封鄭王，授九錫，冕十有二旒，建天子旌旗，金根車，駕六馬，備五時副車、旄頭雲罕，舞八佾，設宮縣，出入警蹕。術士桓法嗣自言能決讖，乃上孔子閉房記，畫男子持一干驅羊狀，因說世充曰：「隋，楊姓也；於文，『干一』爲『王』，王處羊後，大王代隋之符。」又陳莊周人間世、德充符二篇曰：「上下篇與大王名協，明受符命，德被人間，爲天子也。」世充喜曰：「天命也！」拜受之。以法嗣爲諫議大夫。又羅取飛鳥，書符命於帛，繫鳥頸縱之，有彈捕得鳥而獻者亦拜官。諷百官勸進。時納言蘇威老就第，世充以威隋大臣，有素望，每表必署威名。使段達等脅侗曰：「天命不常，今鄭王功德甚盛，請揖讓，用堯、舜故事。」侗怒曰：「天下者，高祖天下，若隋德未究，此言不可發。必天命遂改，尙何禪？公非先帝舊臣乎？朕何賴？」達等流涕。世充又詐曰：「天下未定，須鎭以長君，待天下安，則復子明辟。」

四月，矯侗策禪位，幽侗於含涼殿，猶三讓。遣諸將以兵淸宮，世充襲戎服，法駕，導鼓吹入宮，每歷一門，從者必呼。至東上閤，更衮冕，卽正殿僭位。建元開明，國號鄭。乃封兄世衡爲秦王，世偉楚王，世惲齊王，諸族屬以次封拜，以子玄應爲皇太子，玄恕爲漢王。世充每聽朝決政，誨喩言語諄複百緒，以示勤篤，百司奏事者聽受爲疲。出則輕騎，無警蹕，游歷衢肆，行者但止立，徐謂百姓曰：「故時天子居九重，在下之情無繇察。世充非貪位者，本救時耳。正若一州刺史，事皆親覽，當與士人共議之。恐門衞有禁，無以盡通，今止順天門外置座聽事。」又詔西朝堂聽冤訴，東朝堂延諫者。繇是章牘塡委，觀省不暇，後亦不能復出。

五月，裴仁基與其子行儼及宇文儒童、崔德本等謀劫世充，復立侗，不克，夷三族。六月，鴆殺侗，以絕衆望。世充率衆東徇地至滑，以兵臨黎陽。時黎陽爲竇建德守，故建德亦破世充殷州，以報其役。

三年，下書大赦，築練兵臺於伊闕。守將羅士信、豆盧達稍稍歸國，世充顧下多背己，乃峻誅暴禁以威之。戶一人逃，家無少長皆坐，父子、兄弟、夫婦許相告免。令伍伍相保，一家叛，舉伍誅。樵牧出入皆爲限，公私不聊生。遣臺省官督十二郡營田，行者自謂仙去。以宮城爲大獄，意所猜惡，必收繫其人，內家屬宮中。或命將，亦質其孥乃遣。旣而囚質且萬口，食不足，餓死者日數十。

七月，高祖詔秦王率兵攻之，至新安，屯保多下，敗世充於慈澗城。八月，王陳兵青城宮，世充悉精兵來拒，隔澗言曰：「隋失其國，天下分崩，長安、洛陽各有分地，吾常自守，不敢西顧。熊、穀二州在度內，不取，敦鄰好也。今王遠涉吾地，越三崤，饋糧千里，勤師遠出，將何求？」王曰：「四海之人皆承唐正朔，獨公迷不復。東都士民來請師，陛下重違，我是以來。公若降，富貴可保；必拒我，勉之，無多言！」世充約割地，不許。潁州總管田瓚請舉山南二十五郡歸。九月，王君廓進拔轘轅，徇地至管城，河南州縣以次降定。始竇建德與世充隙，至是建德遣使結好，并陳赴援意。世充遣兄子琬、內史令長孫安世報，且乞師。

四年二月，青城宮守將以宮降，王進保之。世充引兵出方諸門，臨穀水以戰，王陣北邙，令屈突通步士五千踰水擊之。兵接，王以騎決戰，世充排矟兵殊死鬭，自辰及午乃潰，俘斬八千人。王傅城，塹而守之。世充糧且盡，人相食，至以水汨泥去礫，取浮土糅米屑爲餅。民病腫股弱，相藉倚道上。其尚書郎盧君業、郭子高等皆餓死。御史大夫鄭頲丐爲浮屠，世充惡其言，殺之。然氣竭，但嬰城須建德之救。

五月，王禽建德，并獲王琬、長孫安世，俘示東都城下，且遣安世入言敗狀。世充惶惑，將突圍出保襄、漢，謀於諸將，皆不答，遂率將吏降軍門。王受之，以屬吏，陳兵入城，發府庫賚將士。其黃門侍郎薛德音以移檄嫚逆，崔弘丹造弩多傷士，前誅之；又收段達、楊汪、孟孝義、單雄信、楊公卿、郭士衡、郭什柱、董濬、張童仁、朱粲、王德仁等斬洛渚上。以世充歸長安，高祖數其罪，世充曰：「計臣罪不容誅，但秦王許臣以不死。」乃赦爲庶人，與其族徙于蜀。將行，爲羽林將軍獨孤脩德所殺。初，脩德父機嘗仕越王侗，世充既篡，謀歸唐，爲所屠者也。高祖免脩德官。子玄應，兄世偉，在道謀反，伏誅。世充篡，凡三年滅。

竇建德，貝州漳南人。世爲農，自言漢景帝太后父安成侯充之苗裔。材力絕人，少重然許，喜俠節。鄉人喪親，貧無以葬，建德方耕，聞之太息，遽解牛與給喪事，鄉黨異之。盜夜劫其家，建德立戶下，盜入，擊三人死，餘不敢進。請其尸，建德曰：「可投繩係取之。」盜投繩，建德乃自縻，使盜曳出，躍起捉刀，復殺數人，繇是益知名。爲里長，犯法亡，會赦歸。久之，父卒，里中送葬千餘人，所贈予皆讓不受。

隋大業七年，募兵伐遼東，建德補隊長。方如軍，會邑人孫安祖盜羊，爲縣令捕劾笞辱。安祖刺殺令，亡抵建德，建德陰舍之。時山東饑，羣盜起，乃謀曰：「往文皇帝時，天下盛彊，發百萬衆伐遼東，猶爲所敗。今水潦爲災，民力刓敝，主上不是恤，而親駕臨遼。且往歲西征，十不一返，今創夷未平，又重發兵，人情危駭，易以搖動。丈夫不死，當建功于世，渠爲亡命虜乎！我聞高雞泊廣袤數百里，葭薍阻奥，可以違難；承間竊出，椎埋掠奪，足以自資。因得聚豪桀，且觀時變，以就大計。」安祖然之。建德爲招亡兵及民無產者數百，使安祖率之，入高雞爲盜，安祖號「摸羊公」。

時鄃人張金稱亦結衆萬餘，依河渚間；蓨人高士達兵千餘屯淸河鄙上。諸盜往來漳南者多剽殺人，焚鄉聚，獨不入建德閭，郡縣意建德與賊通，捕族其家。建德至河間，聞家屠滅，卽率麾下二百人亡歸士達。士達自稱東海公，以建德爲司兵。安祖爲金稱所殺，其下數千人歸建德，衆益盛，至萬人，猶保高雞泊。然傾身接物，其執苦與士卒均，由是能致人死力。

十二年，涿郡通守郭絢率兵萬人討士達，士達自以智略不及建德，乃推爲軍司馬，以兵屬焉。建德旣統衆，思用奇厭伏羣盜，乃請士達守輜重，自以精兵七千迎絢，詐爲亡狀。士達取所虜，陽言建德妻子，殺之。建德遺絢書約降，請前驅執賊自效。絢信之，引兵從建德至長河界，欲與盟，兵懈不設備。建德襲殺其軍數千人，獲馬千匹，絢以數十騎去，追斬於平原，獻首士達，威振山東。

隋遣太僕卿楊義臣討破張金稱於淸河，殘黨畏誅，復屯嘯歸建德。義臣乘勝欲遂入高雞泊，窮剗根穴。建德謂士達曰：「隋善將獨義臣耳，新破金稱，其鋒不可當。宜引兵避之，彼欲戰不得，軍老食乏，乘之可有功。」士達不納。留建德守壁，身將兵逆戰，置酒享士。建德聞，曰：「東海公未捷，遽自矜大，禍至不日矣。隋兵勝，必長驅而來，吾不能獨支。」乃留衆保壁，帥銳士據險待。後五日，義臣斬士達於陣，追北薄壘，守兵潰。建德不能軍，以百餘騎走饒陽，饒陽無備，因取之。義臣已殺士達，謂餘黨不足憂，引去。故建德得還平原，收士達士死喪葬焉。爲士達發喪，軍皆縞素。招潰卒，得數千人，軍復振，自稱將軍。初，他盜得隋官及士人必殺之，唯建德恩遇甚備，引故饒陽長宋正本爲客，尊任之，參決軍議。隋郡縣吏多以地歸之，勢益張，兵至十餘萬。上谷賊王須拔自號「漫天王」，以兵略幽州，戰死。其下魏刀兒號「歷山飛」，壁深澤，衆十萬。建德以計襲取之，并有其地。

十三年正月，築壇場於河間樂壽，自立爲長樂王。

十四年五月，更號夏王，建元丁丑，署官屬，分治郡縣。

七月，隋右翊衞將軍薛世雄督兵三萬討之，屯河間七里井，建德以勁兵伏旁澤中，悉拔諸城僞遁。世雄以爲畏，稍弛備，建德率敢死士千人襲之。會大霧晝冥，跬不可視，隋軍驚，遂潰，相騰藉，死者如丘，世雄引數百騎亡去。盡得其衆，獲河間丞王琮，勞遣之。琮復嬰城，建德進攻未下，而河間食盡，聞煬帝遇弒，琮率吏發喪，乘城大臨，建德遣使入弔，琮因請降。建德爲退舍，飭饌具。琮率郡屬素服面縛軍門，建德親釋徽纆，與言隋之亡，琮伏哭極哀，建德亦爲泣。麾下或言：「河間久拒守，多殺士，今力窮而下，請烹之。」建德曰：「琮，誼士也，吾方旌擢以勵事君者。且往爲盜，可妄殺人，今將安百姓，定天下，而害忠臣乎？」即令其軍曰：「與琮隙者敢輒搖，罪三族！」乃授琮瀛州刺史。

始都樂壽，號金城宮，備百官，準開皇故事。多至，大會僚吏，有五大鳥集其宮，羣鳥從之。又宗城人獻玄圭一，景城丞孔德紹曰：「昔天以是授禹，今瑞與之侔，國宜稱夏。」建德然之。改元五鳳，以德紹爲內史侍郎。

武德元年，宇文化及至魏縣，建德謂其納言宋正本及德紹曰：「吾，隋民也；隋，吾君也。今化及殺之，大逆不道，乃吾讎，欲爲天下誅之，何如？」正本等曰：「大王奮布衣，起漳南，隋之列城莫不爭附者，以能杖順扶義、安四方也。化及爲隋姻里，倚之不疑，今戕君而移其國，仇不共天，請鼓行執其罪。」建德善之。卽引兵討化及，連戰破之。化及保聊城，乃縱撞車機石，四面乘城，拔之。建德入，先謁蕭皇后，語稱臣。執宇文智及、楊士覽、元武達、許弘仁、孟景等，召隋文武官共臨斬之，梟首轅門；囚化及幷其子，載以檻車，至大陸縣斬之。

建德性約素，不喜食肉，飯脫粟加蔬具，妻曹未嘗衣紈綺。及爲王，妾侍裁十數。每下城破敵，貲寶並散賚將士。至是，得隋宮人尚千數，悉放去；其文武、驍果尚萬餘，各聽所之。乃以誅化及報越王侗，侗封之夏王，遂號大夏。以隋黃門侍郎裴矩爲尚書右僕射，兵部侍郎崔君肅爲侍中，少府令何稠爲工部尚書，餘隨才署職，委以政事。有願往關中及東都者，恣聽不留，仍給道里費，以兵護出于境。

二年，陷邢、趙、滄三州。復陷冀州，執刺史麴稜，赦之，復以爲刺史。八月，陷洛州，虜刺史袁子幹，遂遷都焉，更號萬春宮。使人如灌津祠充墓，置守冢三十家。又遣使朝侗，因與王世充結歡，北聘突厥，士馬益精雄。俄而世充廢侗，乃絕之。始建天子旌旗，出入警蹕，書稱詔。追謚隋煬帝爲閔帝，以齊王暕子政道爲鄖公。義成公主在突厥，遣使迎蕭后，建德自將千餘騎送之，并獻化及首。

未幾，連突厥侵相州，刺史呂珉死之。進攻衞州，執河北大使淮安王神通、同安長公主、黎陽守將李世勣，釋之。復使世勣守黎陽，館王、公主，饋以客禮。滑州刺史王軌爲奴所殺，奴以首奔建德，建德曰：「奴殺主，大逆。納之不可不賞，賞逆則廢教，將焉用爲？」命斬奴而返軌首，滑人德之，遂降，齊、濟二州亦降。兗賊徐圓朗聞風送款。

三年，世勣自拔歸國，吏白建德誅其父，建德曰：「世勣，唐臣，不忘其主，忠也。父何罪？」釋不問。高祖遣使脩好，建德即以公主等歸京師。嘗執趙州刺史張志昂、邢州刺史陳君賓、大使張道源等，將殺之，國子祭酒凌敬諫曰：「夫犬吠非其主，彼悉力堅守，以窮就禽，伏節士也。今殺之，無以勸。」建德怒曰：「我傅其城，猶不下，勞費士旅，何可赦？」敬曰：「王之大將高士興抗羅藝於易南，兵未交，士興即降，王以爲可乎？」建德悟，即釋之。然其大將王伏寶數持兵，功略在諸帥上，或讒其反，建德殺之。伏寶臨死呼曰：「我無罪，王何信讒，自刈左右手乎？」後戰數不利。

九月，建德自帥師圍幽州，爲羅藝所敗，藝乘勝襲其營，建德陣營中，塡塹而出，敗藝衆，進薄其城，不能拔，乃還。濟陰賊孟海公兵三萬，據周橋城以掠河南，建德自擊之。會秦王伐東都，其中書舍人劉斌獻說曰：「唐據關內，鄭王河南，夏有冀方，此鼎足相持勢也。今唐悉兵臨鄭，出入二年，鄭人日蹙。二國兵不解，唐彊鄭弱，勢必舉鄭，鄭滅則大夏有齒寒之憂。爲大王計，莫若援鄭，使鄭抗其內，我攻其外，唐之兵必卻，唐卻而鄭完，然後徐觀其變。鄭若可圖，因而取之，幷二國兵，乘唐師老，長驅而西，關中可遂有也。」建德曰：「善。」乃遣使聘世充，與連和，會世充亦自乞師，卽令其臣李大師、魏處繪來朝，請解鄭圍，秦王留之不答。

四年，建德克周橋，虜海公，留其將范願戍之。悉發海公、徐圓朗之衆，幷兵號三十萬救世充，至滑州，世充行臺僕射韓弘開城納之。建德進逼元、梁、管三州，皆陷，遂屯滎陽。運糧泝河西上，舟相屬不絕。壁成皋東原，築營板渚。遣使與世充約期，又遺秦王以書。

三月，王進據虎牢。翌日，以騎五百覘建德營，設伏道側，獨以數騎去賊營三里，覺，賊出騎追之，王漸卻，誘至伏所，卒起奮擊。賊騎驚，引去，追斬三百級，獲其將殷秋、石瓚，乃報建德以書。建德失二將，又聞唐兵精，得書猶豫，頓六十日不敢西。

時世充弟世辯爲徐州行臺，亦遣將郭士衡、兵數千人從建德，王遣王君廓以輕騎抄其饟，執賊大將張青特。建德懼，人情攜駭，其諸將又新破海公，掠獲盈給，日夜思歸。凌敬說建德曰：「今唐以重兵圍東都，守虎牢，我若悉兵濟河，取懷州河陽，以重將戍之，然後鳴鼓建旗，踰太行，入上黨，傳檄旁郡，進壺口以駭蒲津，收河東地，此上策也。且有三利：乘虛擣境，師有萬全，一也；拓土得衆，二也；鄭圍自解，三也。」建德將從之，而王琬、長孫安世日請兵西，每言必流涕，又陰齎金玉啗諸將，以橈其謀。衆乃曰：「凌敬書生，豈知戰？」建德乃謝曰：「今士心銳，天贊我也，師將大捷。方用衆議，不得如公言。」敬固爭，建德怒，命扶出。其妻諫曰：「祭酒計甚善，王盍用之？夫自滏口道乘唐之虛，連營漸進以取山北，因招突厥西抄關中，唐必還師自救，鄭難紓矣。今頓兵虎牢下，徒自苦，恐無功。」建德曰：「此非女子所知。且鄭朝暮待吾來，既許之，豈可見難而退，且示天下不信。」

五月，建德自板渚出爲陣，西薄汜南，屬鵲山，亙二十里，鼓而前。郭士衡爲游兵。秦王登虎牢城望其軍，按甲不戰，曰：「賊起山東，未嘗見大敵，今度險士囂，令不肅也；逼城而陣，有輕我心。待其飢，破之果矣。」日中，建德士皆坐列，渴爭飲，意益怠。王麾軍先登，騎怒，塵大漲，乃率史大柰、秦叔寶纏麾幟，馳出賊陣後，建德軍顧而驚，遂大潰。建德被重創，竄牛口谷。車騎將軍白士讓、楊武威獲之，傳而西，斬長安市，年四十九。初，其軍有謠曰：「豆入牛口，勢不得久。」至是果敗。

建德妻與其左僕射齊善行以騎數百遁還洺州。餘黨欲立其養子爲主，善行曰：「夏王奄定河朔，號爲威彊，今一出不復，非天命有歸哉？不如委心請命，無爲塗炭生民也！」遂分府庫散給將士，令各解去。善行乃與右僕射裴矩、行臺曹旦率官屬及建德妻奉山東地幷傳國八璽來降。建德起兵至滅凡六年。

贊曰：煬帝失德，天醜其爲，生人顩辜，羣盜乘之，如蝟毛而奮。其劇者，若李密因黎陽，蕭銑始江陵，竇建德連河北，王世充舉東都，皆磨牙搖毒以相噬螫。其間亦假仁義，禮賢才，因之擅王僭帝，所謂盜亦有道者。本夫孽氣腥餤，所以亡隋，觸唐明德，折北不支，禍極凶殫，乃就殲夷，宜哉！

唐書卷八十六

列傳第十一

薛舉 仁杲 李軌 劉武周 高開道 劉黑闥 徐圓朗

薛舉，蘭州金城人。容貌魁岸，武敢善射。殖產鉅萬，好結納邊豪，爲長雄。隋大業末，任金城府校尉。會歲凶，隴西盜起，金城令郝瑗將討賊，募兵數千，檄舉將。始授甲，大會置酒，舉與子仁杲及其黨劫瑗于坐，矯稱捕反者，即起兵，囚郡縣官，發粟以賑貧乏，自號西秦霸王，建元秦興，以仁杲爲齊公，少子仁越爲晉公。它賊宗羅睺帥衆下之，以爲義興公。更招附餘盜，剽馬牧。兵鋒銳甚，所徇皆下。

隋將皇甫綰兵萬人屯枹罕，舉以精卒二千襲之，遇於赤岸。大風且澍，逆舉陣，綰不擊。俄反風，綰屯，氣色曀冥，部伍錯亂，舉介騎先衆乘之，綰陣大潰，進陷枹罕。岷山羌鍾利俗以衆二萬降，舉大振。進仁杲爲齊王、東道行軍元帥，羅睺爲義興王副之；仁越晉王、河州刺史。因徇下鄯、廓二州。不閱旬，盡有隴西地，衆十三萬。

十三年，僭帝號于蘭州，以妻鞠爲后，仁杲爲太子。即其先墓置陵邑，立廟城南，陳兵數萬，展墓訖，大饗。使仁杲圍秦州；仁越趨劍口，掠河池，太守蕭瑀拒卻之。遣將常仲興度河擊李軌，與軌將李贇戰昌松，仲興敗，軍沒於軌。仁杲克秦州，舉往都之。

仁杲寇扶風，汧源賊唐弼拒，不得進。初，弼立李弘芝爲天子，有衆十萬。舉遣使招弼，弼殺弘芝從舉。仁杲間弼無備，襲之，盡奪其衆，弼以數百騎走。軍益張，號二十萬，將窺京師。會高祖入關，遂留攻扶風，秦王擊破之，斬首數千級，逐北至隴還。舉畏王，遂踰隴走，問其下曰：「古有降天子乎？」僞黃門侍郎褚亮曰：「昔趙佗以南粤歸漢，蜀劉禪亦仕晉，近世蕭琮，其家今存，轉禍爲福，嘗有之。」衞尉卿郝瑗曰：「亮之言非也。昔漢祖兵屢敗，蜀先主嘗亡其妻子。夫戰固有勝負，豈可一不勝便爲亡國計乎？」舉亦悔其言，乃曰：「聊試公等。」即厚賜瑗，以爲謀主。瑗請連梁師都，厚賂突厥，合從東向。舉從之，約突厥莫賀咄設犯京師。會都水監宇文歆使突厥，歆說止其兵，故舉謀塞。

武德元年，豐州總管張長遜擊羅睺，舉悉兵援之，屯析墌，以游軍掠岐、豳。秦王禦之，次高墌，度舉糧少，利速鬭，堅壁老其兵。會王疾，臥屯不出，而舉數挑戰。行軍長史劉文靜、殷開山觀兵於高墌，恃衆不設備，舉兵掩其後，遂大敗，死者十六，大將慕容羅睺、李安遠、劉弘基皆沒。王還京師，舉拔高墌，仁杲進逼寧州。郝瑗謀曰：「今唐新破，將卒禽俘，人心搖矣，可乘勝直趨長安。」舉然之。方行而病，召巫占視，言唐兵爲祟，舉惡之，未幾死。仁杲代立，僞謚舉武皇帝，未葬而仁杲滅。

仁杲多力善騎射，軍中號萬人敵，性賊悍。初，舉每破陣，軍獲俘，仁杲必斷舌刈鼻，或舂斮之。其妻亦凶暴，喜鞭楚人，見不勝痛宛轉於地者，則埋其足，露腹背受棰。人畏而不親。仁杲多殺人，淫略民人妻妾。嘗得庾信子立，怒其不降，磔之火，漸割以啖士。拔秦州，取富人倒縣，以酢注鼻，或杙其隱，以求財。雖舉殘猛，亦惡之，每戒曰：「汝材略足辦事，而傷於虐，終覆吾宗。」

及繼立，與諸將素有隙者，咸猜懼。郝瑗哭舉，病不起，繇是兵稍衰。秦王率諸將復壁高墌，諸將請戰，王曰：「我軍新衄，銳氣少；賊驟勝而驕，有輕我心。我閉壁以折之，伺衰而擊，可一戰禽也。」因令軍中曰：「敢言戰者斬！」久之，仁杲糧乏，挑戰，不許。其將牟君才、內史令翟長孫以衆降，左僕射鍾俱仇以河州降。王策賊可破，遣將軍龐玉擊宗羅睺於淺水原，戰酣，王以勁兵擣其背，羅睺敗，王率騎追奔，於是悉軍馳之，曰：「勢破竹，不可失也。」夜半，至析墌；遲明，圍合。仁杲率僞官屬降，王受之，以仁杲歸京師，及酋黨數十人皆斬之。舉父子盜隴西五年滅〔一〕。

初，仁杲降，諸將賀，且問曰：「羅睺雖破，而賊城尚堅，王能下之，何也？」王曰：「羅睺健將，非急追之，使得還城，未可取也。故吾使賊不及計，是以克之。」諸將咨服。

仁杲已敗，其將旁企地降，詔即統其兵，未幾復叛。企地，羌豪也，舉父子信倚之。至是入南山，繇商洛出漢川，衆數千，所過剽害，敗大將龐玉。至始州，掠王氏女，醉寢于野，王取企地所佩刀斬之，送首梁州。詔封女爲崇義夫人。

李軌字處則，涼州姑臧人。略知書，有智辯。家以財雄邊，好賙人急，鄉黨稱之。隋大業中，補鷹揚府司兵。薛舉亂金城，軌與同郡曹珍、關謹、梁碩、李贇、安脩仁等計曰：「舉暴悍，今其兵必來。吏孱怯，無足與計者。欲相戮力，據河右，以觀天下變，庸能束手以妻子餌人哉？」衆允其謀，共舉兵，然莫適敢主。曹珍曰：「我聞讖書，李氏當王。今軌賢，非天啓乎！」遂共降拜以聽命。脩仁夜率諸胡入內苑城，建旗大呼，軌集衆應之，執虎賁郎將謝統師、郡丞韋士政，遂自稱河西大涼王，署官屬，準開皇故事。

初，突厥曷娑那可汗弟達度闕設內屬，保會寧川，至是稱可汗，降於軌。謹等議盡殺隋官，分其產。軌曰：「諸公既見推，當稟吾約。今軍以義興，意在救亂，殺人取財是爲賊，何以求濟乎？」迺以統師爲太僕卿，士政太府卿。會薛舉遣兵來侵，軌遣將敗之昌松，斬首二千級，悉虜其衆，軌縱還之。李贇曰：「今力戰而俘，又縱以資敵，不如盡阬之。」軌曰：「不然。若天命歸我，當禽其主，此皆我有也；不者，徒留何益？」遂遣之。未幾，拔張掖、燉煌、西平、枹罕，悉有河西。

武德元年，高祖方事薛舉，遣使涼州，璽書慰結，謂軌爲從弟。軌喜，乃遣弟懋入朝。帝拜懋大將軍，還之，詔鴻臚少卿張俟德持節册拜軌涼王、涼州總管，給羽葆鼓吹一部。會軌僭帝號，建元安樂，以其子伯玉爲太子，長史曹珍爲尚書左僕射，攻陷河州。俟德至，軌召其下議曰：「李氏有天下，曆運所屬，已宅京邑。一姓不可競王，今欲去帝號，東向受册，可乎？」曹珍曰：「隋亡，英雄猋起，號帝王者瓜分鼎峙。唐自保關、雍，大涼奄河右，業已爲天子，奈何受人官？必欲以小事大，請行蕭詧故事，稱梁帝而臣於周。」軌從之，乃遣僞尚書左丞鄧曉來朝，奉書稱「從弟大涼皇帝」。帝怒曰：「軌謂朕爲兄，此不臣也。」囚曉不遣。

初，軌以梁碩爲謀主，授吏部尚書。碩有算略，衆憚之，嘗見故西域胡種族盛，勸軌備之，因與戶部尚書安脩仁交怨；又軌子仲琰嘗候碩，碩不爲起，仲琰憾之。乃相與譖碩。軌不察，齎鴆其家殺之，繇是故人稍疑懼，不爲用。有胡巫妄曰：「上帝將遣玉女從天來。」遂召兵築臺以候女，多所糜損。屬荐飢，人相食，軌毀家貲賑之，不能給，議發倉粟，曹珍亦勸之。謝統師等故隋官，內不附，每引結羣胡排其用事臣，因是欲離沮其衆，乃廷詰珍曰：「百姓餓死皆弱不足事者，壯勇士終不肯困。且儲廪以備不虞，豈宜妄散惠孱小乎？僕射苟附下，非國計。」軌曰：「善。」乃閉粟。下益怨，多欲叛去。

會脩仁兄興貴本在長安，自表詣涼州招軌。帝曰：「軌據河西，連吐谷渾、突厥，今興兵討擊尚爲難，單使弄頰可下邪？」興貴曰：「軌盛彊誠然，若曉以逆順禍福，宜聽。如憑固不受，臣世涼州豪望，多識其士民，而脩仁爲軌信任，典事樞者數十人，若候隙圖之，無不濟。」帝許之。興貴至涼州，軌授以左右衞大將軍，因間訪興貴以自安策。興貴對曰：「涼州僻遠，財力凋耗，雖勝兵十萬，而地不過千里，無險固自守。又濱接戎狄，戎狄，豺狼也，非我族類。今唐家據京師，略定中原，攻必下，戰必勝，蓋天啓也。若舉河西地奉圖東歸，雖漢竇融未足吾比。」軌默不答，久之，曰：「昔吳王濞以江左兵猶稱己爲東帝，我今舉河右，不得爲西帝乎？雖唐彊大，如我何？君無爲唐誘致我。」興貴懼，謝曰：「竊聞富貴不居故鄉，如衣錦夜行。今合宗蒙任，敢有它志！」興貴知軌不可以說，乃與脩仁等潛引諸胡兵圍其城，軌以步騎千餘出戰。先是，薛舉柱國奚道宜率羌兵奔軌，軌許以刺史而不與，道宜怨，故共擊軌。軌敗入城，引兵登陴，須外援。興貴傳言曰：「唐使我來取軌，不從者罪三族。」於是諸城不敢動。軌嘆曰：「人心去矣，天亡我乎？」攜妻子上玉女臺，屬酒爲別。脩仁執送之，斬於長安。自起至亡凡三年。詔興貴爲右武候大將軍，封涼國公，賜帛萬段；脩仁左武候大將軍，中國公；並給田宅，封六百戶。

時鄧曉聞軌敗，入賀帝。帝曰：「而委質李軌，以使來，聞其亡，不少慼，乃蹈抃以悅我。不盡心於軌，能竭節於我乎？」遂廢不齒。

劉武周，瀛州景城人。父匡，徙馬邑。母趙嘗夜坐廷中，見若雄雞，光燭地，飛投其懷，起振衣，無有，感而娠，生武周。

武周爲人驍悍，善騎射，喜交豪桀。兄山伯嘗詈辱之曰：「汝不擇所與，必滅吾宗！」武周因去至洛，爲太僕楊義臣帳下。募征遼，有功，補建節校尉。還馬邑，爲鷹揚府校尉。太守王仁恭以其州里雄，頗愛遇之，令總虞候，直閤下。久之，盜仁恭侍兒，懼覺誅，又見天下已亂，陰有異計，因宣言于衆曰：「今歲饑，死者骨相枕於野，府君閉倉不卹，豈憂百姓意乎？」以市怒其軍，皆憤怨。武周知人已搖，因稱疾臥家，豪桀往候謁，遂椎牛縱酒大言曰：「盜賊方起，衆又飢，壯士守分，死溝壑。今官粟紅腐于倉，誰能與我共取之？」諸惡少年皆願從。隋大業十三年，與其徒張萬歲等十餘人候仁恭視事，武周上謁，萬歲自後入斬仁恭，持首出徇，郡中無敢動者。遂開倉賑窮絕，馳檄屬城，皆下，得兵萬餘，自稱太守，遣使附突厥。

鴈門丞陳孝意、虎賁郎將王智辯合兵圍其桑乾鎮，會突厥至，武周與共擊智辯，破之，孝意奔還鴈門，鴈門人殺之，以城歸武周。武周因襲破樓煩，進據汾陽宮，取宮人賂突厥，始畢可汗報以馬，其衆遂大，攻得定襄。突厥以狼頭纛立武周爲定楊可汗，僭稱皇帝，以妻沮爲后，建元天興，衞士楊伏念爲左僕射，妹壻苑君璋爲內史令。

初，上谷賊宋金剛有衆萬餘，與魏刀兒連和。刀兒爲竇建德所攻，金剛救之，大敗，率餘衆四千保西山。建德招之，金剛恚曰：「建德殺魏王，吾義不往，諸君可以吾首取富貴。」乃拔刀，將自刎，衆抱之泣，遂與皆歸武周。武周素聞金剛善兵，得之喜，封爲宋王，屬以軍，分家貲半遺之。金剛亦自結，出其妻而聘武周妹，說武周取晉陽，南向爭天下。武周授金剛西南道大行臺。

武德二年，總兵二萬入寇，次黃蛇鎮，又連突厥，鋒無前，遂破榆次，拔介州，進圍太原。詔遣太常少卿李仲文禦之，爲賊所執，舉軍沒，仲文逃還。賊因破平遙，取石州，殺刺史王儉，略浩州。詔右僕射裴寂爲晉州道行軍總管拒之，寂戰敗績。齊王元吉委幷州遁，武周入據之。遣金剛攻陷晉州，執右驍衞將軍劉弘基，進破澮州。夏縣人呂崇茂殺其令，自號魏王以應賊。隋河東守將王行本與武周合。關中震動。

高祖詔秦王督兵進討，屯柏壁。又詔永安王孝基與于筠、獨孤懷恩、唐儉等攻夏縣，不克，軍城南。崇茂與賊將尉遲敬德襲破孝基軍，四將被執。敬德還澮州，王邀戰，破之於美良川。敬德復與別帥尋相援王行本於蒲，王又破却其軍，蒲州降。帝幸蒲津關，王自柏壁輕騎謁行在，金剛遂圍絳州。王還屯，金剛引退。武周攻李仲文於浩州，不勝。遣將黄子英護饟道，驃騎大將軍張德政襲斬之，虜其衆，武周部將稍離。金剛以糧道乏卒飢引去，王追至雀鼠谷，日中八戰，賊皆敗，斬級數萬，獲輜重千乘。金剛走介州，官軍迫之，以餘衆二萬出西門，背城陣，亙七里。王令李世勣、程齩金、秦叔寶爲北軍，翟長孫、秦武通爲南軍。旣戰，小卻，王以精騎突擊破之，金剛將輕騎去，賊將尉遲敬德、尋相、張萬歲降，收其精兵，遂復介州。武周引騎五百，棄并州，北走突厥。金剛收散卒，將還拒，衆不爲用，亦以百騎奔突厥。并州平，河東地盡復。未幾，金剛背突厥，欲還上谷，爲其追騎斬之。武周亦謀歸馬邑，計露，突厥殺之。起兵六年而滅。

高開道，滄州陽信人。世煮鹽爲生。少驍勇，走及奔馬。隋大業末，依河間賊格謙，未甚奇之。會謙爲隋兵圍捕，左右奔散，無救者，開道獨身決戰，殺數十人，捕兵解，謙得免，遂引爲將軍。謙滅，與其黨百餘人亡海曲。後出剽滄州，衆稍附，因北掠戍保，自臨渝至懷遠皆破有之。復引兵圍北平，未下，隋守將李景自度不能支，拔城去，開道據其地。武德元年，陷漁陽郡有之。有鎧馬數千，衆萬人，自號燕王。

先是，懷戎浮屠高曇晟因縣令具供，與其徒襲殺令，僞號大乘皇帝，以尼靜宣爲耶輸皇后，建元法輪，遣使約開道爲兄弟，封齊王，開道引衆從之。居三月，殺曇晟，并其衆，復稱燕王，建元，署置百官。

竇建德圍羅藝於幽州，藝請救，開道以騎二千赴之，建德解去，乃因藝使請降，詔以爲蔚州總管、上柱國、北平郡王，賜姓李。開道以輕騎五百抵幽州，欲圖藝。自從數騎入都督府，且覲藝，藝與張飲盡歡，知不可圖，遂去。五年，幽州饑，開道許輸以粟。藝遣老弱湊食，皆厚遇之。藝悅，不爲虞，更發兵三千、車數百、馬驢千往請粟，開道悉留不遣，遂北連突厥，告絕於藝，復稱燕，與劉黑闥聯兵入寇。開道攻易州不克，遣將謝稜詭降於藝，請兵應接。藝衆至，稜縱擊破之，因導突厥俱南，恆、定、幽、易等騷然罹患。頡利以開道善攻具，與俱攻馬邑，拔之。時羣盜相繼平，開道欲降，自疑反覆得罪，猶恃突厥自安。然將士多山東人，思歸，衆益厭亂。

初，開道募壯士數百爲養子，衞閤下，及劉黑闥將張君立亡歸，開道命與愛將張金樹分督之。金樹潛令左右數人僞與諸養子戲，至夕，入閤，絕其弓弦，又取刀矟聚牀下。旣暝，金樹以其徒譟攻之，數人者抱刀矟出閤。諸義子將搏戰，亡弓矟。君立舉火外城應之，帳下大擾，養子窮，爭歸金樹。開道顧不免，擐甲挺刃據堂坐，與妻妾奏妓飮酒，金樹畏不敢前。天且明，開道先縊其妻妾及諸子而後自殺。金樹羅兵取養子，皆斬之，亦殺君立而歸。開道起兵凡八年滅。以其地爲嬀州，詔以金樹爲北燕州都督。

劉黑闥，貝州漳南人。嗜酒，喜蒱博，不治產，亡賴，父兄患苦之。與竇建德少相友，建德每資其費，黑闥所得輒盡，建德亦弗之計。

隋末，亡命從郝孝德爲盜，後事李密爲裨將。密敗，王世充虜之，以其武健，補馬軍總管，鎭新鄉。時李世勣陷於竇建德，建德使攻新鄉，虜黑闥獻之，建德用爲將，封漢東郡公。黑闥與諸盜游，素彊武，多狙詐。建德有所經略，常委以斥候，陰入敵中覘虛實，每乘隙奮奇兵，出不意，多所摧克，軍中號爲神勇。

武德四年，建德敗，還匿漳南，杜門不出。會高祖召建德故將范願、董康買、曹湛、高雅賢，將用之。願等疑畏，謀曰：「王世充舉洛陽降，驍將楊公卿、單雄信之徒皆夷滅。今召吾等，若西入關，必無全。且夏王於唐固有德，往禽淮安王、同安公主，皆厚遣還之。今唐得夏王，卽加害。我不以餘生爲王復讎，無以見天下義士。」於是謀反。卜所主，劉氏吉。共往見故將劉雅，告之，雅不從，衆怒，殺雅去。范願曰：「漢東公黑闥果敢多奇略，寬仁容衆，恩結士卒。吾嘗聞劉氏當王，今欲收夏王亡衆，集大事，非其人莫可。」乃之漳南，謁黑闥以告。黑闥喜，椎牛饗士，得兵百餘人。襲漳南縣破之。貝州刺史戴元祥、魏州刺史權威合勢討擊，元祥等皆敗死，收其器械，有衆千人。建德故時左右稍歸之，兵寖盛。乃設壇漳南，祭建德，告以舉兵意。自稱大將軍。陷歷亭，殺守將王行敏。饒陽賊崔元遜攻陷深州，殺刺史裴晞應之。兗州賊徐圓朗亦相連和。遂取瀛州，攻定州，殘之。乃移檄趙、魏，建德將吏往往殺令、尉附賊。北連高開道，勢雄張。進至宗城，衆數萬。黎州總管李世勣戰敗，走洛州，黑闥追之，步卒五千皆覆，世勣挺身免。乃以王琮爲中書令，劉斌爲中書侍郎，遣使北結突厥頡利，頡利遣俟斤宋邪那率騎從之，軍大振，不半年，盡有建德故地。高祖詔秦王及齊王元吉討之。

五年，黑闥陷相州，號漢東王，建元天造，以范願爲左僕射，董康買兵部尚書，高雅賢爲左領軍，王小胡爲右領軍，召建德僚屬，悉復用之，都洛州。秦王率兵次汲，數困賊，進下相州。棣州人復殺刺史叛歸黑闥。二月，秦王破之于列人，取洛水，使總管羅士信守之。黑闥攻陷洛水，士信死。王阻水爲連營，分奇兵絕其餽路。黑闥數挑戰，堅壁不爲動。三月，賊糧盡，王度必決戰，豫壅洛水上流，敕吏曰：「須賊度，亟決之。」黑闥果率騎二萬絕水陣，與王師大戰，衆潰，水暴至，賊衆不得還，斬首萬餘級，溺死數千，黑闥與范願等以殘騎奔突厥。山東平，秦王還。

黑闥藉突厥兵復入寇，攻定州。舊將曹湛、董康買先逃鮮虞〔三〕，聚兵應之。帝以淮陽王道玄爲河北總管，與原國公史萬寶討賊，戰下博，敗績，道玄死于陣，萬寶輕騎逸，繇是河北復叛歸賊。黑闥仍都洛州。九月，略瀛州，殺刺史。詔齊王元吉擊之，不進。又詔皇太子督兵幷力，頻戰皆捷。十二月，皇太子、齊王悉兵戰館陶，黑闥大敗，引軍走，躡北至毛州。黑闥整衆，背永濟渠陣，縱騎搏之，賊赴水死者數千，黑闥遁去。騎將劉弘基追躄，賊不得休。明年正月，馳至饒陽，騎能屬者纔百餘，困且餒。黑闥所署總管崔元遜迎拜，延之入。黑闥不許，元遜固請，且泣，乃進城下。元遜饋之，方飯，車騎諸葛德威勒兵前，黑闥罵曰：「狗輩負我！」遂執詣皇太子所斬之。德威舉郡降，山東遂定。餘黨及突厥兵間道亡，定州總管雙士洛邀戰，破平之。

初，秦王建天策府，其弧矢制倍於常。逐黑闥也，爲突厥所窘，自以大箭射卻之。突厥得箭，傳觀，以爲神。後餘大弓一、長矢五，藏之武庫，世寶之，每郊丘重禮，必陳于儀物之首，以識武功云。

徐圓朗者，兗州人。隋末爲盜，據本郡，以兵徇琅邪以西，北至東平，盡有之，勝兵二萬，附李密。密敗，歸竇建德。山東平，授兗州總管、魯郡公。

高祖遣葛國公盛彥師安輯河南，抵任城，會黑闥兵起，圓朗執彥師應之，自號魯王，黑闥以爲大行臺元帥。兗、鄆、陳、杞、伊、洛、曹、戴等州豪桀皆殺吏應賊。秦王已破黑闥，遣兵屯濟陰經略之。圓朗懼。河間人劉復禮說圓朗曰：「彭城有劉世徹，才略不常，有異相，士大夫許其必王。將軍欲自用，恐敗，不如迎世徹立之，功無不濟。」圓朗謂然，乃迎之。盛彥師以世徹若聯叛，禍且不解，即謬說曰：「聞公迎劉世徹，信乎？公亡無日矣！獨不見翟讓用李密哉？」圓朗信之。世徹至，奪其兵，以爲司馬，遣徇地，所至皆下，忌而殺之。會淮安王神通、李世勣合兵攻圓朗，圓朗數敗，總管任瓌遂圍兗州，降者爭踰城。圓朗窮，棄城，與下數騎夜亡，爲野人所殺。

校勘記

〔一〕舉父子盜隴西五年滅　按隋書卷四煬帝紀、本書及舊書卷一高祖紀、通鑑卷一八三、一八六，薛舉父子以大業十三年四月起兵，武德元年十一月敗亡，前後不到二年。

〔二〕舊將曹湛　「湛」，各本原作「該」。據本卷上文、舊書卷五五劉黑闥傳及通鑑卷一九〇改。

唐書卷八十七

列傳第十二

蕭銑　輔公祏　沈法興　李子通 朱粲 林士弘 張善安　梁師都 劉季眞

蕭銑，後梁宣帝曾孫也。祖巖，開皇初叛隋降陳，陳亡，文帝誅之。銑少貧，傭書，事母孝。煬帝以外戚擢爲羅川令。

大業十三年，岳州校尉董景珍、雷世猛，旅帥鄭文秀、許玄徹、萬瓚、徐德基、郭華，沔人張繡等謀反隋，且推景珍爲主，景珍曰：「吾素微，雖假名號，衆不厭。羅川令，故梁裔也，寬仁大度，有武皇遺風。且吾聞帝王之興，必有符命。隋冠帶悉號『起梁』，蕭氏中興象也。今推之，以應天順人，不亦可乎？」乃遣人告銑。銑卽報景珍書曰：「我先君昔事隋，職貢無廢，乃貪我土宇，滅我宗祊，我是以痌心疾首，思刷厥恥。今天誘乃衷，公等降心，將大復梁緒，徼福于先帝；吾敢不糾厲士衆以從公哉！」卽募兵數千，揚言跡盜，將以應景珍。

會潁川賊沈柳生寇縣，銑出戰不利，謂其下曰：「岳陽豪桀將推我爲主，今天下叛隋，吾能守節獨完哉？且吾先人國于此，若徇其請復梁祚，因以半紙檄召羣盜，誰敢不從？」衆悅。乃以十月稱梁公，旂幟服色悉用其舊。柳生以衆歸銑，用爲車騎大將軍。不五日，遠近爭附，衆數萬，乃趨巴陵。景珍遣徐德基、郭華率彊姓數百迎謁，而先見柳生。柳生與其下謀曰：「梁公起，我最先附，勳第一。今岳陽兵衆而位多，誰肯爲我下？不如殺德基，質其人，獨挾梁主以進，則吾誰先？」因殺德基，詣中軍白銑。銑驚曰：「今欲撥亂，遽自相屠，我不能爲若主矣！」步出軍門。柳生懼，伏地請罪。銑責宥之，陳兵而進。景珍曰：「德基倡義竭誠，柳生擅殺之，不誅，無以爲政。且凶賊與共處，必爲亂。」銑因斬柳生。於是築壇城南，柴上帝，自稱梁王。有異鳥至，建元爲鳳鳴。

義寧二年，僭稱皇帝，署百官，一用梁故事。追謚從父琮爲孝靖帝，祖巖河間忠烈王，父璿文憲王。封景珍晉王，雷世猛秦王，鄭文秀楚王，許玄徹燕王，萬瓚魯王，張繡齊王，楊道生宋王。隋將張鎮州、王仁壽擊銑，不能克，及隋亡，乃與甯長眞等率嶺南州縣降於銑。時林士弘據江南，銑遣將蘇胡兒拔豫章，使楊道生取南郡，張繡略定嶺表。西至三峽，南交阯，北距漢水，皆附屬，勝兵四十萬。

武德元年，徙都江陵，復園廟。引岑文本爲中書侍郎，掌機密。遣道生攻峽州，刺史許紹擊破之，士死過半。

三年，高祖詔夔州總管趙郡王孝恭討之，拔通、開二州，斬僞東平王闍提。諸將擅兵橫恣，銑恐寖不制，乃陽議休兵營農，以黜其權。大司馬董景珍之弟爲將軍，怨之，謀作亂，事泄，被誅。景珍方鎭長沙，銑下書赦之，召還江陵。景珍懼，遣使詣孝恭，舉地降。銑遣張繡攻景珍，景珍曰：「前年醢彭越，往年殺韓信，獨不見乎！奈何相攻？」繡不答，圍之。景珍潰而走，麾下殺之。銑進繡爲尙書令。繡恃功，亦驕蹇，銑又誅之。銑性外寬內忌，疾勝己者，於是大臣舊將皆疑閒，多叛去，銑不能禁，由此愈弱。

四年，詔孝恭與李靖率巴蜀兵順流下，廬江王瑗繇襄陽道，黔州刺史田世康出辰州道，會兵圖銑。僞將周法明以四州降，卽詔爲黃州總管，趨夏口道，攻安州，克之。僞將雷長穎以魯山降。銑乃遣將文士弘拒孝恭，戰淸江口，孝恭大破之，獲鬭艦千艘，拔宜昌、當陽、枝江、松滋，僞江州將蓋彥舉以城降。孝恭、靖直逼其都。

初，銑放兵，止留宿衞數千人，及倉卒追集，江、嶺回遠，未及赴。孝恭布長圍守之，數日，破其水城，取樓船數千。交州總管丘和、長史高士廉、司馬杜之松詣靖降。銑度救不至，謂其下曰：「天不祚梁乎？待窮而下，必害百姓。今城未拔，先出降，可免亂。諸人何患無君？」乃麾而令，守陴者皆慟。以太牢告于廟，率官屬緦衰布幘詣軍門，謝曰：「當死者銑爾，百姓非罪也，請無殺掠！」孝恭受之，護送京師。後數日，救兵至，且十餘萬。知銑降，乃送款。銑至，高祖讓之，對曰：「隋失其鹿，英雄競逐。銑無天命，故爲陛下禽，猶田橫南面，豈負漢哉？」帝怒其不屈，詔斬都市，年三十九。自僭國至滅凡五年。

贊曰：銑，故梁子孫，起文吏，掩東南而有之，荆、楚好亂，氣俗然也。觀銑武雖不足，文有餘矣，大抵盜仁義，詭世亂俗者，聖人所必誅。若銑力困計殫，以好言自釋於下，係虜在廷，抗辭不屈，僞辯易窮，卒以殊死，高祖聖矣哉！

輔公祏，齊州臨濟人。隋季與鄉人杜伏威爲盜，轉掠淮南。伏威兵寖盛，自號總管，以公祏爲長史。賊李子通據江都，伏威使公祏以精卒數千度江擊之。子通拒戰，衆十倍，銳甚。公祏選甲士千人，操長刀居前，別以千人隨之，令曰：「卻者斬！」公祏以衆殿。俄而子通方陣而進，長刀千人皆決死鬭，公祏縱左右翼搏之，子通大潰，降其衆數千。伏威既遣使歸國，武德二年，詔授公祏淮南道行臺尙書左僕射，封舒國公。

初，伏威與公祏少相愛，又兄事之，故軍中呼輔伯，尊禮略等。伏威稍忌之，乃署養子鬬稜爲左將軍，王雄誕爲右將軍，推公祏爲僕射，陰解其柄。公祏內怏怏不平，乃與故人左游仙僞學辟穀以自晦。

六年，伏威入朝，留公祏居守，復令雄誕握兵副之，陰誡曰：「吾至京不失職，無容公祏爲變。」後左游仙說公祏反，會雄誕以疾臥家，公祏奪其兵，紿言伏威移書令舉事。八月，遂僭位，國稱宋，即陳故宮都之；殺王雄誕，署百官，以左游仙爲兵部尙書、東南道大使、越州總管；增脩器械，轉廩食，遣將徐紹宗侵海州，陳正通寇壽陽。詔趙郡王孝恭趨九江，嶺南大使李靖下宣城，懷州總管黃君漢出譙，齊州總管李世勣綠淮、泗討之。孝恭取蕪湖，下梁山三鎭。河南安撫大使任瓌拔揚子城，降僞將龍龕，遂據揚州。公祏復遣將馮惠亮、陳當世屯博望山，陳正通、徐紹宗屯青州山〔一〕以拒戰，孝恭率諸將破之，惠亮、正通走，李靖躡追百餘里，衆悉潰，正通等以五百騎奔丹楊。公祏懼，棄城奔左游仙於會稽，兵尙數萬。夜至毗陵，能從者裁五百。僞將吳騷、孫安謀執之，公祏棄妻子斬關遁，與腹心士數十抵武康，野人執送丹楊，孝恭斬之，傳首京師。

始公祏佐伏威起據江東，距公祏死，凡十三年。

沈法興，湖州武康人。父恪，陳廣州刺史。法興隋大業末爲吳興郡守，東陽賊樓世幹略其郡，煬帝詔與太僕丞元祐討之。

義寧二年，江都亂，法興自以世南土，屬姓數千家，遠近嚮服，乃與祐將孫士漢、陳果仁執祐，名誅宇文化及，三月發東陽，行收兵，趨江都，下餘杭，比至烏程，衆六萬。毗陵通守路道德拒之，法興約連和，因襲殺之，據其城，遂定江表十餘州，自署江南道總管。聞越王侗立，乃上書稱大司馬、錄尙書事、天門公，承制置百官，以陳果仁爲司徒，孫士漢司空，蔣元超尙書左僕射，殷芊左丞，徐令言右丞，劉子翼選部侍郎，李百藥爲掾。後聞侗被廢，高祖武德二年，稱梁王，建元爲延康，易隋官儀，頗用陳氏故事。

法興自意南方諸城可跂而平，專事威戮，下有細過即誅之，繇是將士攜解。俄遣子綸救陳稜〔二〕，擊李子通，反爲所敗。子通乘鋒度江，破京口。使將蔣元超戰庱亭，大敗，死之。法興懼，棄城與左右數百投吳郡賊聞人嗣安，嗣安遣將葉孝辯迎之。法興中悔，將殺孝辯，趨會稽，爲所覺，懼，自沈於江。起義寧至武德，凡三年滅。

李子通，沂州丞人〔三〕。少貧，以漁獵爲生。居其鄉，見班白負戴，必代之，家有餘，則以賙人，而喜報仇。

隋大業末，長白山賊左才相自號博山公，子通依之，以武力雄其間。鄉人有陷賊者，子通專經護之。方是時，羣盜暴忍，獨子通仁愛，歸者遂多，不半歲，有徒萬人。才相畏忌，子通乃引衆度淮，與杜伏威合。爲隋將來整所破，奔海陵，得衆二萬，自稱將軍。大業十一年，僭號楚王。

宇文化及殺煬帝，以右御衞將軍陳稜爲江都太守，已而稜降，高祖授以總管，即守其郡。子通攻稜，稜窮，乞師於沈法興、杜伏威。伏威自將屯清流，法興遣子綸屯揚子，間數十里。子通納言毛文深請募吳人詐爲法興兵夜襲伏威，二人遂交惡，無敢先戰者。子通得悉力取江都，遂據之，稜奔而免。子通僭即皇帝位，國號吳，建元明政。齊賊樂伯通先爲化及守丹楊，即以衆萬餘降之，子通用爲尚書左僕射。又敗法興兵，遂取晉陵，以法興所署掾李百藥爲內史侍郎，典文檄，尚書左丞殷芊爲太常卿，司禮樂，繇是江南士人多歸之。會伏威命輔公祏拔丹楊，進屯溧水，子通戰敗，糧且盡，棄江都，保京口，伏威盡得其地。俄東走太湖，裒散兵二萬人，復張，襲法興吳郡，破之。據餘杭。東舉會稽，南距嶺，西抵宣城，北太湖，悉有之。

武德四年，伏威遣將王雄誕討子通。戰蘇州，敗績，退保餘杭，雄誕進傅城。子通窮，乃降，伏威受之，并樂伯通送京師。高祖薄其罪，賜宅一區、田五頃，賚予頗厚。及伏威來朝，子通語伯通曰：「東南未靖，而伏威來。我故兵多在江外，若收之，可建大功。」遂皆亡。及藍田，爲關吏所獲，并伏誅。

方子通等僭盛時，復有朱粲、林士弘、張善安亦竊名號於淮、楚間。

朱粲，亳州城父人。初爲縣史。大業中從軍，伐賊長白山，亡命去爲盜，號「可達寒賊」，自稱迦樓羅王，衆十萬。度淮屠竟陵、沔陽，轉剽山南，所至殘戮無遺噍。僭號楚帝，建元爲昌達。攻拔南陽。

義寧末，與山南撫慰使馬元規戰冠軍，大敗，收餘衆，復振，至二十萬。粲所克州縣皆發藏粟以食，遷徙無常，去輒燔廥聚，毀城郭，不務稼穡，專以劫爲資。於是人大餒，死者係路，其軍亦匱，乃掠小兒烝食之。戒其徒曰：「味之珍寧有加人者？弟使佗國有人，我卹無儲哉！」勒所部略婦人孺兒分烹之，又稅諸城細弱以益糧。隋著作佐郎陸從典、通事舍人顏愍楚讁南陽，粲初引爲賓客，後盡食兩家。俄而諸城懼，皆逃散。

顯州首領楊士林、田瓚起兵攻粲，旁郡響赴，戰淮源，粲大敗，挈殘士奔菊潭，遣使乞降。高祖以前御史大夫段確假散騎常侍勞之。確醉，戲粲曰：「君膾人多矣，若爲味？」粲曰：「啖嗜酒人，正似糟豚。」確悖，罵曰：「狂賊，歸朝乃一奴耳，復得噬人乎？」粲懼，收確于坐，并從者數十悉烹之，以饗左右。遂屠菊潭，奔王世充，署龍驤大將軍。東都平，斬洛水上。士庶競擲瓦礫擊其尸，須臾若冢。

林士弘，饒州鄱陽人。隋季與鄉人操師乞起爲盜。師乞自號元興王，建元天成，大業十二年據豫章，以士弘爲大將軍。隋遣治書侍御史劉子翊討賊，射殺師乞，而士弘收其衆，復戰彭蠡，子翊敗，死之。遂大振，衆十餘萬，據虔州，自號南越王。俄僭號楚，稱皇帝，建元爲太平。侍御史鄭大節以九江郡下之。士弘任其黨王戎爲司空。臨川、廬陵、南康、宜春豪桀皆殺隋守令以附，北盡九江，南番禺，悉有之。後蕭銑以舟師破豫章，士弘獨有南昌、虔、循、潮之地。銑敗，其亡卒稍歸之，復振。趙郡王孝恭招慰，降循、潮二州。

武德五年，士弘弟鄱陽王藥師以兵二萬圍循州，總管楊世略破斬之，士弘請降。王戎亦獻南昌地，詔戎爲南昌州總管。士弘復遁保安城山，誘潰亡，謀復亂，袁人相聚應之，爲張善安所窾，以兵赴討。會士弘死，其黨乃解。

張善安，兗州方與人。年十七，亡命爲盜，轉掠淮南。會孟讓敗，得其散卒八百，襲破廬江郡。依林士弘，不見信，憾之，反襲士弘，焚其郛，去保南康。蕭銑取豫章，遣將蘇胡兒守之，善安奪其地，據以歸國，授洪州總管。

武德六年反，輔公祏以爲西南道大行臺。善安掠孫州，執總管王戎，襲殺黃州總管周法明。會李大亮兵至，爲開曉禍福，答曰：「善安初不反，爲部下詿誤。降，今易耳，恐不免，奈何？」大亮曰：「總管定降，吾固不疑。」因獨入其陣，與善安握手語，乃大喜，將數十騎詣大亮營。大亮引入，命壯士執之。騎皆驚，引去，悉兵來戰。大亮諭以善安自歸，無庸鬭。其黨罵曰：「總管賣我！」遂潰。送善安京師，稱不與公祏謀，高祖赦之。公祏破，得其書，遂伏誅。

梁師都，夏州朔方人。爲郡豪姓。仕隋鷹揚府郎將。大業末罷歸，結徒起爲盜，殺郡丞唐世宗，據郡稱大丞相，聯兵突厥。與隋將張世隆戰，敗之，因略定雕陰、弘化、延安。自爲梁國，僭皇帝位，祭天於城南，坎地瘞玉得印，以爲瑞，建元永隆。始畢可汗遺以狼頭纛，號大度毗伽可汗、解事天子，遂導突厥兵居河南地，拔鹽川郡。

武德二年，寇靈州，長史楊則擊走之。又與突厥千騎營野猪嶺，延州總管段德操勒兵不戰，師都氣懈，遣兵進擊，戰酣，德操自以輕騎出其旁乘之，師都大潰，逐北二百里，俘馘甚衆。未幾，以步騎五千入寇，德操又盡屠其軍，降堡將張舉、劉旻。師都懼，遣尚書陸季覽說處羅可汗曰：「隋亡，中國裂爲四五，勢均力弱，皆爭附突厥。今唐滅劉武周，國益大，兵方四出。師都將朝夕亡，然次亦及突厥，願可汗如魏孝文，兵引而南，師都請爲鄉道。」處羅納之，令莫賀咄設入五原，泥步設與師都趨延州，處羅自攻太原，突利可汗與奚、霫、契丹、靺鞨繇幽州道合，竇建德自滏口會晉、絳。已而處羅死，兵不出，又爲德操所破。

六年，其將賀遂、索周以所部十二州降。德操悉兵攻之，拔東城，師都保西城不敢出，求救於突厥頡利，頡利以勁兵萬騎赴之。先是，稽胡大帥劉仚成以衆附師都，因讒見殺，其下疑懼，乃多叛。師都日益蹙，遂往朝頡利，教使南略，故突厥盜邊無寧歲，遂窺渭橋。後突厥政亂，太宗以師都寖危，乃諭以書使歸，不從。詔夏州長史劉旻、司馬劉蘭經略之。獲生口，縱以爲間，君臣離橈。出輕騎蹂其稼，城中飢虛。又天狗墮其城。辛獠兒、李正寶、馮端皆其健將，謀執師都降，不果，正寶挺身歸。

貞觀二年，旻、蘭表可取狀，詔柴紹、薛萬均併力，令旻以勁卒直據朔方東城。頡利來援，會大雪，羊馬死，紹逆戰，破之，進屯城下。其從父弟洛仁斬師都降，擢洛仁爲右驍衞將軍、朔方郡公。自起至滅十二年。以其地爲夏州。

始師都據郡時，劉季眞、郭子和者亦俱起，子和自有傳。

劉季眞，離石胡人。父龍兒，大業十年舉兵自稱王，以季眞爲太子，弟六兒爲永安王。鋒甚銳，將軍潘長文連年擊，不能下。後虎賁郎將梁德破殺龍兒，衆乃散。唐兵起，六兒復聚爲盜，附劉武周，季眞從之，自號太子王，六兒爲拓定王，迭爲邊害。西河公張綸、眞鄉公李仲文合兵討之，季眞降，詔以爲石州總管，賜姓李，封彭山郡王。宋金剛戰澮州，勢未決，遂復連武周。及敗，秦王執六兒斬之，季眞奔高滿政，俄被殺。

校勘記

〔一〕青州山　本書卷九三李靖傳、舊書卷五六輔公祏傳、通鑑卷一九〇均作「青林山」。

〔二〕俄遣子綸救陳稜　「綸」，各本原作「倫」。據本卷下文李子通傳、舊書卷五六沈法興傳及通鑑卷一八七改。

〔三〕沂州氶人　「氶」，衲本及本書卷三八地理志同，十行、汲、殿、局本及舊書卷三八地理志作「丞」，元和志卷一一及寰宇紀卷二三作「承」。按「丞」「承」古通。讀史方輿紀要卷三二氶城條云：「漢置氶縣，以氶水所經而名。氶讀拯，俗作承，誤也。」

唐書卷八十八

列傳第十三

劉文靜　裴寂　趙文恪　李思行　李高遷　姜寶誼　許世緒　劉師立　劉義節
錢九隴　樊興　公孫武達　龐卿惲　張長遜　張平高　李安遠　馬三寶　李孟嘗
元仲文　秦行師

劉文靜字肇仁，自言系出彭城，世居京兆武功。父韶，仕隋戰死，贈上儀同三司。文靜以死難子，襲儀同。倜儻有器略。大業末，爲晉陽令，與晉陽宮監裴寂善。寂夜見邏堞傳烽，咤曰：「天下方亂，吾將安舍？」文靜笑曰：「如君言，豪英所資也。吾二人者可終羈賤乎？」

高祖爲唐公，鎭太原，文靜察有大志，深自結。既又見秦王，謂寂曰：「唐公子，非常人也，豁達神武，漢高帝、魏太祖之徒歟！殆天啓之也。」寂未謂然。文靜俄坐李密姻屬繫獄，秦王顧它無可與計者，私入視之。文靜喜，挑言曰：「喪亂方剡，非湯、武、高、光不能定。」王曰：「安知無其人哉？今過此，非兒女子姁姁相憂者。世道將革，直欲共大計，試爲我言之。」文靜曰：「上南幸，兵塡河、洛，盜賊蜉結，大連州縣，小阻山澤，以萬數，須眞主取而用之。誠能投天會機，奮襼大呼，則四海不足定也。今汾、晉避盜者皆在，文靜素知其豪桀，一朝號召，十萬衆可得也。加公府兵數萬，一下令，誰不願從？鼓而入關，以震天下，王業成矣。」王笑曰：「君言正與我意合。」乃陰部署賓客。

將發，恐唐公不從，文靜謀因裴寂開說，於是介寂以交王，遂得進議。及突厥敗高君雅兵，唐公被劾，王遣文靜、寂共說曰：「公據嫌疑之地，勢不圖全。今部將敗，方以罪見收，事急矣，尙不爲計乎？晉陽士健馬彊，宮庫饒豐，大事可舉也。今關中空虛，代王弱，賢豪輩興，未有適歸，願公引兵西，誅暴除亂。乃受單使囚乎？」唐公私可，會得釋而止。

王敎文靜僞爲詔「發太原、西河、鴈門、馬邑男子年二十至五十悉爲兵，期歲盡集涿郡以伐遼。」繇是人心愁擾，益思亂。文靜謂寂曰：「公聞先發制人，後發制於人乎？唐公名載圖讖，聞天下，尙可怗怗以待禍哉？」又脅寂曰：「公爲監，以宮人侍客，公死何憾，柰何累唐公？」寂懼，乃勸起兵。秦王卽委文靜、長孫順德等募士，聲討劉武周。文靜與寂作符敕，發宮監庫物佐軍興。會王威、高君雅猜貳，文靜與劉政會爲急變書，詣留守告二人反，候唐公與威、君雅視事，文靜進曰：「有密牒言反者。」公目威等省牒，政會不肯，曰：「所告乃副留守，唯唐公得觀。」公驚曰：「詎有是乎？」讀已，語威曰：「人告公等，信乎？」君雅詬曰：「反人欲殺我耳。」文靜叱左右執之，由是舉兵。

唐公乃開大將軍府，以文靜爲司馬。文靜勸改旗幟，彰特興，又請與突厥連和，唐公從之。遣文靜使始畢可汗，始畢曰：「唐公兵何事而起？」文靜曰：「先帝廢冢嗣以授後主，故大亂。唐公，國近戚，懼毀王室，起兵黜不當立者。願與突厥共定京師，金幣、子女盡以歸可汗。」始畢大喜，卽遣二千騎隨文靜至，又獻馬千匹。公喜曰：「非君何以致之？」尋拒屈突通於潼關，與其將桑顯和苦鬭，死者數千。文靜度顯和軍怠，以奇兵從後掩之，顯和敗績。通兵尚數萬，欲引而東，文靜命將追執之，徇新安以西，皆下。轉大丞相府司馬，進光祿大夫、魯國公。

唐公踐天子位，擢納言。時多引貴臣共榻，文靜諫曰：「今率土莫不臣，而延見羣下，言尚稱名。帝坐嚴尊，屈與臣子均席，此王導所謂太陽俯同萬物者也。」帝曰：「我雖應天受命，宿昔之好何可忘？公其無嫌。」薛舉寇涇州，以元帥府長史與司馬殷開山出戰，大敗，奔還京師，坐除名。與討仁杲，平之，復爵邑，授民部尚書、陝東道行臺左僕射。從秦王鎭長春宮。

文靜自以材能過裴寂遠甚，又屢有軍功，而寂獨用故舊恩居其上，意不平。每論政多戾駁，遂有隙。嘗與弟散騎常侍文起飲酣，有怨言，拔刀擊柱曰：「當斬寂！」會家數有怪，文起憂，召巫夜被髮銜刀爲禳厭。文靜妾失愛，告其兄上變，遂下吏。帝遣裴寂、蕭瑀訊狀，對曰：「昔在大將軍府，司馬與長史略等。今寂已僕射，居甲第，寵賚不貲。臣官賞等衆人，家無贏，誠不能無少望。」帝曰：「文靜此言，反明甚。」李綱、蕭瑀明其不反；秦王亦以文靜首決非常計，事成乃告寂，今任遇弗等，故怨望，非敢反，宜賜全宥。帝素疏忌之，寂又言：「文靜多權詭，而性猜險，忿不顧難，醜言怪節已暴驗，今天下未靖，恐爲後憂。」帝遂殺之，年五十二。文起亦死，籍其家。文靜臨刑，撫膺曰：「高鳥盡，良弓藏，果不妄。」

貞觀三年，追復官爵，以子樹義襲魯國公，詔尙主。然怨父不得死，謀反，誅。

裴寂字玄眞，蒲州桑泉人。幼孤，兄鞠之。年十四，補郡主簿。及長，偉容貌，涉知書傳。隋開皇中，調左親衞。家貧，徒步走京師，過華山祠，祈神自卜，夜夢老人謂曰：「君年踰四十當貴。」

大業中，爲齊州司戶參軍，歷侍御史，晉陽宮副監。唐公雅與厚，及留守太原，契分愈密，至蒲酒通晝夜。秦王與劉文靜方建大計，未敢白公，以寂最厚善，乃出私錢數百萬餉龍山令高斌廉，俾與寂博，陽不勝，寂得進多，大喜，日茲昵。太宗以情告之，許諾。寂嘗以宮人侍唐公，恐事發誅，閒飲酣，乃白秦王將舉兵狀，因言：「今盜徧天下，城闔外卽戰場，雖徇小節，猶不脫死。若舉義師，不特免禍，且就大功。」唐公然所計。兵起，寂進宮女五百，米九百萬斛，雜綵五萬段，鎧四十萬首。

大將軍府建，爲長史。下臨汾，封聞喜縣公。至河東，屈突通未下，而三輔豪桀多歸者。唐公欲先取京師，恐通掎其後，猶豫未決，寂說曰：「今通據蒲關，未下而西，我腹背支敵，敗之符也。不若破通而後趨京師。」秦王曰：「不然。兵尚權，權利於速。今乘機度河以奪其心。且關中羣盜處處屯結，疑力相杖，易以招懷，撫而有之，衆附兵彊，何向不克。通自守賊耳，庸能患我？一失其機，勝負未可計也。」唐公兩從之，留兵圍蒲，而遣秦王入關。長安平，賜寂田千頃、甲第一區，物四萬段，遷大丞相府長史，進魏國公，邑三百戶。

隋帝禪位，公固讓，寂開陳符命以勸，又督太常具儀、撰日。唐公卽位，曰：「使我至此者，公也。」拜尙書右僕射，賜服玩不貲，詔尙食日給御膳，視朝必引與同坐，入閤則延臥內，言無不從，呼爲裴監，不名也，貴震當世。

武德二年，劉武周寇太原，守將數困，寂請行，授晉州道行軍總管討賊，以便宜決事。

賊將宋金剛據介州，寂屯度索原，賊埭水上流，寂徙屯，爲賊所搏，兵大潰，死亡略盡。寂晝夜馳抵平陽，鎮戍皆沒。上書謝罪，高祖薄其過，下詔慰諭，俾留撫河東。寂無它才，惟飛檄郡縣，促入屯壘相保聚，焚積聚，人益惴駭思亂。夏人呂崇茂殺其令，反，爲賊守，寂攻之，復爲所敗。召還，帝責讓良久，以屬吏，俄釋之，遇待如初。

帝每巡幸，必委以居守。麟州刺史韋雲起告寂反，按訊無狀，帝謂曰：「朕有天下，公推轂成之也，容有貳哉？所以訊吏，欲天下人信公不反耳。」詔三貴妃齎玉食寶器宴其家，經宿去。帝嘗從容夸語曰：「前王多興細微，間關行陣而後成功。我家隴西舊族，世姻婭帝室，一呼唱義，不三月有天下，公復華胄，職臣光顯，非劉季亭長、蕭曹刀筆吏比也。我與公無媿焉。」四年，改鑄錢，賜一鑪得自鑄。又聘其女爲趙王元景妃。遷左僕射。帝置酒含章殿，歡甚，寂頓首曰：「始陛下發太原，約天下已定，許上印綬。今四海妥安，願賜骸骨歸田里。」帝泣下曰：「未也，要當相與老爾。公爲宗臣，我爲太上皇，逍遙晚歲，不亦善乎！」九年，册拜司空，遣尚書員外郎日一人直第。貞觀初，太宗親郊，命寂與長孫无忌升金輅，寂辭，帝曰：「公有佐命勳，无忌宣力王室，非二人誰可參乘者？」遂同載歸。

浮屠法雅坐訞言，辭連寂，坐免官，削封邑半，歸故郡。寂請留京師，帝讓曰：「公勳不稱位，徒以恩澤居第一。武德之政，間或弛紊，職公爲之。今歸掃墳墓，尚何辭？」寂遂歸。

未幾，汾陰狂男子謂寂奴曰：「公有天分。」監奴白寂，寂惶懼不敢聞，遣監奴殺所言者。奴盜寂封邑錢百萬，寂捕急，遂上變。帝怒曰：「寂有死罪四：爲三公，與妖人游，一也；既免官，乃恚稱國家之興皆其所謀，二也；匿妖人言不奏，三也；專殺以滅口，四也。我戮之非無辭。」議者多請貸，乃放靜州。會山羌反，或言劫寂爲主。帝曰：「國家於寂有恩，必不爾。」既而寂率家僮破賊。帝念寂功，詔入朝，會卒，年六十。贈相州刺史、工部尙書、河東郡公。

子律師嗣，尙臨海長公主，終汴州刺史。律師子承先，武后時爲殿中監，酷吏殺之。

始，高祖論太原首功，詔尙書令秦王、尙書左僕射裴寂、納言劉文靜恕二死；左驍衞大將軍長孫順德、右驍衞大將軍劉弘基、右屯衞大將軍竇琮、左翊衞大將軍柴紹、內史侍郎唐儉、吏部侍郎殷開山、鴻臚卿劉世龍、衞尉少卿劉政會、都水監趙文恪、庫部郎中武士彠、驃騎將軍張平高、李思行、李高遷、左屯衞府長史許世緒等十四人恕一死。

武德九年十月，太宗又定功臣封戶，時文靜已死，乃自寂而下差功大小第之，總四十三人。寂戶千五百，長孫无忌、王君廓、尉遲敬德、房玄齡、杜如晦戶千三百，長孫順德、柴紹、羅藝、趙郡王孝恭戶千二百，侯君集、張公謹、劉師立戶千，李勣、劉弘基戶九百，高士廉、宇文士及、秦叔寶、程知節戶七百，安興貴、安脩仁、唐儉、竇軌、屈突通、蕭瑀、封德彝、劉義節戶六百，錢九隴、樊興、公孫武達、李孟嘗、段志玄、龐卿惲、張亮、李藥師、杜淹、元仲文戶四百，張長遜、張平高、李安遠、李子和、秦行師、馬三寶戶三百。寂等三十人已見於傳。自趙文恪等十八人功不甚顯，然參附義始事，班班見當世。今次第其名，總出左方云。

趙文恪，幷州人。爲隋鷹揚府司馬。義兵起，授右三統軍。武德二年，擢都水監，封新興郡公。時中國經大亂，馬耗，會突厥講和，詔文恪至幷州，與齊王誘市邊馬以備軍。劉武周寇太原，屬城盡沒，李仲文守浩州，兵力孤絕，齊王使文恪率步騎千餘助守。會太原陷，遂棄城遁，詔下獄死。

李思行，趙州人，避仇太原。唐公將起，使覘詗長安，還，具論機策，以贊大議授左三統軍。從破霍邑，平京師，擢累嘉州刺史、樂安郡公。卒，贈洪州都督，謚曰襄。

李高遷，岐州人，客太原，唐公引致左右。執高君雅等有功，以右三統軍從下霍邑，圍長安，戰力。遷左武衞大將軍、江夏郡公、檢校西麟州刺史。突厥寇馬邑，高滿政請救，詔高遷督兵助守。賊盛，乃夜斬關走，所將皆沒，坐除名徙邊。後歷資州刺史，卒，贈涼州都督。

姜寶誼，秦州上邽人。父遠，仕周爲秦州刺史、朝邑縣公。寶誼游太學，受書，業不進，去爲左翊衞，以積勞遷鷹揚郎將，領府兵，從高祖督盜太原。及起兵，授左統軍，下西河、霍邑，以多，爵累永安縣公，歷右武衞大將軍。

劉武周使黃子英數盜雀鼠谷，帝遣寶誼擊之。賊輕甲挑師，戰接而三遁，逐之，伏發，寶誼爲賊執，俄亡歸。與裴寂拒宋金剛，戰汾州，兵合，寂棄軍走，寶誼復爲所禽。帝聞爲泣下曰：「彼烈士，必不下賊，死矣！」賜其家物千段，米三百斛。果謀還，被害。且死，西向大呼曰：「臣無狀，負陛下。」賊平，詔迎其柩，贈左衞大將軍、幽州總管，謚曰剛。

子協，字壽，善篆籀。歷燕然都護、夏州都督，封成紀縣侯，謚曰威。

許世緒，并州人。隋鷹揚府司馬。知隋將亡，請唐公曰：「天輔德，人與能，乘機不發，後必蹈悔。隋政不綱，天下搖亂，公姓名已著謠籙，今擧五郡之兵，據四戰之衝，苟無奇計，禍不反踵。若收取英俊，爲天下倡，帝王業也。」公奇之，顧倚親密。兵起，授右一府司馬。

累除蔡州刺史、眞定郡公，卒。

弟洛仁，亦從起晉陽，錄功至冠軍大將軍。卒，贈代州都督，謚曰勇，陪葬昭陵。

劉師立，宋州虞城人。始事王世充爲親將，洛陽平，當誅，秦王壯其才，釋不死，引爲左親衞。建成之釁，師立參奉密議，後與尉遲敬德、龐卿惲、李孟嘗等九人錄功拜左衞率。遷左驍衞將軍、襄武郡公，賜絹五千匹。有告師立姓在符讖欲反者，太宗謂曰：「人言卿將反，果乎？」師立對曰：「臣爲隋官，不過六品，材駑下，不敢希富貴。今遭非常之會，位將軍，顧已極矣，何敢反？」帝笑曰：「朕知妄耳！」賜束帛，召入臥內慰勉。

羅藝反，京師震駭，詔師立檢校右武候大將軍，勒兵備非常。藝平，有司劾黨與，師立坐與善，除名。尋以藩邸舊，檢校岐州都督。上書請討吐谷渾，未報，即遣使間諭部落，多降附者，列其地爲開、橋二州。又党項酋拓拔赤辭先附吐谷渾，倚險自守，亦遣說下之，詔赤辭爲西戎州都督。師立以母喪解，岐人表留，遂不得赴哀。時河西党項破丑氏嘗苦邊，又阻新附，師立討之。軍未至，破丑懼，遁去，師立窮追之，抵岬于眞山而還。又戰吐谷渾於小莫門川，破之。轉始州刺史，卒，謚曰肅。

劉義節，并州人。隋大業末，補晉陽鄉長，富於財。裴寂薦之唐公，又與王威、高君雅游，然於唐公爲最厚。兵將起，威、君雅疑之，義節刺知其情，得先事禽威等。從平京師，爲鴻臚卿。時傾府庫爲軍賞，帑財大乏。義節曰：「今京師屯兵多，樵貴帛賤，若伐街苑樹爲薪，以易布帛，歲數十萬可致。」又請軸舒藏內見繒，取羨尺，補雜費，得十餘萬段，調度遂給。遷太府，封葛國公。

義節本名世龍，或言世龍子名鳳昌，父子非人臣兆，高祖不聽，更賜今名。貞觀初，轉少府監，坐貴入賈人珠及故出署丞罪，廢爲民，徙嶺南，終欽州別駕。

從子思禮，武后時爲箕州刺史。少學相人於張憬藏，憬藏謂思禮歷刺史，位至太師。萬歲通天二年，授箕州，益喜，以爲太師位尊，非佐命不可得，乃結洛州錄事參軍綦連耀謀反，謂耀曰：「君體有龍氣如大帝。」耀亦曰：「公金刀，當輔我。」陰約君臣。思禮因以術眩衆，見者必曰：「當三品」，使嗜進者充望，然後云：「綦連耀且受命，公等皆因之。」事敗，武懿宗按之，陰弛思禮禁，使多逮引。思禮冀自脫，悉引素相忤者，將刑猶不寤，與衆人斬於市。其知名者，如李元素、孫元亨、石抱忠、王勮、勮兄勔、路敬淳等三十餘族，竄逐千餘人。

錢九隴字永業，湖州長城人。父文彊，爲吳明徹裨將，與明徹俱敗彭城。入隋，以罪沒爲奴，故九隴事唐公。

善騎射，常備左右。兵起，以功授金紫光祿大夫。從戰薛仁杲、劉武周，擢累爲右武衞將軍。從平洛陽，佐皇太子建成討劉黑闥魏州，力戰破賊，以功最封郇國公，以本官爲苑游將軍。貞觀初，爲眉州刺史，改巢國。卒，贈左武衞大將軍、潭州都督，謚曰勇，陪葬獻陵。

樊興，安州人。以罪爲奴。從唐公平長安，授左監門將軍。從秦王積戰多，封營國公，數賜黃金雜物。後坐事削爵。貞觀六年，陵州獠反，命討之，爲左驍衞將軍。又從李靖擊吐谷渾，爲赤水道行軍總管。後軍期，士多死，亡失器仗，以勳減死。後爲左監門大將軍、襄城郡公。太宗征遼，以興忠謹，副房玄齡留守京師，檢校右武候將軍。卒，贈左武候大將軍、洪州都督，陪葬獻陵。

公孫武達，京兆櫟陽人。以豪俠稱，爲隋驍果。兵興，武達至長春宮上謁。從秦王討劉武周，苦戰功多，累遷秦府右三軍驃騎，封淸水縣公。

貞觀初，爲肅州刺史。突厥騎數千、輜重萬餘入寇，謀南趨吐谷渾，武達以精兵二千人與戰，虜稍却，復殊死鬭，薄之張掖河，潛命上流度兵，虜已半濟，乃兩岸夾擊，斬溺略盡。璽書勞之，遷左監門將軍。鹽州突厥叛，詔武達趨靈州，追及賊，賊方度河，乃據南涯陣，武達擊之，斬其帥可邏拔扈，進封東萊郡公。終右武衞大將軍，贈荊州都督，陪葬昭陵，謚曰壯。

龐卿惲，幷州人。從討隱太子有功，拜右驍衞將軍、邾國公。卒，追改濮國。子同善，右金吾大將軍。同善子承宗，開元初仕至太子賓客。

張長遜，京兆櫟陽人。精馳射，在隋爲里長。以平陳功，擢上開府，累遷五原郡通守。遭亂，附突厥，突厥號爲割利特勒。

義兵起，以郡降，卽拜五原太守、安化郡公，徙封范陽。時梁師都、薛舉請突厥兵南度河，長遜矯作詔與莫賀咄設，以伐其謀，會唐使亦至，突厥兵不出。武德元年，詔右武候驃騎將軍高世靜聘始畢可汗，至豐州而始畢死，詔留金幣不遣。突厥怒，引兵南至河。長遜遣世靜出塞勞之，且若專致賻賜者，虜引還。授總管，改楊國公。及討薛舉，不待命輒引兵會，賜錦袍金甲。或譖長遜居豐久，恐與突厥爲脣齒，乃請入朝，授右武候將軍，徙息國公，加賜宮人、綵千段。屬有疾，高祖親問之。後竇軌率巴、蜀兵擊王世充，以長遜檢校益州行臺左僕射。歷遂、夔二總管，政以惠稱。貞觀十一年卒。

張平高，綏州人。爲隋鷹揚府校尉，戍太原，遂預謀議。從唐公平京城，累授左領軍將軍，封蕭國公。貞觀初，爲丹州刺史，坐事，以右光祿大夫還第。卒，追封羅國，贈潭州都督。

李安遠，夏州人。父徹，隋上柱國、雲州刺史。世爲將家，以財雄。安遠少無檢，與博徒游，至破產。晚乃折節嚮書，從士大夫，苟勝己，必傾心交之。襲爵城陽公。與王珪最善，珪坐王頍得罪，當流，安遠爲營護免。後補正平令。

兵起，攻絳州，安遠與通守陳叔達嬰城拒。唐公素與安遠善，及拔絳，撫慰其家，引與同食，授右翊衞統軍、正平縣公。後從破屈突通，進上柱國、右武衞大將軍。數從秦王征討，積功，累封至廣德郡公。奉使吐谷渾，安遠與約和，吐谷渾乃請爲互市，邊場利之。隱太子將亂，陰使誘動，安遠介無貳志，秦王益親重。

貞觀初，嘗命統邏騎都下，督盜賊。歷潞州都督、懷州刺史，皆以幹用顯，然急刻少恩，由是損名。卒，贈涼州都督，謚曰安，追封遂安郡公。

馬三寶，性敏獪。事柴紹爲家僮。紹尙平陽公主，高祖兵起，紹間道走太原。三寶奉公主遁司竹園，說賊何潘仁與連和。潘仁入謁，以百兵爲主衞。三寶自稱總管，撫接羣盜，兵至數萬。唐公濟河，授三寶左光祿大夫。秦王至竹林宮，三寶以兵詣軍門謁，遂從平京師，拜太子監門率。別擊叛胡劉拔眞於北山，破之。從平薛仁杲。與柴紹擊吐谷渾於岷州，先鋒陷陣，斬名王，俘執數千，以功封新興縣男。後高祖幸司竹園，顧謂曰：「汝興兵處邪？衞靑大不惡。」貞觀初，拜左驍衞大將軍，進爵爲公，卒謚曰忠。

李孟嘗，趙州人。終右威衞大將軍、漢東郡公。

元仲文，洛州人。終右監門將軍、河南縣公。

秦行師，幷州人。終右監門將軍、淸水郡公。

贊曰：應龍之翔，雲霁滃然而從，震風薄怒，萬空不約而號，物有自然相動耳。觀二子非有踔越之姿，當高祖受命，赫然利見於世，故能或翼或從，尸天之功云。文靜數履軍陷陣，以才自進，而寂專用串昵顯。外者易乘，邇者難疏，故文靜先被躁望誅，寂後坐訞言斥，誠異夫蕭何、曹參矣！

唐書卷八十九

列傳第十四

屈突通 尉遲敬德 張公謹大安 秦瓊 唐儉憲 次 扶 持

彥謙 段志玄文昌 成式

屈突通，其先蓋昌黎徒何人，後家長安。仕隋爲虎賁郎將。文帝命覆隴西牧簿，得隱馬二萬匹，帝怒，收太僕卿慕容悉達、監牧官史千五百人，將悉殊死。通曰：「人命至重，死不復生。陛下以至仁育四海，豈容以畜產一日而戮千五百士？」帝叱之，通進頓首曰：「臣願身就戮，以挺衆死。」帝寤，曰：「朕不明，乃至是。今當免悉達等，旌爾善言。」遂皆以減論。擢左武衞將軍。莅官勁正，有犯法者，雖親無所回縱。其弟蓋爲長安令，亦以方嚴顯。時爲語曰：「寧食三斗艾，不見屈突蓋；寧食三斗葱，不逢屈突通。」

煬帝卽位，遣持詔召漢王諒。先是，文帝與諒約，若璽書召，驗視敕字加點，又與玉麟符合，則就道。及是，書無驗，諒覺變，詰通，通占對無屈，竟得歸長安。大業中，與宇文述共破楊玄感，以功遷左驍衞大將軍。秦、隴盜起，授關內討捕大使。安定人劉迦論反，衆十餘萬據雕陰。通發關中兵擊之，次安定，初不與戰，軍中意其怯。通陽言旋師，而潛入上郡。賊未之覺，引而南，去通七十里舍，分兵徇地。通候其無備，夜簡精甲襲破之，斬迦論并首級萬餘，築京觀於上郡南山，虜老弱數萬口。後隋政益亂，盜賊多，士無鬭志，諸將多覆。通每向必持重，雖不大克，亦不敗負。帝南幸，使鎭長安。

高祖起，代王遣通守河東，戰久不下，高祖留兵圍之，遂濟河，破其將桑顯和於飲馬泉。通大懼，乃留鷹揚郎將堯君素守蒲，將自武關趨藍田以援長安。至潼關，阻劉文靜兵不得進，相持月餘。通令顯和夜襲文靜，詰朝大戰，顯和縱兵破二壁，唯文靜一壁獨完，然數入壁，短兵接，文靜中流矢，軍垂敗，顯和以士疲，乃傳餐食，文靜因得分兵實二壁。會游軍數百騎自南山還，擊其背，三壁兵大呼，奮而出，顯和遂潰，盡得其衆。通勢蹙，或說之降，曰：「吾蒙國厚恩，事二主，安可逃難？獨有死報爾！」每自摩其頸曰：「要當爲國家受人一刀！」其訓勉士卒必流涕，故力雖窮，而人尙爲之感奮。帝遣其家僮往召，通趣斬之。俄聞京師平，家盡沒，乃留顯和保潼關，率兵將如洛。既行，而顯和來降。文靜遣竇琮、段志玄精騎追及於稠桑，通結陣拒之。琮縱其子壽往諭使降，通大呼曰：「昔與汝父子，今則讎也！」命左右射之，顯和呼其衆曰：「京師陷，諸君皆家關西，何爲復東？」衆皆捨兵。通知不免，遂下馬東南向，再拜號哭曰：「臣力屈兵敗，不負陛下。」遂被禽，送長安。帝勞曰：「何相見晚邪？」泣曰：「通不能盡人臣之節，故至此，爲本朝羞。」帝曰：「忠臣也！」釋之，授兵部尚書、蔣國公，爲秦王行軍元帥長史。

從平薛仁杲，時賊珍用山積，諸將爭得之，通獨無所取。帝聞，曰：「淸以奉國，名定不虛。」特賚金銀六百兩、綵千段。判陝東道行臺左僕射，從討王世充。時通二子在洛，帝曰：「今以東略屬公，如二子何？」通曰：「臣老矣，不足當重任。然疇昔陛下釋俘纍，加恩禮，以蒙更生，是時口與心誓，以死許國。今日之行，正當先驅，二兒死自其分，終不以私害義。」帝太息曰：「烈士徇節，吾今見之。」及竇建德來援賊，秦王分麾下半以屬通，俾與齊王圍洛。世充平，論功第一，拜陝東道大行臺右僕射，鎭東都。數歲，召爲刑部尚書。自以不習文，固辭，改工部。建成之變，復檢校行臺僕射，馳鎭洛。貞觀初，行臺廢，爲洛州都督，進左光祿大夫。卒，年七十二，贈尚書左僕射，謚曰忠。後詔配饗太宗廟廷。永徽中，贈司空。

二子壽、詮，壽襲爵。太宗幸洛，思通忠節，故詮以少子拜果毅都尉，賜粟帛卹其家，終瀛州刺史。詮子仲翔，神龍中，復守瀛州。

初，桂州都督李弘節亦以淸愼顯。既歿，其家賣珠。太宗疑弘節實貪，欲追坐擧者。

魏徵曰：「陛下過矣！且今號清白死不變者，屈突通、張道源。通二子來調，共一馬；道源子不能自存。審其清者不加卹，疑其濁者罪所舉，亦好善不篤矣。」帝曰：「朕未之思。」置不問。故通之淸益顯云。

尉遲敬德名恭，以字行，朔州善陽人。隋大業末，從軍高陽，積閱爲朝散大夫。劉武周亂，以爲偏將。與宋金剛南侵，得晉、澮等州，襲破永安王孝基，執獨孤懷恩等。武德二年，秦王戰柏壁，金剛敗奔突厥，敬德合餘衆守介休，王遣任城王道宗、宇文士及諭之，乃與尋相舉地降，引爲右一府統軍，從擊王世充。

會尋相叛，諸將疑敬德且亂，囚之。行臺左僕射屈突通、尙書殷開山曰：「敬德慓敢，今執之，猜貳已結，不卽殺，後悔無及也。」王曰：「不然。敬德必叛，寧肯後尋相者邪？」釋之，引見臥內，曰：「丈夫以氣相許，小嫌不足置胸中，我終不以讒害良士。」因賜之金，曰：「必欲去，以爲汝資。」是日獵楡窠，會世充自將兵數萬來戰，單雄信者，賊驍將也，騎直趨王，敬德躍馬大呼橫刺，雄信墜，乃翼王出，率兵還戰，大敗之，禽其將陳智略，獲排矟兵六千。王顧曰：「比衆人意公必叛，我獨保無它，何相報速邪？」賜金銀一篋。

竇建德營板渚，王命李勣等爲伏，親挾弓，令敬德執矟，略其壘，大呼致師。建德兵出，乃稍引却，殺數十人，衆益進。伏發，大破之。時世充兄子琬使於建德，乘隋帝廄馬，鎧甲華整，出入軍中以夸衆。王望見，問「誰可取者？」敬德請與高甑生、梁建方三騎馳往，禽琬，引其馬以歸，賊不敢動。從討劉黑闥，賊以奇兵襲李勣，王勒兵掩其後，俄而賊衆四面合，敬德率壯士馳入賊，王乘陣亂乃得出。又破徐圓朗。以功授王府左二副護軍。

隱太子嘗以書招之，贈金皿一車。辭曰：「敬德起幽賤，會天下喪亂，久陷逆地，秦王實生之，方以身徇恩。今於殿下無功，其敢當賜？若私許，則懷二心，徇利棄忠，殿下亦焉用之哉？」太子怒而止。敬德以聞。王曰：「公之心如山岳然，雖積金至斗，豈能移之？然恐非自安計。」巢王果遣壯士刺之。敬德開門安臥，賊至，不敢入。因譖於高祖，將殺之，王固爭，得免。

其後隱、巢計日急，敬德與長孫无忌入白曰：「大王不先決，社稷危矣！」王曰：「我惟同氣，所未忍。伺其發，而後以義討之，如何？」敬德曰：「人情畏死，衆以死奉王，此天授也。天與不取，反得其咎。大王卽不聽，請從此亡，不能交手蒙戮。」无忌曰：「王不從敬德言，敬德亦非王有，今敗矣。」王曰：「寡人之謀，未可全棄，公更圖之。」敬德曰：「處事有疑非智，臨難不決非勇。王今自計如何？勇士八百人悉入宮控弦被甲矣，尙何辭？」後又與侯君集等懇熟勸進，計乃定。時房玄齡、杜如晦被斥在外，召不至。王怒曰：「是背我邪？」因解所佩刀授之，謂曰：「卽不從，可斬其首以來。」敬德遂往諭玄齡等，與入計議。

隱太子死，敬德領騎七十趨玄武門，王馬逸，墜林下，元吉將奪弓窘王，敬德馳叱之，元吉走，遂射殺之。宮、府兵屯玄武門，戰不解，敬德持二首示之，乃去。時帝泛舟海池，王命敬德往侍，不解甲趨行在。帝驚曰：「今日之亂爲誰？爾來何邪？」對曰：「秦王以太子、齊王作亂，擧兵誅之，恐陛下不安，遣臣宿衞。」帝意悅。於是南衙、北門兵與府兵尙雜鬭，敬德請帝手詔諸軍聽秦王節度，內外始定。

王爲皇太子，授左衞率。時坐隱、巢者百餘家，將盡沒入之。敬德曰：「爲惡者二人，今已誅，若又窮支黨，非取安之道。」由是普原。論功爲第一，賜絹萬匹，擧齊府金幣、什器賜焉。除右武候大將軍，封吳國公，實封千三百戶。

突厥入寇，授涇州道行軍總管。虜至涇陽，輕騎與戰，敗之。敬德所得財，必散之士卒。然婞直，頗以功自負，又廷質大臣得失，與宰相不平。出爲襄州都督。累遷同州刺史。嘗侍宴慶善宮，有班其上者，敬德曰：「爾何功，坐我上？」任城王道宗解喩之，敬德勃然，擊道宗目幾眇。太宗不懌，罷，召讓曰：「朕觀漢史，嘗怪高祖時功臣少全者。今視卿所爲，乃知韓、彭夷戮，非高祖過。國之大事，惟賞與罰，横恩不可數得，勉自脩飭，悔可及乎！」敬德頓首謝。後改封鄂國，歷鄜、夏二州都督。老就第，授開府儀同三司，朝朔望。

帝將討高麗，敬德上言：「乘輿至遼，太子次定州，兩京空虛，恐有玄感之變。夷貊小國，不足枉萬乘，願委之將臣，以時摧滅。」帝不納。詔以本官行太常卿，爲左一馬軍總管。師還，復致仕。顯慶三年卒，年七十四。高宗詔京官五品以上及朝集使赴第臨弔，册贈司徒、幷州都督，謚曰忠武。給班劍、羽葆、鼓吹，陪葬昭陵。

敬德晚節，謝賓客不與通。飭觀、沼，奏清商樂，自奉養甚厚。又餌雲母粉，爲方士術延年。其戰，善避矟，每單騎入賊，雖羣刺之不能傷，又能奪取賊矟還刺之。齊王元吉使去刃與之校，敬德請王加刃，而獨去之，卒不能中。帝嘗問：「奪矟與避矟孰難？」對曰：「奪矟難。」試使與齊王戲，少選，王三失矟，遂大愧服。

張公謹字弘慎，魏州繁水人。爲王世充洧州長史，與刺史崔樞挈城歸天子，授檢校鄒州別駕，遷累右武候長史，未知名。李勣、尉遲敬德數啓秦王，乃引入府。王將討隱、巢亂，使卜人占之，公謹自外至，投龜於地曰：「凡卜以定猶豫，決嫌疑。今事無疑，何卜之爲？卜而不吉，其可已乎？」王曰：「善。」隱太子死，其徒攻玄武門，鋭甚，公謹獨閉關拒之。以功授左武候將軍，封定遠郡公，實封一千戶。

貞觀初，爲代州都督，置屯田以省餽運。數言時政得失，太宗多所采納。後副李靖經略突厥，條可取狀於帝曰：「頡利縱欲肆凶，誅害善良，昵近小人，此主昏於上，可取一也。別部同羅、僕骨、回紇、延陀之屬，皆自立君長，圖爲反噬，此衆叛於下，可取二也。突利被疑，以輕騎免，拓設出討，衆敗無餘，欲谷喪師，無託足之地，此兵挫將敗，可取三也。北方霜旱，稟糧乏絕，可取四也。頡利疏突厥，親諸胡，胡性翻覆，大軍臨之，內必生變，可取五也。華人在北者甚衆，比聞屯聚，保據山險，王師之出，當有應者，可取六也。」帝然所謀。及破定襄，敗頡利，璽詔慰勞，進封鄒國公，改襄州都督，以惠政聞。卒官下，年四十九。帝將出次哭之，有司奏：「日在辰，不可。」帝曰：「君臣猶父子也，情感於內，安有所避！」遂哭之。詔贈左驍衞大將軍，謚曰襄。十三年，追改郯國公。永徽中，加贈荆州都督。

子大素，龍朔中，歷東臺舍人，兼脩國史，著書百餘篇，終懷州長史。

次子大安，上元中，同中書門下三品。章懷太子令與劉納言等共註范曄漢書。太子廢，故貶爲普州刺史，終橫州司馬。子悱，仕玄宗時爲集賢院判官，詔以其家所著魏書、說林入院，綴脩所闕，累擢知圖書、括訪異書使，進國子司業，以累免官。

秦瓊字叔寶，以字顯，齊州歷城人。始爲隋將來護兒帳內，母喪，護兒遣使襚弔之。吏怪曰：「士卒死喪，將軍未有所問，今獨弔叔寶何也？」護兒曰：「是子才而武，志節完整，豈久處卑賤邪？」

俄從通守張須陀擊賊盧明月下邳，賊衆十餘萬，須陀所統纔十之一，堅壁未敢進，糧盡，欲引去。須陀曰：「賊見兵却，必悉衆追我，得銳士襲其營，且有利，誰爲吾行者？」衆莫對。惟叔寶與羅士信奮行。乃分勁兵千人伏莽間，須陀委營遁，明月悉兵追躡。叔寶等馳叩賊營，門閉不得入，乃升樓拔賊旗幟，殺數十人，營中亂，卽斬關納外兵，縱火焚三十餘屯。明月奔還，須陀回擊，大破之。又與孫宣雅戰海曲，先登。以前後功擢建節尉。從須陀擊李密滎陽。須陀死，率殘兵附裴仁基。仁基降密，密得叔寶大喜，以爲帳內驃騎，待之甚厚。密與宇文化及戰黎陽，中矢墮馬，濱死，追兵至，獨叔寶捍衞得免。

後歸王世充，署龍驤大將軍。與程齩金計曰：「世充多詐，數與下呪誓，乃巫嫗，非撥亂主也。」因約俱西走，策其馬謝世充曰：「自顧不能奉事，請從此辭。」賊不敢逼，於是來降。

高祖俾事秦王府，王尤獎禮。從鎭長春宮，拜馬軍總管。戰美良川，破尉遲敬德，功多，帝賜以黃金瓶，勞曰：「卿不卹妻子而來歸我，且又立功，使朕肉可食，當割以啖爾，況子女玉帛乎！」尋授秦王右三統軍，走宋金剛於介休，拜上柱國。從討世充、建德、黑闥三盜，未嘗不身先鋒麈陣，前無堅對。積賜金帛以千萬計，進封翼國公。每敵有驍將銳士震燿出入以夸衆者，秦王輒命叔寶往取之，躍馬挺槍刺於萬衆中，莫不如志，以是頗自負。及平隱、巢，功拜左武衞大將軍，實封七百戶。

後稍移疾，嘗曰：「吾少長戎馬間，歷二百餘戰，數重創，出血且數斛，安得不病乎？」卒，贈徐州都督，陪葬昭陵。太宗詔有司琢石爲人馬立墓前，以旌戰功。貞觀十三年，改封胡國公。

後四年，詔司徒、趙國公无忌，司空、河間王孝恭，司空、萊國公如晦，司空、太子太師、鄭國公徵，司空、梁國公玄齡，開府儀同三司、鄂國公敬德，特進、衞國公靖，特進、宋國公瑀，輔國大將軍、褒國公志玄，輔國大將軍、夔國公弘基，尙書左僕射、蔣國公通，陝東道行臺右僕射、鄖國公開山，荆州都督、譙國公紹，荆州都督、邳國公順德，洛州都督、鄖國公亮，吏部尙書、陳國公君集，左驍衞大將軍、郯國公公謹，左領軍大將軍、盧國公知節，禮部尙書、永興郡公世南，戶部尙書、渝國公政會，戶部尙書、莒國公儉，兵部尙書、英國公勣，并叔寶，並圖形凌煙閣。高宗永徽六年，遣使致祭名臣圖形凌煙閣者凡七人，徵、士廉、瑀、志玄、弘基、世南、叔寶，皆始終著名者也。

唐儉字茂約，幷州晉陽人。祖邕，北齊尚書左僕射。父鑒，隋戎州刺史，與高祖善，嘗偕典軍衞，故儉雅與秦王游，同在太原。儉爽邁少繩檢，然事親以孝聞。見隋政寖亂，陰說秦王建大計。高祖嘗召訪之，儉曰：「公日角龍廷，姓協圖讖，係天下望久矣。若外嘯豪桀，北招戎狄，右收燕、趙，濟河而南，以據秦、雍，湯、武之業也。」高祖曰：「湯、武之事豈可幾？然喪亂方剡，私當圖存，公欲拯溺者，吾方爲公思之。」及大將軍府開，授記室參軍、渭北道元帥司馬。從定京師，爲相國府記室，晉昌郡公。

武德初，進內史舍人，遷中書侍郎、散騎常侍。呂崇茂以夏縣反，與劉武周連和，詔永安王孝基、獨孤懷恩、于筠率兵致討，儉以使適至軍。會孝基等爲武周所虜，儉亦見禽。始，懷恩屯蒲州，陰與部將元君實謀反，會俱在賊中，君實私語儉曰：「獨孤尚書將舉兵圖大事，猶豫不發，故及此。所謂當斷不斷而受亂者。」俄而懷恩脫歸，詔復守蒲。君實曰：「獨孤拔難歸，再戍河上，寧其王者不死乎？」儉恐必亂，密遣劉世讓歸白發其謀。會高祖幸蒲津，舟及中流而世讓至，帝驚，曰：「豈非天也！」命趣還舟，捕反者，懷恩自殺，餘黨皆誅。俄而武周敗，亡入突厥。儉封府庫、籍兵甲以待秦王。帝嘉儉身幽辱而不忘朝廷，詔復舊官，仍爲幷州道安撫大使，許以便宜。盡簿懷恩貲產賜儉。還爲禮部尚書、天策府長史、檢校黃門侍郎、莒國公。仍爲遂州都督，食緜州六百戶。

貞觀初，使突厥還，太宗謂儉曰：「卿觀頡利可取乎？」對曰：「衙國威靈，庶有成功。」四年，馳傳往誘使歸款，頡利許之，兵懈弛，李靖因襲破之，儉脫身還。

歲餘，爲民部尚書。從獵洛陽苑，羣豕突出于林，帝射四發，輒殪四豕。一豕躍及鐙，儉投馬搏之。帝拔劍斷豕，顧笑曰：「天策長史不見上將擊賊邪，何懼之甚？」對曰：「漢祖以馬上得之，不以馬上治之。陛下神武定四方，豈復快心于一獸？」帝爲罷獵。詔其子善識尙豫章公主。

儉居官不事事，與賓客縱酒爲樂。坐小法，貶光祿大夫。永徽初，致仕，加特進。顯慶初卒，年七十八。贈開府儀同三司、幷州都督，陪葬昭陵，謚曰襄。

少子觀，爲河西令，知名。

孫從心，神龍中，以其子晙娶太平公主女，擢累殿中監。晙太常少卿，坐太平黨誅。

儉弟憲。

憲字茂彝，仕隋爲東宮左勳衞。太子廢，罷歸。不治細行，好馳獵，藏亡命，所交皆博徒輕俠。高祖領太原，頗親遇之，參與大議。義師起，授正議大夫，置左右，尤所信倚。封安富縣公。武德中，進累雲麾將軍，加郡公。貞觀中，終金紫光祿大夫。

裔孫次，字文編。建中初，及進士第，歷侍御史。竇參數薦之，改禮部員外郎。參貶，出爲開州刺史，積十年不遷。韋皋鎭蜀，表爲副使，德宗諭皋罷之。次身在遠，久抑不得申，以爲古忠臣賢士罹讒毁被放，至殺身，君且不悟者，因采獲其事，爲辨謗略三篇上之。帝益怒，曰：「是乃以古昏主方我！」改夔州刺史。憲宗立，召還，授禮部郎中，知制誥，終中書舍人。憲宗雅惡朋比傾陷者，嘗覽辨謗略，善之。謂學士沈傳師曰：「凡君人者，宜所觀省。然次編錄未盡，卿可廣其書。」傳師乃與令狐楚、杜元穎論次，起周訖隋，增爲十篇，更號元和辨謗略。

子扶，字雲翔，仕歷屯田郎中。大和五年，爲山南宣撫使。內鄉倉督鄧琬負度支漕米七千斛，吏責償之，繫其父子至孫凡二十八年，九人死於獄，扶奏申釋之。詔切責鹽鐵、度支二使，天下監院償逋繫三年以上者，皆原。進中書舍人，出爲福州觀察使。濫殺人，風績不立。會卒，奴婢爭財，有司按其貲至十餘萬，時議蚩薄之。

扶弟持，字德守，中進士第。大和中，爲渭南尉，試京兆府進士。時尹杜悰欲以親故託之，持輒趨降階伏，悰語塞，乃止。累遷工部郎中，出爲容州刺史。遷給事中，歷朔方、昭義節度使，卒。

子彥謙字茂業，多通技藝，尤工爲詩，負才無所屈。乾符末，避亂漢南。王重榮鎭河中，辟幕府，累表爲副，歷晉、絳二州刺史。重榮軍亂，彥謙貶興元參軍事。節度使楊守亮表爲判官，遷副使，終閬、壁二州刺史。

段志玄，齊州臨淄人。父偃師，仕隋爲太原司法書佐。從義師，官至郢州刺史。志玄姿質偉岸，少無賴，數犯法。大業末，從父客太原，以票果，諸惡少年畏之，爲秦王所識。高祖興，以千人從，授右領大都督府軍頭。下霍邑、絳郡，攻永豐倉，推鋒最。歷左光祿大夫。從劉文靜拒屈突通于潼關。文靜爲桑顯和所襲，軍且潰，志玄率壯騎馳賊，殺十餘人，中流矢，忍不言，突擊自如，賊衆亂，軍乘之，唐兵復振。通敗走，與諸將躡獲於稠桑，以多，授樂游府車騎將軍。從討王世充，深入，馬跌，爲賊禽。兩騎夾持其髻，將度洛，志玄忽騰而上，二人者俱墮，於是奪其馬馳歸，尾騎數百不敢近。破竇建德，平東都，遷秦王府右二護軍。隱太子嘗以金帛誘之，拒不納。秦王卽位，累遷左驍衞大將軍，封樊國公，實封九百戶。詔率兵至青海奪吐谷渾牧馬，逗留，免。未幾復職。

文德皇后之葬，與宇文士及勒兵衞章武門，太宗夜遣使至二將軍所，士及披戶內使，志玄拒曰：「軍門不夜開。」使者示手詔，志玄曰：「夜不能辨。」不納。比曙，帝歎曰：「眞將軍，周亞夫何以加！」改封褒國公，歷鎭軍大將軍。

貞觀十六年疾，帝臨視，泣顧曰：「當與卿子五品官。」頓首謝，請與母弟，乃拜志感左衞郎將。及卒，帝哭之慟。贈輔國大將軍、揚州都督，陪葬昭陵，謚曰壯肅。

三世孫文昌。

文昌字墨卿，一字景初，世客荊州。疏爽任義節，不爲齷齪小行。節度使裴胄禮之。胄採古今禮要爲書，數從文昌質判所疑。後依劍南節度韋皋，皋表爲校書郎。宰相李吉甫才之，擢登封尉、集賢校理，再遷左補闕。憲宗數欲親用，頗爲韋貫之奇詆，偃蹇不得進。貫之罷，引爲翰林學士，遷中書舍人，遂爲承旨。穆宗卽位，屢召入思政殿顧問，率至夕乃出。俄拜中書侍郎、同中書門下平章事。未踰年，自表還政。授劍南西川節度使、同平章事。

文昌素諳蜀利病，大抵治寬靜，間以威斷，不常任也，羣蠻震服。長慶二年黔中蠻叛，觀察使崔元略以聞，文昌使一介開曉，蠻卽引還，彭濮蠻大酋蹉祿來請立石刊誓，脩貢獻。入遷兵部尚書。文宗立，拜御史大夫，進封鄒平郡公。俄檢校尚書右僕射、平章事，節度淮南。大和四年，檢校左僕射，徙帥荆南。州或旱，禬解必雨；或久雨，遇出游必霽。民爲語曰：「旱不苦，禱而雨；雨不愁，公出游。」南詔襲南安，帝以文昌得蠻夷心，詔使下檄尉讓，即日解而去。復節度西川。九年卒，贈太尉。

文昌先墓在荆州，歲時享祠，必薦以音樂歌舞，習禮者譏其非。少羇窶，所向少諧。及居將相，享用奢侈，士議尤替。

子成式，字柯古，推蔭爲校書郎。博學彊記，多奇篇祕籍。侍父于蜀，以畋獵自放，文昌遣吏自其意諫止。明日以雉兔徧遺幕府，人爲書，因所獲儷前世事，無復用者，衆大驚。擢累尚書郎，爲吉州刺史，終太常少卿。著酉陽書數十篇。子安節，乾寧中，爲國子司業。善樂律，能自度曲云。

贊曰：屈突通盡節於隋，而爲唐忠臣，何哉？惟其一心，故事兩君而無嫌也。敬德之來，太宗以赤心付之，桑蔭不徙而大功立。君臣相遇，古人謂之千載，顧不諒哉！投機之會，間不容穟，公謹所以抵龜而決也。

唐書卷九十

列傳第十五

劉弘基 殷開山 劉政會 奇 崇望 崇龜 崇魯 許紹 圉師 欽寂
欽明 程知節 柴紹 任瓌 丘和 行恭

劉弘基，雍州池陽人。少以蔭補隋右勳侍。大業末，從征遼，貲乏，行及汾陰，度後期且誅，遂與其屬椎牛犯法，吏諷捕繫。歲餘，以贖論，因亡命，盜馬自給。至太原，陰事高祖。又察太宗資度非常，益自託。由是蒙親禮，出入連騎，間至臥內。兵將舉，弘基募士，得二千人。王威等鯁大事，弘基與長孫順德伏閤後，麾左右執之。從攻下西河，宋老生敗，棄馬投塹，弘基斬其首，拜右光祿大夫。師至蒲，引兵先濟河，下馮翊。爲渭北道大使，命殷開山副之。西徇扶風，衆至六萬，南度渭，次長安故城，振隊金光門。隋將衞文昇來拒，弘基逆擊，擒甲士千餘，馬數百。時諸軍尚未至，弘基最先勝。高祖悅，賜馬二十匹。京師平，功第一，授右驍衞大將軍。

討薛舉，戰淺水原，八總管軍皆沒，唯弘基一軍戰力，矢盡，爲賊拘。帝以臨難不屈，優護其家。仁杲平，乃克歸，官之如初。劉武周犯太原，弘基屯平陽，復陷賊。俄自拔歸，授左一總管。從秦王屯柏壁，以勁卒二千繇隰州趨西河，躡賊歸路。賊銳甚，弘基堅壁儲勇。及宋金剛遁走，率騎尾之介休，與王合擊，大破之。累封任國公。從擊劉黑闥，還，除井鉞將軍。會突厥患邊，督步騎萬人備塞，自豳北東拒子午嶺，西抵臨涇，築障遮虜。貞觀初，李孝常等謀反，坐與交，除名爲民。歲餘，起爲易州刺史，復封爵。召授衞尉卿，改封夔國。以老乞骸，爲輔國大將軍，朝朔望，祿賜同職事。太宗征遼，召爲前軍大總管，戰駐蹕山，有功，累加封戶至千一百。卒，贈開府儀同三司、并州都督，陪葬昭陵，謚曰襄。始，弘基病，給諸子奴婢各十五人，田五頃，謂所親曰：「使賢，固不藉多財；即不賢，守此可以脫飢凍。」餘悉散之親黨。子仁實，襲封。

殷開山名嶠，以字行，世居江南。祖不害，仕陳爲司農卿。陳亡，徙京兆，爲鄠人。開山涉書，工爲尺牘，爲隋大谷長。高祖兵起，召補大將軍掾，從攻西河。爲渭北道元帥長史。時關輔羣盜鶩力自張，不相君，命開山招慰，皆下。與劉弘基屯故城，破衞文昇之兵，賜爵陳郡公，遷丞相府掾。

以吏部侍郎從秦王討薛舉。會王疾甚，臥營，委軍於劉文靜，誡曰：「賊方熾，邀速戰利。公等毋與爭，糧盡衆楞，乃可圖。」開山銳立事，說文靜曰：「王屬疾，憂公弗克濟，故不欲戰。今宜逗機制敵，無專以賊遺王也。請勒兵以怖之。」遂戰折墌，爲舉所乘，遂大敗。下吏當死，詔貸之，除名爲民。頃之，從平仁杲，復爵位，兼陝東道行臺兵部尚書，遷吏部。從討王世充，以功進爵鄖國公。

征劉黑闥，道病卒，王哭之慟，詔贈陝東道大行臺右僕射，謚曰節。貞觀十四年，與淮安王神通、河間王孝恭、民部尚書劉政會俱配饗高祖廟廷。永徽中，加贈司空。

劉政會，滑州胙人。隋大業中，爲太原鷹揚府司馬，以兵隸高祖麾下。王威等旣貳，秦王欲先事除之，遣政會爲急變書告其反。時募士已集，乃執威等囚之，然後舉兵，政會功也。

大將軍府建，爲戶曹參軍，遷丞相府掾。武德初，授衞尉少卿，留守太原，調輯戎政，遠近懽服。會劉武周寇幷州，晉陽豪桀舉應之，政會爲武周所擒，每密表賊形勢。旣平，復官爵，歷光祿卿，封邢國公。貞觀初，轉洪州都督，卒。太宗手詔：「政會昔預義舉，有殊功，葬宜異等。」於是贈民部尙書，謚曰襄。後追徙渝國。

子玄意襲爵，尙南平公主。高宗時爲汝州刺史。

次子奇，長壽中，爲天官侍郎，薦張鷟、司馬鍠爲監察御史，二人因申屠瑒以謝，奇正色曰：「舉賢本無私，何見謝？」聞者皆竦。後爲酷吏陷，被誅。

七世孫崇望，字希徒，及進士第，宣歙王凝辟轉運巡官。崔安潛帥許及劍南，崇望昆弟四人同幕府，世以爲才。安潛入爲吏部尙書，崇望又以員外郎主南曹，選事淸辦。僖宗幸山南，王重榮怨宦豎，不肯率職，時高選使者，卽河中鐫諭使自新，崇望以諫議大夫持節往。旣至，陳君臣大義動之，重榮順服，請誅朱玫自效。使還，稱旨，擢翰林學士。昭宗卽位，進中書侍郎、同中書門下平章事。張濬伐太原，崇望固執不可，濬果敗。代爲門下侍郎、判度支。玉山都將楊守信反，夜陳兵闕下。帝列兵延喜門，命崇望守度支庫。遲旦，舍光門未開，禁卒左右植立，將大掠長安中。俄聞傳呼宰相來者，門闢，崇望駐馬勞曰：「上自將在中營，公等禁軍也，不帝前殺賊取功，而苟欲剽掠成惡名乎？」士皆唯唯。至長樂門，賊望兵至，乃遁去，軍中咸呼「萬歲」。是日，京師不亂，繄其力。進尙書左僕射。朱全忠謀取徐、泗，表請以大臣代時溥，乃授崇望武寧軍節度使。溥拒命，崇望還爲太常卿。會王珂、王珙爭河中，詔以崔胤爲節度使。珂，李克用婿也。太原邸吏薛志勤曰：「崔公鎭河中，不若光德劉公於我公最善。」光德，崇望所居坊也。後李茂貞、王行瑜入誅執政，坐是，貶昭州司馬。行瑜誅，克用直其冤，召爲吏部尙書。會王摶以吏部輔政，徙兵部。王建欲幷東川，詔崇望爲劍南東川節度使、同中書門下平章事。未至，建已使王宗滌知留後，崇望乃還爲兵部尙書。卒，贈司空。

兄崇龜，字子長。擢進士，仕累華要，終清海軍節度使。廣有大賈，約倡女夜集，而它盜殺女，遺刀去。賈入倡家，踐其血乃覺，乘艑亡。吏跡賈捕劾，得約女狀而不殺也。崇龜方大饗軍中，悉集宰人，至日入，乃遣。陰以遺刀易一雜置之。詰朝，羣宰即庖取刀，一人不去，曰：「是非我刀。」問之，得其主名。往視，則亡矣。崇龜取它囚殺之，聲言賈也，陳諸市。亡宰歸，捕詰具伏。其精明類此。姻舊或干以財，率不答，但寫荔支圖與之。然不能防檢其家，既沒，有鬻珠翠羽者，由是名損。

弟崇魯，字郊文，亦第進士，擢左補闕、翰林學士，僖宗避難山南，爲嗣襄王熅史館修撰，得不誅。景福中，以水部郎中知制誥。雅與崔昭緯善。帝以韋昭度、李磎輔政，而昭緯外倚邠、岐兵爲援，以久其權。於是天子厚禮磎，昭緯懼見奪，共謀沮之。及磎墨麻出，崇魯輒掠麻大哭。帝問焉，崇魯曰：「今雖乏人，豈宜取憸人爲宰相。磎以楊復恭、西門重遂得近職，奈何用之？前日杜讓能羞戮未刷，尙忍蹈覆轍乎？」磎由是不得相。磎亦劾奏其姦，因自陳「爲山南楊守亮詆毀，不容與復恭交私」。又言：「崇望爲宰相，使親吏日夕謁左軍，與復恭相親厚。絁巾慘帶，不入禁門；崇魯向殿哭，厭詛天祚，殆人之妖。且其父坐賄飲藥死。崇魯身爲朱玫史官，作勸進表。在太原府使西川，見田令孜，沒階趨，廢制度自崇魯始。」其相詈訾，俚淺稽校，譬市人然。崇龜始聞哭麻，恚不食。曰：「吾兄弟未始以聲利敗名，今不幸乃生是兒。」後王行瑜、崔昭緯相繼誅，崇魯貶崖州司戶參軍。終水部員外郞。

許紹字嗣宗，安州安陸人。父法光，在隋爲楚州刺史。元皇帝爲安州總管，紹時爲兒，與高祖同學，相愛也。大業末，任夷陵通守，會盜起，州境獨完，流人自占數十萬，開倉賑給。煬帝崩問至，紹率人吏三日臨，以所部遙屬越王侗。後王世充篡立，遂遣使以黔安、武陵、澧陽歸國，授峽州刺史，封安陸郡公。高祖賜書道平生舊，以加慰納。

蕭銑將董景珍降，命紹率兵應接。以破銑功，擢其子智仁爲溫州刺史。銑遣楊道生圍峽州，紹擊走之。銑將陳普環具大艦溯江，與開州賊蕭闍提略巴、蜀，紹遣智仁及婿張玄靖、掾李弘節追戰西陵，覆其兵，禽普環，悉獲戰艦。江之南有安蜀城，地直夷陵，荆門城峙其東，皆峭險處。銑以兵戍守，紹遣智仁等攻荆門，取之。制書褒美，許以便宜。紹境連王世充及銑，其下爲賊剽者皆見殺，紹得敵人，獨資遣之，二邦感義，殺掠爲止。進譙國公，賜帛千段。

趙郡王孝恭等伐銑，復詔督兵圖荆州。會病，卒于軍，帝爲流涕。貞觀中，贈荆州都督。

智仁，初以勳授封孝昌縣公，紹卒，繼守夷陵，終涼州都督。

次子圉師。

圉師有器幹，研涉藝文，擢進士第。累遷給事中、黄門侍郎、同中書門下三品。龍朔中，爲左相。高宗自書詔賜遼東諸將，謂許敬宗曰：「圉師愛書，可示之。」俄坐其子獵犯人田，有辭，怒而射之，圉師掩不奏，爲人告擿。帝讓曰：「宰相而暴百姓，非作威福乎？」圉師謝，且言：「作威福者，彊兵重鎮，嫚天子法。臣文吏，何敢然！」帝曰：「慊無兵邪？」敬宗因是劾抵，遂免官。

久之，爲虔州刺史，稍遷相州，專以寬治，州人刻石頌美。部有受賕者，國師不忍按，但賜清白箴，其人自愧，後脩飭，更爲廉士。進戶部尚書。卒，贈幽州都督，謚曰簡，陪葬恭陵。

紹初爵譙國公，以子智仁自有封，故詔孫力士襲之，終洛州長史。子欽寂嗣封。萬歲通天元年，契丹入寇，詔爲隴山軍討擊副使，戰崇州，敗，爲虜所禽。方圍安東，脅令說屬城未下者。欽寂呼安東都護裴玄珪曰：「賊朝夕當滅，幸謹守！」賊怒，害之。武后下制褒美，贈蘄州刺史，謚曰忠。子輔乾，以父死難，授左監門衞中候，爲海東慰勞使，使迎柩還葬。

欽寂弟欽明，以軍功擢左玉鈐衞將軍、安西大都護、鹽山郡公。出爲涼州都督。嘗輕騎按部，會突厥默啜兵奄至，被執。賊與皆至靈州，使說之降。欽明至城下，呼曰：「我乏食，有美醬乎？有粱米乎？幷乞墨一枝！」時賊營四面阻水，惟一路得入。欽明欲選將來兵，乘夜襲賊也，而城中無寤其廋者，遂見害。兄弟死王事，世名其忠。

程知節本名齩金，濟州東阿人。善馬矟。隋末，所在盜起，知節聚衆數百保鄉里。後事李密，而密料士八千隸四驃騎，分左右以自衞，號「內軍」，常曰：「此可當百萬。」知節領驃騎之一，恩遇隆特。王世充與密戰，知節以內騎營北邙，單雄信以外騎營偃師。世充襲雄信，密遣知節及裴行儼助之。行儼中流矢墜馬，知節馳救之，殺數人，軍辟易，乃抱行儼重騎馳。追兵以槊撞之，知節折其槊，斬追者，乃免。後密敗，爲世充所獲。惡其爲人，與秦叔寶來奔，授秦王府左三統軍。從破宋金剛、竇建德、王世充，並領左一馬軍總管，搴旗先登者不一，以功封宿國公。

七年，隱太子譖之，出爲康州刺史，白秦王曰：「大王去左右手矣，身欲久全，得乎？知節有死，不敢去！」事平，拜太子右衞率。尋遷右武衞大將軍，實封七百戶。貞觀中，歷瀘州都督、左領軍大將軍，改封盧國。

顯慶二年，授葱山道行軍大總管，以討賀魯。師次怛篤城，胡人數千出降，知節屠其城去，賀魯因遠遁。軍還，坐免。未幾，起爲岐州刺史，致仕。卒，贈驃騎大將軍、益州大都督，陪葬昭陵。

子處亮，尚淸河公主。

柴紹字嗣昌，晉州臨汾人。幼趫悍，有武力，以任俠聞。補隋太子千牛備身。高祖妻以平陽公主。將起兵，紹走間道迎謁。時太子建成、齊王元吉亦自河東往，遇諸塗。建成曰：「追書急，恐吏逮捕，請依劇賊，冀自全。」紹曰：「不可。賊知君唐公子，必執以爲功，徒死爾。不如疾走太原。」既入雀鼠谷，聞義兵起，謂紹有謀，乃相賀。授右領軍大都督府長史，領彀騎，發晉陽。先抵霍邑城下，覘形勢。還白：「宋老生一夫敵，我兵到必出戰，可虜也。」大師至，老生果出，紹力戰有功。從下臨汾、絳郡，隋將桑顯和來戰，紹引軍繚其背，與史大柰合攻之。顯和敗，遂平京師。進右光祿大夫，封臨汾郡公。高祖卽位，拜左翊衞大將軍，累從征討，以多，進封霍國公，遷右驍衞大將軍。

吐谷渾、党項寇邊，敕紹討之，虜據高射紹軍，雨矢，士失色。紹安坐，遣人彈胡琵琶，使二女子舞。虜疑之，休射觀。紹伺其懈，以精騎從後掩擊，虜大潰，斬首五百級。

貞觀二年，平梁師都，轉左衞大將軍。出爲華州刺史，加鎭軍大將軍，徙譙國。既病，太宗親問之。卒，贈荊州都督，謚曰襄。二子：哲威、令武。

哲威爲右屯衞將軍，襲封。坐弟謀反，免死，流邵州。起爲交州都督，卒。

令武尚巴陵公主，遷太僕少卿、衞州刺史、襄陽郡公。與房遺愛謀反，貶嵐州刺史，自殺。公主亦賜死。

任瓌字瑋，廬州合淝人。父七寶，陳將忠之弟，爲陳定遠太守。瓌早孤，忠撫愛甚，每曰：「吾子雖多，庸保耳。所以寄門戶者，瓌也！」年十九，試守靈溪令。遷衡州司馬，都督王勇盡以州務屬瓌。陳亡，瓌勸勇據嶺外，立陳後輔之。勇不從，以地降隋，瓌棄官去。仁壽中，調韓城尉，未幾，罷。

高祖討捕於汾、晉，瓌上謁轅門，承制署河東縣戶曹。高祖之晉陽，留隱太子託之。義師起，瓌至龍門請見。高祖曰：「隋失其政，四海羣沸，吾以外戚據重任，不忍坐觀其亡。晉陽，天下用武處，兵精馬彊，今率之，將厭國難。公，將家子，智算練達，論吾此舉其濟乎？」瓌曰：「今主政殘酷，兵役不止，天下之人，思見拯亂，與之息肩。公天付神武，杖順而起，軍令嚴明，所下城邑，無秋豪之犯。關中起兵者跂踵而待。擁義師，迎衆欲，何不濟哉！瓌在馮翊久，悉其人情，願爲一介使，入關宣布威靈，以收左輔。繇梁山濟河，直趣韓城，逼郃陽，徇朝邑。蕭造文吏，勢當自下。次招諸賊，然後鼓行而前，據永豐積粟，雖未得京師，關中固已定矣。」高祖曰：「是吾心也！」乃授銀青光祿大夫。遣陳演壽、史大柰步騎六千趣梁山，以瓌及薛獻爲招慰大使。高祖謂演壽曰：「閫外事與任瓌籌之。」既而賊孫華、白玄度等果降，且具舟于河以濟師。瓌行說下韓城，與諸將進擊飲馬泉，破之。拜左光祿大夫，留戍永豐倉。

高祖卽位，授穀州刺史。王世充數攻新安，瓌拒破之。以功封管國公。秦王東討，瓌從至邙山，主水運餉軍。

關東平，爲河南安撫大使。王世辯以徐州降瓌，瓌至宋州，會徐圓朗反，副使柳濬勸退保汴，瓌笑曰：「公何怯？老將居邊久，自當有計。」俄而賊陷楚丘，將圍虞城，瓌遣崔樞、張公謹自鄢陵領諸州豪質子百餘守之。濬曰：「樞等故世充將，且諸州質子父兄皆反，奈何令保城？」瓌不答。樞至，則分質子與土人合隊，賊近，質子稍叛，樞卽斬其隊帥。城中人懼曰：「是皆賊子弟，安可與守乎？」樞因聽諸隊殺質子，梟首門外。瓌陽怒曰：「去者遣招慰，何乃殺之？」退謂濬曰：「固知崔樞辦之。縣殺賊子，爲怨已大，人今自爲戰矣。」圓朗攻虞城，不能拔。賊平，遷徐州總管，仍爲大使。

輔公祏反，詔以兵自揚子津濟江討之。公祏平，拜邗州都督，遷陝州。瓌弟璨，爲隱太子典膳監。太子廢，璨得罪，瓌亦左授通州都督。貞觀四年卒。

瓌歷職有功，然補吏多爲親故人私，至負勢賕請，瓌知，不甚禁遏，世以此譏之。瓌卒，時有司以在外對仗白奏，太宗怒曰：「昔杜如晦亡，朕不能事者數日。今瓌喪，所司不以狀言，豈朕意乎？有如朕子弟不幸死，當此奏邪！」自是大臣喪，遂不對仗奏云。

丘和，河南洛陽人，後徙家郿。少重氣俠，閑弓馬，長乃折節自將。仕周開府儀同三司。入隋爲右武衞將軍，封平城郡公，歷資、梁、蒲三州刺史，以寬惠著名。漢王諒反，使卒衣婦人衣，襲取蒲州，和挺身免，坐廢爲民。宇文述有寵，和傾心附納。俄以發武陵公元冑罪，復拜代州刺史。煬帝北巡，和饋獻精腆，至朔州，而刺史楊廓無所進，帝不悅。述盛稱和美，帝用爲博陵太守，詔廓就視和爲式。後帝過博陵，和上食加豐，愈喜。由是所過競爲珍侈獻，自和發也。然和善撫吏士，得其心。遷天水郡守，入爲左禦衞將軍。大業末，海南苦吏侵，數怨畔。帝以和所莅稱淳良，而黃門侍郎裴矩亦薦之，遂拜交阯太守，撫接盡情，荒憬安之。

煬帝崩，而和未知。於是鴻臚卿甯長眞舉鬱林附蕭銑，馮盎舉珠崖、番禺附林士弘，各遣使招和，不從。林邑西諸國，數遺和明珠、文犀、金寶，故和富埒王者。銑聞，利之，命長眞以南粵蠻、俚攻交阯，和遣長史高士廉率兵擊走之，郡爲樹石勒其功。會隋驍果自江都來，乃審隋亡，和卽陳款歸國，而嶺嶠閉岨，乃權附銑。銑平，遂得歸。詔李道裕卽授和交州大總管，爵譚國公。和遣士廉奉表請入朝，詔其子師利迎之。及謁見，高祖爲興，引入臥內，語平生，歡甚，奏九部樂饗之，除左武候大將軍。和時已老，以稷州其故鄉也，令爲刺史以自養。尋除特進。貞觀十一年卒，年八十六，贈荆州總管，謚曰襄，陪葬獻陵。

有子十五人，多至大官，而行恭爲知名。

行恭有勇，善騎射。大業末，與師利聚兵萬人保郿城，人多依之，羣盜不敢窺境。後原州奴賊圍扶風，太守竇璡堅守。賊食盡無所掠，衆稍散歸行恭。行恭遣其酋說賊共迎高祖，乃自率五百人負糧持牛酒詣賊營。奴帥長揖，行恭手斬之，謂衆曰：「若皆豪桀也，何爲事奴乎？使天下號曰奴賊。」衆皆伏，曰：「願改事公。」行恭乃率其衆，與師利迎謁秦王於渭北，拜光祿大夫。累從戰伐，功多，遷左一府驃騎，錫勞甚厚。隱太子誅，以功擢左衞將軍。貞觀中，坐與兄爭葬所生母，廢爲民。從侯君集平高昌，封天水郡公，進右武候將軍。高宗立，遷大將軍、冀陜二州刺史，致仕。卒，年八十，贈荆州刺史，謚曰襄，陪葬昭陵。

行恭所守嚴烈，僚吏畏之。數坐事免，太宗思其功，不踰時輒復官。初，從討王世充，戰邙山。太宗欲嘗賊虛實，與數十騎衝出陣後，多所殺傷，而限長堤，與諸騎相失，唯行恭從。賊騎追及，流矢著太宗馬，行恭回射之，發無虛鏃，賊不敢前。遂下拔箭，以己馬進太宗，步執長刀，大呼導之，斬數人，突陣而還。貞觀中，詔斲石爲人馬，象拔箭狀，立昭陵闕前，以旌武功云。子神勣，見酷吏傳。

贊曰：帝王之將興，其威靈氣焰有以動物悟人者，故士有一槩，皆塡然躍而附之，若榱椽梁柱以成大室，叉負偃植，各安所施而無遺材，諸將之謂邪。然皆能禮法自完，賢矣哉！

唐書卷九十一

列傳第十六

溫大雅 彥博 大有 佶 造 璋 廷筠 廷皓　皇甫無逸　李襲志 襲譽

姜謩 行本 晈 慶初 晦　崔善爲　李嗣眞

溫大雅字彥弘，并州祁人。父君攸，北齊文林館學士，入隋爲泗州司馬，見朝政不綱，謝病歸。大雅性至孝，與弟彥博、大有皆知名。薛道衡見之，嘆曰：「三人者，皆卿相才也。」初爲東宮學士、長安尉，以父喪解，會天下亂，不復仕。

高祖鎭太原，厚禮之。兵興，引爲大將軍府記室參軍，主文檄。帝受禪，與竇威、陳叔達討定儀典，遷黃門侍郎，而彥博亦爲中書侍郎，對管華近。帝嘗從容謂曰：「我起晉陽，爲卿一門耳。」進工部侍郎、陝東道大行臺尙書。隱太子圖亂，秦王表大雅鎭洛陽須變，數陳祕畫，多所嘉納。王卽位，轉禮部，封黎國公。改葬其祖，卜人占其地，曰：「弟則吉，不利於君，若何？」大雅曰：「如子言，我含笑入地矣。」歲餘卒，謚曰孝。永徽五年，贈尚書右僕射。

彥博字大臨，通書記，警悟而辯。開皇末，對策高第，授文林郎，直內史省。隋亂，幽州總管羅藝引爲司馬。藝以州降，彥博與有謀，授總管府長史，封西河郡公。召入爲中書舍人，遷侍郎。高麗貢方物，高祖欲讓而不臣，彥博執不可，曰：「遼東本周箕子國，漢玄菟郡，不使北面，則四夷何所瞻仰？」帝納而止。

突厥入寇，彥博以幷州道行軍長史戰太谷，王師敗績，被執。突厥知近臣，數問唐兵多少及國虛實，彥博不肯對，囚陰山苦寒地。太宗立，突厥歸款，得還。授雍州治中，尋檢校吏部侍郎。彥博欲汰擇士類，寡術不能厭衆，訟牒滿廷，時譏其煩碎。復爲中書侍郎，遷御史大夫，檢校中書侍郎事。貞觀四年，遷中書令，封虞國公。突厥降，詔議所以安邊者，彥博請如漢置降匈奴五原塞，以爲捍蔽，與魏徵廷爭，徵不勝其辯，天子卒從之。其後突利可汗弟結社率謀反〔一〕，帝始悔云。

彥博善辭令，每問四方風俗，臚布詔命，若成誦然；進止詳華，人皆拭目觀。高祖嘗宴近臣，遣秦王諭旨，既而顧左右曰：「何如溫彥博？」十年，遷尚書右僕射，明年卒，年六十三。

彥博性周慎，既掌機務，謝賓客不通，進見必陳政事利害。卒後，帝歎曰：「彥博以憂國故，耗思殫神，我見其不逮再期矣，恨不許少閑以究其壽。」家貧無正寢，殯別室，帝命有司爲構寢。贈特進，謚曰恭，陪葬昭陵。

子振、挺。振歷太子舍人，居喪以毀卒。挺尚千金公主，官延州刺史。彥博曾孫曦，尚涼國長公主。

大有字彥將。隋仁壽中，李綱薦之，授羽林騎尉。高祖舉兵，引爲太原令。從秦王徇西河，將行，高祖曰：「士馬單少，要須經略，以君參軍事，事之濟否，卜是行也。」西河下，攝大將軍府記室，與兄大雅同掌機近，不自安，請徙它職。帝曰：「我虛心待卿，何所自疑？」武德初，累遷中書侍郎，封淸河郡公。卒，贈鴻臚卿，謚曰敬。

初，顏氏、温氏在隋最盛，思魯與大雅俱事東宮，愍楚、彥博同直內史省，游秦、大有典校祕閣，顏以學業優，而温以職位顯於唐云。

大雅四世孫佶，字輔國，以字行。安祿山亂，往見平原太守顏眞卿，助爲守計。李光弼厚遇之。後居鄴，薛嵩薦之朝，授太常丞，一謝嵩卽去，屏處郊野，世推其高節。

子造。

造字簡輿，姿表瑰傑，性嗜書，然盛氣，少所降屈。不喜爲吏，隱王屋山，人號其居曰「處士墅」。壽州刺史張建封聞其名，書幣招禮，造欣然曰：「可人也！」往從之。建封雖咨謀，而不敢縻以職事。及節度徐州，造謝歸下邳，慨然有高世心。建封恐失造，因妻以兄子。

時李希烈反，攻陷城邑，天下兵鎭陰相撼，逐主帥自立，德宗患之。以劉濟方納忠于朝，密詔建封擇縱橫士往說濟，佐其必。建封彊署造節度參謀，使幽州。造與濟語未訖，濟俯伏流涕曰：「僻陋不知天子神聖，大臣盡忠，願率先諸侯效死節。」造還，建封以聞，詔馳馹入奏。天子愛其才，問造家世及年，對曰：「臣五世祖大雅，外五世祖李勣，臣犬馬之齒三十有二。」帝奇之。將用爲諫官，以語泄乃止。復去，隱東都。烏重胤奏致幕府。

長慶初，以京兆司錄爲太原幽鎭宣諭使，召見，辭曰：「臣，府縣吏也，不宜行，恐四方易朝廷。」穆宗曰：「朕東宮時聞劉總，比年上書請覲，使問行期，乃不報。卿爲我行喩意，毋多讓。」因賜緋衣。至范陽，總櫜鞬郊迎。造爲開示禍福，總懼，矍然若兵在頸，繇是籍所部九州入朝。還，遷殿中侍御史。田弘正遇害，以起居舍人復宣慰鎭州行營。

頃之，李景儉以酒得過宰相，造坐與飲，出爲朗州刺史。開後鄉渠百里，溉田二千頃，民獲其利，號「右史渠」。召授侍御史，知彈奏。請復朱衣豸冠示外廡，不聽。夏州節度使李祐拜大金吾，違詔進馬，造正衙抨劾。祐曰：「吾夜入蔡州擒吳元濟，未嘗心動，今日膽落於溫御史。」遷左司郎中，知御史雜事，進中丞。

大和二年，內昭德寺火，延禁中「野狐落」，野狐落者，宮人所居也，死者數百人。是日，宰相、兩省官、京兆尹、中尉、樞密皆集日華門，督神策兵救火所及，獨御史府不至。造自劾曰：「臺繫賊，恐人緣以構姦，申警備，乃得入。臣請入三十直，崔蠡、姚合二十直，自贖。」宰相劾造不待罪於朝，而自許輕比，不可聽。有詔皆奪一月俸。

造性剛急，人或忤己，雖貴勢，亦以氣出其上。道遇左補闕李虞，恚不避，捕從者笞辱。左拾遺舒元褒等建言：「故事，供奉官惟宰相外無屈避。造棄蔑典禮，無所畏，辱天子侍臣。凡事小而關分理者，不可失；失之，則亂所由生。遺、補雖卑，侍臣也，中丞雖高，法吏也；侍臣見陵則恭不廣，法吏自恣則法壞。聞元和、長慶時，中丞呵止不半坊，今乃至兩坊，謂之籠街。造擅自尊大，忽僭擬之嫌，請得論罪。」帝乃詔臺官、供奉官共道路，聽先後行，相値則揖。中丞傳呼不得過三百步。造彈擊無所回畏，威望隱然，發南曹僞官九十人，主史皆論死。遷尚書右丞，封祁縣子。

興元軍亂，殺李絳，衆謂造可夷其亂，文宗亦以爲能，乃授檢校右散騎常侍、山南西道節度使，許以便宜從事。帝慮其勞費，造曰：「臣計諸道戍蠻之兵方還，願得密詔受約束，用此足矣。」許之。命神策將董重質、河中將温德彝、郃陽將劉士和從造。而興元將衞志忠、張丕、李少直自蜀還，造喻以意，皆曰：「不敢二。」乃用八百人自從，五百人爲前軍。既入，前軍呵護諸門。造至，欲大宴，視聽事，曰：「此隘狹，不足饗士。」更徙牙門。坐定，將卒羅拜，徐曰：「吾欲聞新軍去住意，可悉前，舊軍無得進。」勞問畢，就坐，酒行，從兵合，卒有覺者，欲引去，造傳言叱之，乃不敢動。即問軍中殺絳狀，志忠、丕夾階立，拔劍傳呼曰：「悉殺之！」圍兵爭奮，皆斬首，凡八百餘人。親殺絳者，醢之；號令者，殊死。取百級祭絳，三十級祭死事官王景延等，餘悉投之漢江。監軍楊叔元擁造靴祈哀，造以兵衞出之。詔流康州。叔元，始激兵亂者也，人以造不戮爲恨。以功加檢校禮部尚書，賜萬縑賞其兵。

入爲兵部侍郎，以病自言，出東都留守。俄節度河陽。奏復懷州古秦渠枋口堰，以溉濟源、河內、温、武陟四縣田五千頃。召爲御史大夫。方倚以相，會疾，不能朝，改禮部尚書。卒，年七十，贈尚書右僕射。

兄邈，弟遜。邈，長慶、大和中，累以拾遺、補闕召，不應。遜嘗爲邑宰，解印綬去。

造子璋。

璋以父蔭累官大理丞。陰平吏盜官物，而焚其帑，璋刺得其情，擢侍御史，賜緋衣。遷婺州刺史，以政有績，賜金紫。徙廬、宋二州刺史。宣州逐鄭薰也，崔鉉調淮南兵討之，以璋爲宣州刺史。事平，就拜觀察使，擢武寧節度使。銀刀軍驕横，累將姑息，而璋政嚴明，懼之，相率逐璋，詔徙邠寧節度，歷京兆尹。璋素彊幹，鉏宿弊，豪右慴服，加檢校吏部尚書。同昌公主薨，懿宗誅醫無狀者，繫親屬三百餘人。璋與劉瞻極諫，貶振州司馬，歎曰：「生不逢時，死烏足惜！」仰藥死。

彥博裔孫廷筠，少敏悟，工爲辭章，與李商隱皆有名，號「温李」。然薄於行，無檢幅。又多作側辭豔曲，與貴胄裴誠、令狐滈等蒲飲狎昵。數舉進士不中第。思神速，多爲人作文。大中末，試有司，廉視尤謹，廷筠不樂，上書千餘言，然私占授者已八人，執政鄙其爲，授方山尉。徐商鎮襄陽，署巡官，不得志，去歸江東。令狐綯方鎮淮南，廷筠怨居中時不爲助力，過府不肯謁。丐錢揚子院，夜醉，爲邏卒擊折其齒，訴於綯。綯爲劾吏，吏具道其汙行，綯兩置之。事聞京師，廷筠徧見公卿，言爲吏誣染。俄而徐商執政，頗右之，欲白用。會商罷，楊收疾之，遂廢卒。本名鼓，字飛卿。

弟廷皓，咸通中，署徐州觀察使崔彥曾幕府。龐勛反，以刃脅廷皓，使爲表求節度使，廷皓紿曰：「表聞天子，當爲公信宿思之。」勛喜。歸與妻子決，明日復見，勛索表，倨答曰：「我豈以筆硯事汝邪？其速殺我。」勛熟視笑曰：「儒生有膽耶，吾動衆百萬，無一人操檄乎！」囚之，更使周重草表。彥曾遇害，廷皓亦死，詔贈兵部郎中。

皇甫無逸字仁儉，京兆萬年人。父誕，隋并州總管府司馬，漢王諒反，逼之不從，見殺。無逸在長安，聞變卽號慟，人問故，對曰：「吾父生平重節義，必無苟免者。」頃訃至，果然。時五等廢，煬帝嘉誕忠，特封無逸平輿侯，而贈誕柱國、弘義郡公。

無逸歷淯陽太守，治爲天下最，再遷右武衞將軍。帝幸江都，詔居守洛陽。帝被殺，乃與段達、元文都立越王侗。及王世充簒，棄母妻，斬關自歸。追騎及，無逸顧曰：「吾有死，終不能同爾爲逆。」解金帶投之地，曰：「以與爾，無相困。」騎爭下取，由是獲免。

高祖以無逸本隋勳舊，尊遇之，拜刑部尚書，封滑國公。歷陝東道行臺民部尚書，遷御史大夫。時蜀新定，吏多橫恣，人不聊，詔無逸持節巡撫，得承制除吏。既至，黜貪暴，用廉善，法令嚴明，蜀人以安。

皇甫希仁，愉人也，誣告無逸爲母故陰交世充，帝判其詐，斬希仁，遣給事中李公昌馳諭。又有告無逸交通蕭銑者，時無逸與行臺僕射竇璡不協，因表自陳，并上璡罪。有詔劉世龍、温彦博按之，無狀，遂斬告者而黜璡。及還，帝勞曰：「比多譖毁，但以正直爲佞人憎爾。」無逸頓首謝，帝曰：「卿無負，何所謝？」

拜民部尚書，出爲同州刺史，徙益州大都督府長史。所至輒閉閤不通賓客，左右無敢出入者；所須皆市易它境。嘗按部，宿民家，鐙炷盡，主人將續進，無逸抽佩刀斷帶爲炷，其廉介類如此。然過自畏愼，每上表疏，讀數十猶懼未審，使者上道，追省再三乃得遣。母在長安疾篤，太宗命馳驛召還承問，憂悸不能食，道病卒。贈禮部尚書，謚曰孝。王珪駁曰：「無逸入蜀，不能與母俱，留卒京師，子道未足稱，不可謂孝。」乃更謚良。

李襲志字重光。其先本隴西狄道人，五世祖避地，更爲金州安康人。仕隋始安郡丞。大業末，盜賊起，襲志傾私產募士，得三千人，乘城拒盜，蕭銑、林士弘屢攻之不下。聞煬帝喪，乃與士民縞素三日臨，或說曰：「公臨郡久，士大夫悅向，蠻夷畏威，雖曰隋臣，實君長也。今四海分裂，自王者非一姓，宜遂據嶺表，取百粵，豈遽不若尉佗乎？」襲志曰：「吾世隋臣，今江都雖淪，宗社尚有奉，諸君當相與勠力刷讎恥，豈怙亂圖不義哉？吾寧蹈忠死，不逆節以生，尉佗不足爲吾法也。」欲斬說者，衆諫，乃止。遂固守凡二年，力窮援絕，爲銑所陷，僞署工部尚書、桂州總管。

武德初，高祖賜書，命其子玄嗣召之。襲志約嶺南酋永平郡守李光度潛圖歸國。帝復以書諭曰：「公朕之宗，不可與異姓比，宜及子弟並豫宗正屬籍。」及銑平，嶺南六十餘州皆送款，襲志誘而致云。趙郡王孝恭承制授桂州總管。五年來朝，進柱國，封始安郡公、江州都督。後討輔公祏，爲水軍總管，轉桂州都督。襲志守桂二十八年，政尚清省，南荒便之。表請入朝，以光祿大夫、汾州刺史致仕，卒。

弟襲譽，字茂實，通敏有識度。仕隋爲冠軍府司兵。陰世師輔代王守京師也，三輔盜螘聚，襲譽請以兵據永豐倉，發粟賑窮乏，出庫物賞戰士，馳檄郡縣，共逐捕賊。世師不從。乃求出募山南兵，至漢中，高祖已定長安，召授太府少卿、安康郡公。伐王世充也，拜潞州總管。時突厥已和親，又通使世充，襲譽捕斬之。詔委典運，以饟東軍。擢累揚州大都督府長史、江南巡察大使，多所黜陟。揚州，江、吳大都會，俗喜商賈，不專農；襲譽爲引雷陂水，築句城塘，溉田八百頃，以盡地利，民多歸本。召爲太府卿。

爲人嚴慤，以威肅聞。居家儉，厚于宗親，祿稟隨多少散之。以餘資寫書，罷揚州，書遂數車載。嘗謂子孫曰：「吾性不喜財，遂至窶乏。然負京有賜田十頃，能耕之，足以食；河內千樹桑，事之可以衣；江都書，力讀可進求宦。吾歿後，能勤此，無資於人矣。」遷涼州都督，改同州刺史。坐在涼州以私憾杖殺番禾丞劉武，當死，廢爲民，流泉州，卒。

姜謩，秦州上邽人。隋大業末，爲晉陽長。高祖在太原，謩前識之，謂所親曰：「隋政亂將亡，必有聖人受之。唐公負王霸資度，其必撥亂得天下。」乃深自結。及大將軍府建，引爲司功參軍，從平霍邑、絳郡，兵遂度河，謩部勒一夕濟，高祖歎其略。進平長安，除相國冑曹參軍、長道縣公。

薛舉寇秦州，以謩山西豪望，詔安撫隴外，委以便宜。將行，請曰：「公天人之望已屬，宜膺圖緯，光有神器。謩老矣，恐先朝露，幸一見踐阼，死不恨。」高祖嘉納。乃與竇軌出散關，下河池、漢陽，遇薛舉，與戰，軌敗，召謩還朝，爲員外散騎常侍。後仁杲平，擢秦州刺史。帝曰：「昔人稱衣錦故鄉，今以本州相授，所以償功。涼州荒梗，宜有以靖之。」謩至，撫邊俗以恩信，盜賊衰止。人喜曰：「不意復見太平官府。」改守隴州，以老去職。貞觀元年卒，贈岷州都督，謚曰安。

子確。

確字行本，以字顯。貞觀中，爲將作少匠，護作九成、洛陽宮及諸苑籞，以幹力稱，多所賚賞，游幸無不從，遷宣威將軍。太宗選趫才，衣五色袍，乘六閑馬，直屯營，宿衞仗內，號曰「飛騎」，每出幸，卽以從，拜行本左屯衞將軍，分典之。

高昌之役，爲行軍副總管，出伊州，距柳谷百里，依山造攻械，增損舊法，械益精。其處有漢班超紀功碑，行本磨去古刻，更刊頌陳國威靈。遂與侯君集進平高昌，璽書尉勞。還，爲金城郡公，賜奴婢七十人，帛百五十段。帝將征高麗，行本諫未宜輕用師，不從。至蓋牟城，中流矢，卒。帝賦詩悼之，贈左衞大將軍、郕國公，謚曰襄，陪葬昭陵。子簡嗣。

行本性恪敏。所居官，雖祁寒烈暑無懈容，加有巧思，凡朝之營繕，所司必諮而後行。魏徵見其倚昵，恐寖啓侈端，勸帝斥之，帝賴其彊濟，不斥也。

子柔遠，美姿容，敷奏詳辯。武后時，至左鷹揚衞將軍，攝地官尙書通事舍人、內供奉。子晈、晦。

皎，長安中爲尚衣奉御，玄宗在藩邸，皎識其有非常度，委心焉。及卽位，自潤州長史召授殿中少監。出入臥內，陪燕私，詔許捨敬，坐與妃嬪連榻，間擊毬鬭鷄，呼之不名也。賜宮女、廏馬及它珍物，前後不勝計。帝在殿廷翫一嘉樹，皎盛贊之，帝遽令徙植其家。

後將誅竇懷貞等，皎與密議，以功進殿中監、楚國公，食封四百戶。議者譏短皎任遇太過，帝以其藩邸舊，思有以宣布之，乃下詔曰：「殿中監、楚國公皎，往事朕於藩國，雖彭祖同書，子陵共學，不過也。朕嘗遊長楊、鄠、杜間，皎于時奉侍，數謂朕曰：『相王必登天位，王且儲副。』朕叱而後止，復言於朕兄弟近戚。語聞太上皇，太上皇奏之中宗，遣嗣虢王邕等鞫問，皎一意保護，罔或貳言。宗楚客、紀處訥等請投皎炎荒，中宗特詔貶潤州長史。專以忠力戴朕，謂天且有命，故履危蹈難而無變焉。朕既卽位，又參誅姦臣，將厚以光寵，每所撝遜。造膝匪躬，舉多規益。而悠悠之談，醜正惡直，天下之人，其未及識皎之功，何見之異也？昔漢昭之任霍光，魏祖之明程昱，朕之不德，庶幾於此。且否當其悔，則必滅乃宗；泰至于亨，則所酬未補。豈流言之聽，而厚德之忘哉？苟謀始有之，圖終可也。」尋遷太常卿，監脩國史。弟晦又爲吏部侍郎，有權寵，宋璟以爲非久安策，請抑損之。

開元五年，下詔放歸田里，使自娛。久之，復爲祕書監。十年，坐洩禁中語，爲嗣濮王嶠所劾，敕中書門下究狀。嶠亦王守一姻家，中書令張嘉貞陰希其意，傅致晈獄。詔免殊死，杖之，流欽州。道病死，年五十。親厚坐謫死者數人，世以爲冤。時源乾曜方侍中，不能正，爲人所譏詆。帝後思晈舊勳，令遞柩還，以禮葬之，存問其家，追贈澤州刺史。後以子尙主，更贈吏部尙書，仍賜封二百戶爲祠享費。

子慶初。

慶初生方晬，帝許尙主，後淪謫二十餘年。天寶初，晈甥李林甫爲宰相，爲帝言之，始命以官，襲楚國公。十載，尙新平公主。新平故嘗歸裴玲，玲卒，乃降慶初。主慧淑，閑文墨，帝賢之，歷肅、代朝，恩禮加重，慶初亦得幸。舊制，駙馬都尉多不拜正官，特拜慶初太常卿。會脩植建陵，詔爲之使，誤毀連岡，代宗怒，下吏論不恭，賜死，建陵使史忠烈等皆誅，裴玲子儆，亦削官。主幽禁中，大曆十年薨。

故事，太常職奉陵廟。開元末，濮陽王徹爲宗正卿，有寵，始請宗正奉陵。天寶中，張垍以主婿任太常，故復舊。及慶初敗，又以陵廟歸宗正云。

晦，起家蒲州參軍，累爲高陵令，治有聲，遷長安令，人畏愛之。開元初，擢御史中丞。先是，永徽、顯慶時，御史不拜宰相，銜命使四方者，廷中揖見，後稍屈下。至晦，獨徇舊體，謂御史曰：「不如故事，且奏譴公等。」由是臺儀復振。轉太常少卿。

時國馬乏，晦請以詔書市馬六胡州，率得馬三十，署游擊將軍，詔可。閑廄乃稍備。除黃門侍郎，辭不拜，改兵部。滿歲，爲吏部侍郎，主選。曹史嘗請託爲姦，前領選者周棘扃藩，檢室內外，猶不禁。至晦，悉除之，示無防限，然處事精明，私相屬諉，罪輒得，皆以爲神。始，晦革舊示簡，廷議恐必敗，既而贓賕路塞，而流品有敍，衆乃伏。晈被放，晦亦左除宗正卿，貶春州司馬，徙海州刺史，卒。

崔善爲，貝州武城人。祖顒，爲魏散騎侍郎。善爲巧于曆數，仕隋，調文林郎。督工徒五百營仁壽宮，總監楊素索簿閱實，善爲執板暗唱，無一差謬，素大驚。自是四方有疑獄，悉令按訊，皆究其情。仁壽中，遷樓煩司戶書佐，高祖爲太守，尤禮接。

善爲見隋政日紊，密勸高祖圖天下。及兵起，署大將軍府司戶參軍，封清河縣公。擢累尚書左丞，用清察稱。諸曹史惡之，以其短而傴，嘲曰：「曲如鉤，例封侯。」欲沮罷所任。帝聞，勉之曰：「昔齊末姦吏歌斛律明月，而高緯闇不察，至滅其家。朕雖不德，幸免是。」因下令購謗者，謗乃止。傅仁均撰戊寅曆，李淳風詆其疏，帝令善爲考二家得失，多所裁正。貞觀初，爲陝州刺史。時議，戶猥地狹者徙寬鄉，善爲奏：「畿內戶衆，而丁壯悉籍府兵，若聽徙，皆在關東，虛近實遠，非經通計。」詔可。歷大理、司農二卿，坐與少卿不平，出爲秦州刺史。卒，贈刑部尙書，謚曰忠。

初，天下旣定，羣臣居喪者皆奪服，善爲建言其敝。武德二年，始許終喪，然猶時以權迫不能免，如房玄齡、褚遂良者衆矣。

李嗣眞字承胄，趙州柏人人。多藝數，舉明經，中之，累調許州司功參軍。賀蘭敏之脩撰東臺，表嗣眞直弘文館，與學士劉獻臣、徐昭皆少有名，號「三少」。高宗東封還，詔贈孔子太師，命有司爲祝，司文郎中雷少穎文不稱旨，更命嗣眞，成不淹頃，帝覽稱善，詔加兩階。敏之等倚恩自如，嗣眞不喜，求補義烏令。敏之敗，學士多連坐，嗣眞獨免。調露中，爲始平令，風化大行。時章懷太子作寶慶曲，閱於太淸觀，嗣眞謂道人劉槩、輔儼曰：「宮不召商，君臣乖也；角與徵戾，父子疑也。死聲多且哀，若國家無事，太子任其咎。」俄而太子廢，槩等奏其言，擢太常丞，知五禮儀，封常山縣子。嗣眞常曰：「隋樂府有堂堂曲；明唐再受命；比日有『側堂堂，橈堂堂』之謠，側，不正也，橈，危也。皇帝病日侵，事皆決中宮，持權與人，收之不易。宗室雖衆，居中制外，勢且不敵。諸王殆爲后所蹂踐，吾見難作不久矣。」太常鈌黃鍾，鑄不能成，嗣眞居崇業里，疑土中有之，弗得其所。道上逢一車，有鐸聲甚厲，嗣眞曰：「宮聲也。」市以歸，振於空地，若有應者，掘之得鍾，衆樂遂和。嘗引工展器于廷，后奇其風度應對，召相王府參軍閻玄靜圖之，吏部郎中楊志誠爲贊，祕書郎殷仲容書，時以爲寵。

永昌初，以右御史中丞知大夫事，請周、漢爲二王後，詔可。命巡撫河東，薦宋温瑾、袁嘉祚、李日知，拔州縣職，皆至顯官。來俊臣獄方熾，嗣眞上書諫，以爲「昔陳平事漢祖，謀疏楚君臣，行反間，項羽遂亡。今殆有如平者謀陛下君臣，恐爲社稷禍」。不納。出爲潞州刺史。俊臣誣以反，流藤州，久得還。自筮死日，豫具棺斂，如言卒桂陽。有詔州縣護喪還鄉里，贈濟州刺史，謚曰昭。

武后嘗問嗣眞儲貳事，對曰：「程嬰、杵臼存趙氏孤，古人嘉之。」后悟，中宗乃安。神龍初，贈御史大夫。所撰述尤多。

時雍州人裴知古亦善樂律，長安中，爲太樂令。神龍元年正月，享太廟，樂作，知古密語萬年令元行沖曰：「金石諧婉，將有大慶，在唐室子孫乎！」是月，中宗復位。人有乘馬者，知古聞其嘶，乃曰：「馬鳴哀，主必墜死。」見新婚者，聞佩聲，曰：「終必離。」訪之，皆然。

校勘記

〔一〕結祉率 各本原無「率」字。本書卷二太宗紀、卷九七魏徵傳、卷二一五上突厥傳、舊書卷一九四上突厥傳及貞觀政要卷九均作「結祉率」。據補。

唐書卷九十二

列傳第十七

杜伏威 闞稜 王雄誕 張士貴 李子和 苑君璋 羅藝 王君廓

杜伏威，齊州章丘人。少豪蕩，不治生貲，與里人輔公祏約刎頸交。公祏數盜姑家牧羊以餽伏威，縣迹捕急，乃相與亡命爲盜，時年十六。伏威狡譎多算，每剽劫，衆用其策皆效。嘗營護諸盜，出爲導，入爲殿，故其黨愛服，共推爲主。

隋大業九年，入長白山，依賊左君行，不得意，舍去，轉剽淮南，稱將軍。下邳賊苗海潮擁衆鈔暴，伏威遣公祏脅諭曰：「天下共苦隋，豪桀相與興義，然力弱勢分不相統，若合以爲彊，則無事隋矣。公能爲主，吾且從，不然，一戰以決。」海潮懼，即以衆下之。江都留守遣校尉宋顥將兵捕擊，伏威與戰，僞北，誘顥墮葭葦澤中，順風縱火迫之，步騎燒死幾盡。海陵賊趙破陣聞伏威兵少，輕之，召使幷力。伏威引親將十人操牛酒謁，勒公祏嚴兵待變。破陣引伏威入幕，置酒，悉召酋首高會。伏威突斬破陣，衆眙駭不及救，復殺數十人，下皆畏服；公祏兵亦至，遂幷其衆，至數萬。攻安宜，屠之。隋遣虎牙郎將來整戰于黃花輪，伏威大敗，身重創，與公祏財有衆數百，亡去，行收卒得八千，與虎牙郎將公孫上哲戰鹽城，覆其軍。

煬帝遣右禦衞將軍陳稜以精兵討之，稜不敢戰，伏威遺以婦人服，書稱陳姥，怒其軍。稜果悉兵至，伏威迎出挑戰，稜軍射中其額，伏威怒曰：「不殺汝，矢不拔！」遂馳入稜陣，大呼衝擊，衆披靡，獲所射將，使拔箭已，斬之，攜其首入稜軍示之，又殺數十人，遂大潰，稜走而免。

進破高郵，引兵度淮，攻歷陽，據之，稱總管。分兵徇屬縣，皆下，江淮羣盜爭附。伏威選敢死士五千，號「上募」，寵厚之，與均甘苦，每攻取，必先登，戰罷，閱創在背者殺之。所虜獲必分與麾下，士有戰死，以其妻殉，故人自奮戰，無完敵。宇文化及以爲歷陽太守，不受。徙丹楊，自稱大行臺。始進用士人，繕利兵械，薄賦斂，除殉葬法，民姦若盜及吏受賕，雖輕，皆殺無赦。上表越王侗，侗以爲東南道大總管，封楚王。

是時，秦王方討王世充，遣使招懷，伏威乃獻款。高祖授以東南道行臺尙書令、江淮安撫大使、上柱國、吳王，賜姓，豫屬籍，以其子德俊爲山陽公，賜帛五千段，馬三百匹。伏威遣其將陳正通、徐紹宗以兵會，取世充之梁郡。又遣將王雄誕討李子通於杭州，禽以獻。破汪華於歙州。盡有江東、淮南地，南屬嶺，東至于海。秦王已平劉黑闥，師次曹、兗，伏威懼，乃入朝。詔拜太子太保兼行臺尚書令，留京師，位在齊王元吉上，以寵之。

伏威好神仙長年術，餌雲母被毒，武德七年二月，暴卒。初，公祏反，矯伏威令以紿衆，趙郡王孝恭既平公祏，得反書以聞。高祖追其官，削屬籍，沒入家產。貞觀元年，太宗知其冤，詔復官爵，以公禮葬，仍還其子封。

伏威有養子三十人，皆壯士，屬以兵，與同衣食，唯闞稜、王雄誕知名。

闞稜，伏威邑人也。貌魁雄，善用兩刃刀，其長丈，名曰「拍刀」，一揮殺數人，前無堅對。伏威據江淮，以戰功顯，署左將軍。部兵皆羣盜，橫相侵牟，稜案罪殺之，雖親故無脫者，至道不舉遺。

從伏威入朝，拜左領軍將軍、越州都督。公祏反，稜與南討，青山之戰，與陳正通遇，陣方接，稜脫兜鍪謂衆曰：「不識我邪？何敢戰！」其徒多稜舊部，氣遂索，至有拜者。公祏破，稜功多，然頗自伐。公祏被禽，乃誣與己謀；又伏威、王雄誕及稜貲產在丹楊者當原，而趙郡王孝恭悉籍入之，稜自訴，忤孝恭。遂以謀反誅。

王雄誕，曹州濟陰人。少彊果，膂力絕人。伏威之起，用其計，戰多克，署驃騎將軍。初，伏威度淮與李子通合，後子通憚其才，襲之，伏威被創墮馬，雄誕負逃葭澤中，哀嘯散亡，又爲隋將來整所窘，衆復潰。別將西門君儀妻王勇決而力，負伏威走，雄誕總麾下壯士十餘人從之。追兵至，雄誕還拒，數被創，氣彌厲，伏威遂脫。闞稜年長於雄誕，故軍中號稜「大將軍」，雄誕「小將軍」。

後伏威令輔公祏擊子通，以雄誕、稜爲副，戰溧水，子通敗，公祏乘勝追之，反爲所擠，士皆走壁。雄誕曰：「子通狃于勝，無營壘，今急擊之，必克。」公祏不從。雄誕獨提私卒數百，銜枚夜往，乘風火之，子通大敗走，度太湖。武德四年，與子通戰蘇州，却之。子通以精兵保獨松嶺，雄誕遣將陳當率千兵出不意，乘高蔽嶂，張疑幟，夜縛炬于樹，偏山澤。子通懼，燒營遁，保餘杭，雄誕追禽之。

歙賊汪華據郡稱王且十年，雄誕還師攻之，華以勁甲出新安洞拒戰，雄誕伏兵山谷，以弱卒數千鬭，輒走壁，華來攻，壁中奮殊死，不可下。會暮還，雄誕伏兵已據洞口，不得歸，遽面縛降。蘇賊聞人遂安據崑山，無所屬，伏威使討之，雄誕以邑險而完，攻之引日，遂單騎造壘門，陳國威靈，因開曉禍福，遂安卽降。以前後功授歙州總管，封宜春郡公。

伏威入朝，以兵屬雄誕。輔公祏將反，患其異己，縱反間，陽言得伏威敎，責雄誕貳。雄誕素質直，信之，乃歸臥疾。公祏奪其兵，遣西門君儀諭計，雄誕始悔寤，曰：「天下方靖，王在京師，當謹守藩，奈何爲族夷事？雄誕雖死，誼不從！」公祏遂縊之。雄誕愛人，善撫士，能致下死力，每破城邑，整衆山立，無絲毫犯。死之日，江南士庶爲流涕。高祖嘉其節，以子世果襲宜春郡封。太宗立，優詔贈左驍衞大將軍、越州都督，謚曰忠。

世果，垂拱初至廣州都督、安西大都護。

張士貴，虢州盧氏人，本名忽峍。彎弓百五十斤，左右射無空發。隋大業末，起爲盜，攻剽城邑，當時患之，號「忽峍賊」。高祖移檄招之，士貴卽降，拜右光祿大夫。從征伐有功，賜爵新野縣公。又從平洛，授虢州刺史。帝曰：「顧令卿衣錦晝游耳。」進封虢國公、右屯衞大將軍。貞觀七年，爲龔州道行軍總管，破反獠還，太宗聞其冒矢石先登，勞之曰：「嘗聞以忠報國者不顧身，於公見之。」累遷左領軍大將軍。顯慶初，卒，贈荆州都督，陪葬昭陵。

李子和，同州蒲城人，本郭氏。爲隋左翊衞，以罪徙楡林。大業末，郡饑，子和與死士十八人執丞王才，數以不恤下，斬之，開倉賑窮乏。自號永樂王，建元丑平，號其父爲太公，以弟子政爲尚書令，子端、子升爲左右僕射，有騎兵二千。南連梁師都，北事突厥，納弟爲質。始畢可汗册子和爲平楊天子，不敢當，乃更署爲屋利設。

武德元年獻款，授靈州總管、金河郡公，徙郕國公。襲師都寧朔城，克之。又伺突厥虛實，陰以章聞，爲虜邏騎所獲，處羅可汗怒，囚子升，於是子和危畏，舉部南徙，詔內延州故城。五年，從平劉黑闥有功，賜姓，拜右武衞將軍。十一年，爲婺州刺史〔一〕，徙夷國公。顯慶初，轉黔州都督，乞骸骨，許之，進金紫光祿大夫，卒。

苑君璋，馬邑豪也，以驍雄自奮。劉武周以兵入寇，君璋曰：「唐以一州兵撥取三輔，所向風靡，此殆天命，非人謀，不可爭也。太原而南多巖阻，今束甲深入，無踵軍，有失不可償，不如連突厥與唐合從，南面稱孤，上策也。」武周不聽，使君璋守朔州，引衆內侵，未幾敗，泣曰：「廢君言，乃至此！」即與共趨突厥。

武周死，突厥以君璋爲大行臺，統武周部曲，使郁射設監兵，與舊將高滿政夜襲代州，不克。高祖遣使招之，賜鐵券，約不死。君璋拒命，進寇代州，刺史王孝德拒却之。滿政勸君璋曰：「夷狄無禮，豈可北面臣之？請盡殺其衆以歸唐。」君璋不從。而馬邑困於兵，人厭亂，滿政因衆不忍，夜脅君璋，君璋奔突厥。滿政以城歸，詔拜朔州總管，封榮國公。君璋引突厥攻陷馬邑，殺滿政，夷其黨，乃去，退保恆安。其部皆中國人，多叛去，君璋窮，乃降，自請鄠虜贖罪。

高祖遣鴈門人元普賜金券，會頡利亦召之，意猶豫。子孝政諫曰：「大人許唐降，又貳頡利，自取亡也。今糧盡衆攜，不卽決，恐衿肘變生，孝政不忍見禍之酷也！」卽單騎南奔，君璋喩返之，召衆與議。恆安人郭子威曰：「恆安故王者都，山川足以自固，突厥方彊，我援之，可觀天下變，何遽降？」君璋然之，執元普送突厥，頡利德之，遺以錦裘羊馬。其下怨，投書于門曰：「不早附唐，父子誅。」孝政懼，欲自歸，爲君璋所拘。與突厥寇馬邑，犯太原，邊人苦之。見頡利政亂，知將亡，遂率所部降，頡利追，擊走其兵。

入朝，拜安州都督，封芮國公，食五百戶，賜帛四千匹。君璋不曉書，然天資習事，歷職有惠稱。貞觀中，卒。

羅藝字子廷，襄州襄陽人，家京兆之雲陽。父榮，隋監門將軍。藝剛愎不仁，勇攻戰，善用槊。大業中，以戰力補虎賁郎將。遼東之役，李景以武衞大將軍督饟北平，詔藝以兵屬，分部嚴一。然任氣，嘗慢侮景，頻爲景辱。

天下盜起，涿郡號富饒，伐遼兵仗多在，而倉庤盈羨，又臨朔宮多珍寶，屯師且數萬，苦盜賊侵掠，留守將趙什住、賀蘭誼、晉文衍等不能支。藝捍寇，數破卻之，勇常冠軍，爲諸將忌畏。藝陰自計，因出師，詭說衆曰：「吾軍討賊數有功，而食乏。官粟若山，而留守不賑卹，豈安人彊衆意邪？」士皆怨。既還，郡丞出郊謁，藝執之，陳兵入，什住等懼，爭聽命。藝卽發庫貲賜戰士，倉粟給窮人，境內大悅。殺異己者渤海太守唐褘等，威動北邊，柳城、懷遠並歸附。黜柳城太守楊林甫，改郡曰營州，以襄平太守鄧暠爲總管，藝自稱幽州總管。

宇文化及至山東，遣使招藝，藝曰：「我隋舊臣，今大行顚覆，義不辱于賊。」斬使者，爲煬帝發喪三日。時竇建德、高開道亦遣使於藝，藝謂官屬曰：「建德等皆劇賊，不足共功名，唐公起兵據關中，民望所係，王業必成，吾決歸之。敢異議者戮！」會張道源撫輯山東，亦諭藝降，武德二年，乃奉表以地歸。詔封燕王，賜姓，豫屬籍。數與建德戰，多所禽馘。秦王擊劉黑闥，高祖詔藝弟監門將軍壽以兵從，藝自率衆數萬破劉什善、張君立於徐河。黑闥引突厥入寇，藝復以兵與皇太子建成會洺州，遂請入朝。帝厚禮之，拜左翊衞大將軍。

藝負其功，且貴重不少屈，秦王左右嘗至其營，藝疻辱之。高祖怒，以屬吏，久乃釋。時突厥放横，藉藝威名欲憚虜，詔以本官領天節軍將，鎭涇州。

太宗卽位，進開府儀同三司。藝內懼，乃圖反，詭言閱武。兵旣集，稱被密詔入朝，軍至豳，治中趙慈皓出謁，遂據州。帝命長孫无忌、尉遲敬德擊之，未至，慈皓與統軍楊岌謀誅藝，藝覺，執慈皓。岌居外，卽攻之，藝敗，棄妻子，從數百騎奔突厥。抵寧州，騎稍亡，左右斬之，傳首，梟于都市。壽時爲利州都督，亦及誅。

先是，濟陰女子李，自言通鬼道，能愈疾，四方惑之，詔取致京師。嘗往來藝家，謂藝妻孟曰：「妃相貴，當母天下。」孟令視藝，又曰：「妃之貴由於王，貴色且發。」藝妻信之，亦贊以反，旣敗，與李皆斬。

王君廓，幷州石艾人。少孤貧，爲駔儈，無行，善盜。嘗負竹笱如魚具，內置逆刺，見鸞縎者，以笥囊其頭，不可脫，乃奪縎去，而主不辨也，鄉里患之。

大業末，欲聚兵爲盜，請與叔俱，不從，乃誣鄰人通叔母者，與叔共殺之，遂皆亡命。衆稍集，掠夏、長平。河東丞丁榮拒之，且遣使慰召。君廓見使，謬爲欲歸首者。榮輕之，因陳兵登山，君廓悉伏甲山谷中。榮軍還，掩擊，破之。又與賊韋寶、鄧豹等掠虞鄉，宋老生與戰，君廓不利，保方山，老生列營迫之。君廓糧盡，詐請降，與老生隔澗語，祈請哀到。老生爲感動，稍緩之，君廓一昔遁去。

高祖兵起，召之，不從。歸李密，密不甚禮，乃歸國。授上柱國、假河內太守、常山郡公，遷遼州刺史，徙封上谷。從戰東都有功，爲右武衞將軍。詔勞之曰：「爾以十三人破賊萬，自古以少制衆，無有也！」賜雜綵百段。別下轘轅、羅川二縣，破世充將魏隱，擊糧道緱氏，沈米艘三十柁。

進爵彭國公，鎮幽州。擊突厥，俘斬二千，獲馬五千匹。入朝，帝賜所乘馬，令自廷中乘以出，謂侍臣曰：「昔藺相如叱秦王，目眥皆裂。君廓往擊建德，李勣過之，至發憤大呼，鼻耳皆流血，其勇何特古人哉！朕當不以例賞。」乃賜錦袍金帶，還幽州。

會大都督廬江王瑗反，欲奪君廓兵以委王詵。君廓本紿瑗使亂爲己功，乃從數騎候詵，留騎于外，曰：「聞呼聲則入。」乃獨款詵，詐曰：「有急變，當白！」詵方沐，握髮出，卽斬之，因執瑗。以功授幽州都督，瑗家口悉賜之，進左光祿大夫，賜帛千段。居職不守法度，長史李玄道數以法繩督，猜惑不自安。會被召，至渭南，殺驛史，亡奔突厥，野人斬之。太宗顧前功，爲收葬，待其家如初。御史大夫温彥博奏：「君廓叛臣，不宜食封邑，有司失所宜言。」乃貶爲庶人。

校勘記

〔一〕十一年爲婺州刺史　上文記武德五年事，武德止九年，「十一年」當非承武德年號。按舊書卷五六李子和傳，子和除婺州刺史在貞觀十一年。此處疑脫「貞觀」二字。

唐書卷九十三

列傳第十八

李靖 客師 令問 彥芳　李勣 敬業 思文

李靖字藥師，京兆三原人。姿貌魁秀，通書史。嘗謂所親曰：「丈夫遭遇，要當以功名取富貴，何至作章句儒！」其舅韓擒虎每與論兵，輒歎曰：「可與語孫、吳者，非斯人尚誰哉！」仕隋爲殿內直長，吏部尚書牛弘見之曰：「王佐才也！」左僕射楊素拊其牀謂曰：「卿終當坐此！」

大業末，爲馬邑丞。高祖擊突厥，靖察有非常志，自囚上急變，傳送江都，至長安，道梗。高祖已定京師，將斬之，靖呼曰：「公起兵爲天下除暴亂，欲就大事，以私怨殺誼士乎？」秦王亦爲請，得釋，引爲三衞。從平王世充，以功授開府。

蕭銑據江陵，詔靖安輯，從數童騎道金州，會蠻賊鄧世洛兵數萬屯山谷間，廬江王瑗討不勝，靖爲瑗謀，擊卻之。進至峽州，阻銑兵不得前。帝謂逗留，詔都督許紹斬靖，紹爲請而免。開州蠻冉肇則寇夔州，趙郡王孝恭戰未利，靖率兵八百破其屯，要險設伏，斬肇則，俘禽五千。帝謂左右曰：「使功不如使過，靖果然。」因手敕勞曰：「既往不咎，向事吾久已忘之。」靖遂陳圖銑十策。有詔拜靖行軍總管，兼攝孝恭行軍長史，軍政一委焉。

武德四年八月，大閱兵夔州。時秋潦，濤瀨漲惡，銑以靖未能下，不設備。諸將亦請江平乃進。靖曰：「兵機事，以速爲神。今士始集，銑不及知，若乘水傅壘，是震霆不及塞耳，有能倉卒召兵，無以禦我，此必禽也。」孝恭從之。

九月，舟師叩夷陵，銑將文士弘以卒數萬屯淸江，孝恭欲擊之，靖曰：「不可。士弘健將，下皆勇士，今新失荆門，悉銳拒我，此救敗之師，不可當。宜駐南岸，待其氣衰乃取之。」孝恭不聽，留靖守屯，自往與戰，大敗還。賊委舟散掠，靖視其亂，縱兵擊破之，取四百餘艘，溺死者萬人。卽率輕兵五千爲先鋒，趨江陵，薄城而營。破其將楊君茂、鄭文秀，俘甲士四千。孝恭軍繼進，銑大懼，檄召江南兵，不及到，明日降。靖入其都，號令靜嚴，軍無私焉。或請靖籍銑將拒戰者家貲以賞軍，靖曰：「王者之兵，弔人而取有罪，彼其脅驅以來，藉以拒師，本非所情，不容以叛逆比之。今新定荆、郢，宜示寬大，以慰其心，若降而籍之，恐自荆而南，堅城劇屯，驅之死守，非計之善也。」止不籍。由是江、漢列城爭下。以功封永康縣公，檢校荆州刺史。乃度嶺至桂州，分道招慰。酋領馮盎等皆以子弟來謁，南方悉定。裁量款效，承制補官。得郡凡九十六，戶六十餘萬。詔書勞勉，授嶺南撫慰大使、檢校桂州總管。以嶺海陋遠，久不見德，非震威武、示禮義，則無以變風。卽率兵南巡，所過問疾苦，延見長老，宣布天子恩意，遠近懽服。

輔公祏據丹楊反，詔孝恭爲帥，召靖入朝受方略，副孝恭東討，李世勣等七總管皆受節度。公祏遣馮惠亮以舟師三萬屯當塗，陳正通步騎二萬屯青林，自梁山連鎖以斷江道。築却月城，延袤十餘里，爲犄角。諸將議曰：「彼勁兵連栅，將不戰疲老我師。若直取丹楊，空其巢窟，惠亮等自降。」靖曰：「不然。二軍雖精，而公祏所自將亦銳卒也，旣保石頭，則牢未可拔。我留不得志，退有所忌，腹背蒙患，非百全計。且惠亮、正通百戰餘賊，非怯野鬬，今方持重，特公祏立計爾。若出不意，挑攻其城，必破之。惠亮拔，公祏禽矣。」孝恭聽之。靖率黃君漢等水陸皆進，苦戰，殺傷萬餘人，惠亮等亡去。靖將輕兵至丹楊，公祏懼，衆尙多，不能戰，乃出走，禽之，江南平。置東南道行臺，以爲行臺兵部尙書。賜物千段、奴婢百口、馬百匹。行臺廢，檢校揚州大都督府長史。帝歎曰：「靖迺銑、公祏之膏肓也，古韓、白、衞、霍何以加！」

八年，突厥寇太原，爲行軍總管，以江淮兵萬人屯太谷。時諸將多敗，獨靖以完軍歸。

俄權檢校安州大都督。太宗踐阼，授刑部尚書，錄功，賜實封四百戶，兼檢校中書令。突厥部種離畔，帝方圖進取，以兵部尚書爲定襄道行軍總管，率勁騎三千繇馬邑趨惡陽嶺。頡利可汗大驚，曰：「兵不傾國來，靖敢提孤軍至此？」於是帳部數恐。靖縱諜者離其腹心，夜襲定襄，破之，可汗脫身遁磧口。進封代國公。帝曰：「李陵以步卒五千絕漠，然卒降匈奴，其功尚得書竹帛。靖以騎三千，蹀血虜庭，遂取定襄，古未有輩，足澡吾渭水之恥矣！」

頡利走保鐵山，遣使者謝罪，請舉國內附。以靖爲定襄道總管往迎之。又遣鴻臚卿唐儉、將軍安脩仁尉撫。靖謂副將張公謹曰：「詔使到，虜必自安，若萬騎齎二十日糧，自白道襲之，必得所欲。」公謹曰：「上已與約降，行人在彼，奈何？」靖曰：「機不可失，韓信所以破齊也。如唐儉輩何足惜哉！」督兵疾進，行遇候邏，皆俘以從，去其牙七里乃覺，部衆震潰，斬萬餘級，俘男女十萬，禽其子疊羅施，殺義成公主。頡利亡去，爲大同道行軍總管張寶相禽以獻。於是斥地自陰山北至大漠矣。帝因大赦天下，賜民五日酺。

御史大夫蕭瑀劾靖持軍無律，縱士大掠，散失奇寶。帝召讓之，靖無所辯，頓首謝。帝徐曰：「隋史萬歲破達頭可汗，不賞而誅，朕不然，赦公之罪，錄公之功。」乃進左光祿大夫，賜絹千匹，增戶至五百。既而曰：「向人譖短公，朕今悟矣。」加賜帛二千匹，遷尚書右僕射。

靖每參議，恂恂似不能言，以沈厚稱。時遣使十六道巡察風俗，以靖爲畿內道大使，會足疾，懇乞骸骨。帝遣中書侍郎岑文本諭旨曰：「自古富貴而知止者蓋少，雖疾頓憊，猶力于進。公今引大體，朕深嘉之。欲成公美，爲一代法，不可不聽。」乃授檢校特進，就第，賜物段千，尙乘馬二，祿賜、國官、府佐皆勿廢。若疾少閒，三日一至門下中書平章政事。加賜靈壽杖。

頃之，吐谷渾寇邊。帝謂侍臣曰：「靖能復起爲帥乎？」靖往見房玄齡，曰：「吾雖老，尙堪一行。」帝喜，以爲西海道行軍大總管，任城王道宗、侯君集、李大亮、李道彥、高甑生五總管兵皆屬。軍次伏俟城，吐谷渾盡火其莽，退保大非川。諸將議，春草未牙，馬弱不可戰。靖決策深入，遂踰積石山。大戰數十，多所殺獲，殘其國，國人多降，吐谷渾伏允愁蹙自經死。靖更立大寧王慕容順而還。甑生軍繇鹽澤道後期，靖簿責之。既歸而憾，與廣州長史唐奉義告靖謀反，有司按驗無狀，甑生等以誣罔論。靖乃闔門自守，賓客親戚一謝遣。改衞國公。其妻卒，詔墳制如衞、霍故事，築闕象鐵山、積石山，以旌其功，進開府儀同三司。

帝將伐遼，召靖入，謂曰：「公南平吳，北破突厥，西定吐谷渾，惟高麗未服，亦有意乎？」對曰：「往憑天威，得效尺寸功。今疾雖衰，陛下誠不棄，病且瘳矣。」帝憫其老，不許。二十三年，病甚，帝幸其第，流涕曰：「公乃朕生平故人，於國有勞。今疾若此，爲公憂之。」薨，年七十九，贈司徒、并州都督，給班劍、羽葆、鼓吹，陪葬昭陵，謚景武。

子德謇嗣，官至將作少匠，坐善太子承乾，流嶺南，以靖故徙吳郡。

靖兄端，字藥王，以靖功襲永康公，梓州刺史。

弟客師，右武衞將軍，累戰功封丹楊郡公。致仕，居昆明池南。善騎射，喜馳獵，雖老猶未衰。自京南屬山，西際灃水，烏鵲皆識之，每出，從之翔噪，人謂之「烏賊」。卒，年九十，贈幽州都督。

孫令問，玄宗爲臨淄王時與雅舊。及卽位，以協贊功，遷殿中少監。預誅竇懷貞，封宋國公，實封五百戶。進散騎常侍，知尚食事，恩待甚渥。然未嘗輒干政，率游畋自娛，厚奉養，侈飲食，至躬視封宰。有譏之者，答曰：「此畜豢，天所以養人，與蔬果何異，安用妄分別邪？」後坐其子與回紇部酋承宗連婚，貶撫州別駕，卒。

靖五代孫彥芳，大和中，爲鳳翔司錄參軍。家故藏高祖、太宗賜靖詔書數函，上之。一曰：「兵事節度皆付公，吾不從中治也。」一曰：「有晝夜視公疾大老嫗遣來，吾欲熟知公起居狀。」皆太宗手墨，它大略如此。文宗愛之不廢手。其舊物有佩筆，以木爲管弢，刻金其上，別爲環以限其間，筆尙可用也。靖破蕭銑時，所賜于闐玉帶十三胯，七方六刓，胯各附環，以金固之，所以佩物者。又有火鑑、大觽、算囊等物，常佩于帶者。天子悉留禁中。又敕摸詔本，還賜彥芳，并束帛衣服。權德輿嘗讀太宗手詔，至流涕曰：「君臣之際乃爾邪！」

李勣字懋功，曹州離狐人。本姓徐氏，客衞南。家富，多僮僕，積粟常數千鍾。與其父蓋皆喜施貸，所周給無親疎之間。

隋大業末，韋城翟讓爲盜，勣年十七，往從之。說曰：「公鄉壤不宜自剽殘，宋、鄭商旅之會，御河在中，舟艦相屬，往邀取之，可以自資。」讓然之。劫公私船取財，繇是兵大振。李密亡命雍丘，勣與浚儀王伯當共說讓，推密爲主。以奇計破王世充。密署勣右武候大將軍、東海郡公。當是時，河南、山東大水，隋帝令飢人就食黎陽倉，吏不時發，死者日數萬。勣說密曰：「天下之亂本于飢，今若取黎陽粟以募兵，大事濟矣。」密以麾下兵五千付勣，與郝孝德等濟河，襲黎陽，守之。開倉縱食，旬日，勝兵至二十萬。宇文化及擁兵北上，密使勣守倉，周掘塹以自環。化及攻之，勣爲地道出鬬，化及敗，引去。

武德二年，密歸朝廷，其地東屬海，南至江，西直汝，北抵魏郡，勣統之，未有所屬。謂長史郭孝恪曰：「人衆土宇，皆魏公有也。吾若獻之，是利主之敗爲己功，吾所羞也。」乃錄郡縣戶口以啓密，請自上之。使至，高祖訝無表，使者以意聞。帝喜曰：「純臣也。」詔授黎州總管，封萊國公。賜姓，附宗正屬籍，徙封曹，給田五十頃，甲第一區。封蓋濟陰王，固辭，改舒國公。詔勣總河南、山東兵以拒王世充。及密以謀反誅，帝遣使示密反狀。勣請收葬，詔從之。勣爲密服縗經，葬訖乃釋。

俄爲竇建德所陷，質其父，使復守黎陽。三年，自拔來歸。從秦王伐東都，戰有功。東略地至虎牢，降鄭州司兵沈悅。平建德，俘世充，乃振旅還，秦王爲上將，勣爲下將，皆服金甲，乘戎輅，告捷于廟。蓋亦自洺州與裴矩入朝，詔復其官。

又從破劉黑闥、徐圓朗，累遷左監門大將軍。圓朗復反，詔勣爲河南大總管，討平之。趙郡王孝恭討輔公祏也，遣勣以步卒一萬度淮，拔壽陽，攻江西賊壘，馮惠亮、陳正通相次潰，公祏平。

太宗卽位，拜幷州都督，賜實封九百戶。貞觀三年，爲通漠道行軍總管，出雲中，與突厥戰，走之。引兵與李靖合。因曰：「頡利若度磧，保於九姓，果不可得，我若約齎薄之，不戰縛虜矣。」靖大喜，以與己合，於是意決。靖率衆夜發，勣勒兵從之。頡利欲走磧，勣前屯磧口，不得度，由是酋長率部落五萬降于勣。詔拜光祿大夫，行幷州大都督府長史。父喪解，奪哀還官，徙封英。治幷州十六年，以威肅聞。帝嘗曰：「煬帝不擇人守邊，勞中國築長城以備虜。今我用勣守并，突厥不敢南，賢長城遠矣！」召爲兵部尙書，未至，會薛延陀子大度設以八萬騎侵李思摩。詔勣爲朔方道行軍總管，將輕騎六千，擊度設青山，斬名王一，俘口五萬。以功封一子爲縣公。

晉王爲皇太子，授詹事，兼左衞率，俄同中書門下三品。帝曰：「吾兒方位東宮，公舊長史，以宮事相委，勿以資屈爲嫌也。」後帝自將征高麗，以勣爲遼東道行軍大總管。破蓋牟、遼東、白崖等城，從戰駐蹕山，功多，封一子爲郡公。延陀部落亂，詔將二百騎發突厥兵討之，大戰烏德鞬山，破之，降其首領梯眞達干，而可汗咄摩支遁入荒谷，磧北遂定。改太常卿，仍同中書門下三品，復爲詹事。

勣旣忠力，帝謂可託大事。嘗暴疾，醫曰：「用須灰可治。」帝乃自翦須以和藥。及愈，入謝，頓首流血。帝曰：「吾爲社稷計，何謝爲！」後留宴，顧曰：「朕思屬幼孤，無易公者。公昔不遺李密，豈負朕哉？」勣感涕，因嚙指流血。俄大醉，帝親解衣覆之。帝疾，謂太子曰：「爾於勣無恩，今以事出之，我死，宜即授以僕射，彼必致死力矣！」乃授疊州都督。

高宗立，召授檢校洛州刺史、洛陽宮留守，進開府儀同三司、同中書門下，參掌機密，遂爲尙書左僕射。永徽元年，求解僕射，聽之，仍以開府儀同三司知政事。四年，册進司空。始太宗時，勣已畫象淩煙閣，至是，帝復命圖其形，自序之。又詔得乘小馬出入東、西臺，卑官曰一人迎送。

帝欲立武昭儀爲皇后，畏大臣異議，未決。李義府、許敬宗又請廢王皇后。帝召勣與長孫无忌、于志寧、褚遂良計之，勣稱疾不至。帝曰：「皇后無子，罪莫大于絕嗣，將廢之。」遂良等持不可，志寧顧望不對。帝後密訪勣，曰：「將立昭儀，而顧命之臣皆以爲不可，今止矣！」答曰：「此陛下家事，無須問外人。」帝意遂定，而王后廢。詔勣、志寧奉册立武氏。帝東封泰山，爲封禪大使。嘗墜馬傷足，帝以所乘馬賜之。

高麗莫離支男生爲其弟所逐，遣子乞師。詔勣爲遼東道行軍大總管，率兵二萬討之。破其國，執高藏、男建等，裂其地州縣之。詔勣獻俘昭陵，明先帝意，具軍容告于廟。進位太子太師，增食千一百戶。

總章二年，卒，年八十六。帝曰：「勣奉上忠，事親孝，歷三朝未嘗有過，性廉慎，不立產業。今亡，當無贏貲。有司其厚賙卹之。」因泣下。舉哀光順門，七日不視朝。贈太尉、揚州大都督，謚貞武。給祕器，陪葬昭陵。起冢象陰、鐵、烏德鞬山，以旌功烈。葬日，帝與皇太子幸未央古城，哭送，百官送故城西北。

初，勣拔黎陽倉，就食者衆，高季輔、杜正倫往客焉，及平虎牢，獲戴胄，咸引見卧內，推禮之，後皆爲名臣，世以勣知人。平洛陽，得單雄信，故人也。表其材武，且言：「若貸死，必有以報，請納官爵以贖。」不許。乃號慟，割股肉啗之曰：「生死永訣，此肉同歸于土！」爲收養其子焉。性友愛，其姊病，嘗自爲粥而燎其須。姊戒止。答曰：「姊多疾，而勣且老，雖欲數進粥，尙幾何？」

其用兵多籌算，料敵應變，皆契事機。聞人善，抵掌嗟嘆。及戰勝，必推功于下。得金帛，盡散之士卒，無私貯。然持法嚴，故人爲之用。臨事選將，必訾相其奇厖福艾者遣之。或問故，答曰：「薄命之人，不足與成功名。」既沒，士皆爲流涕。

自屬疾，帝及皇太子賜藥卽服，家欲呼醫巫，不許。諸子固以藥進，輒曰：「我山東田夫耳，位三公，年踰八十，非命乎！生死係天，寧就醫求活耶？」弟弼，始爲晉州刺史。以勣疾，召爲司衞卿，使省視。忽語曰：「我似少愈，可置酒相樂。」於是奏樂宴飮，列子孫于下。將罷，謂弼曰：「我卽死，欲有言，恐悲哭不得盡，故一訣耳！我見房玄齡、杜如晦、高季輔皆辛苦立門戶，亦望詒後，悉爲不肖子敗之。我子孫今以付汝，汝可愼察，有不厲言行、交非類者，急榜殺以聞，毋令後人笑吾，猶吾笑房、杜也。我死，布裝露車載柩，斂以常服，加朝服其中，儻死有知，庶著此奉見先帝。明器惟作五六寓馬，下帳施幔，爲皂頂白紗裙，中列十偶人，它不得以從。衆妾願留養子者聽，餘出之。葬已，徙居我堂，善視小弱。苟違我言，同戮尸矣！」乃不復語。弼等遵焉。勣本二名，至高宗時，避太宗偏諱，故但名勣。後配享高宗廟廷。

季弟感，年十五，有奇操。李密敗，陷于世充。世充令作書召勣，對曰：「兄尙節義，今已事主，昆弟不能移也。」固不從，殺之。

勣子震嗣，終桂州刺史。震子敬業、敬猷。

敬業，少從勣征伐，有勇名。歷太僕少卿，襲英國公，爲眉州刺史。嗣聖元年，坐贓，貶柳州司馬。會給事中唐之奇貶括蒼令，詹事府司直杜求仁貶黝令，長安主簿駱賓王貶臨海丞，敬猷自盩厔令坐事免，俱客揚州，失職怏怏。

時武后旣廢中宗，又立睿宗，實亦囚之。諸武擅命，唐子孫誅戮，天下憤之。敬業等乘人怨，謀起兵，先諭其黨監察御史薛璋，求使江都。及至，令雍人韋超告州長史陳敬之反，璋乃收繫之。敬業卽矯制殺敬之，自稱州司馬，且言奉密詔募兵，討高州叛酋。卽開府庫，令參軍李宗臣釋繫囚、役工數百人，授甲，斬錄事參軍孫處行以徇。乃開三府：一曰匡復府，二曰英公府，三曰揚州大都督府。自稱匡復府上將，領揚州大都督，以之奇爲左長史，求仁右長史，宗臣左司馬，璋右司馬，江都令韋知止爲英公府長史，賓王爲藝文令，前盩厔尉魏思溫爲軍師。旬日，兵十餘萬。傳檄州縣，疏武氏過惡，復廬陵王天子位。又索狀類太子賢者奉之，詭衆曰：「賢實不死。」楚州司馬李崇福率所部三縣應之。

武后遣左玉鈐衞大將軍李孝逸兵三十萬往擊之，削其祖父官爵，毁冢藏，除屬籍，赦揚、楚民脅從者。購得敬業首，授官三品，賞帛五千；得之奇等首，官五品，帛三千。

敬業問計於思溫，對曰：「公旣以太后幽縶天子，宜身自將兵直趨洛陽。山東、韓、魏知公勤王，附者必衆，天下指日定矣！」璋曰：「不然。金陵負江，其地足以爲固。且王氣尙在，宜先幷常、潤爲霸基，然後鼓行而北。」思溫曰：「鄭、汴、徐、亳士皆豪桀，不願武后居上，蒸麥爲飯，以待我師。奈何欲守金陵，投死地乎？」敬業不從。使敬猷屯淮陰，韋超屯都梁山，自引兵擊潤州，下之，署宗臣爲刺史。始回兵屯高郵，下阿谿。思溫歎曰：「兵忌分，今敬業不知埽地度淮，率山東士先襲東都，吾知無能爲也！」

武后又使黑齒常之將江南兵爲孝逸援，進擊，淮陰、都梁兵皆敗。後軍總管蘇孝祥率奇兵五千夜度擊敬業，孝祥死，兵溺者過半，孝逸軍退守石梁。有烏羣噪敬業營上，監軍御史魏眞宰曰：「賊其敗乎！風順荻乾，火攻之利也。」固請戰，遂度谿擊之。敬業置陣久，士疲，皆顧望不正列，孝逸乘風縱火逼其軍，軍稍却。敬業麾精兵居前，弱者在後，陣亂不能制，乃敗，斬七千餘級。敬業與敬猷、之奇、求仁、賓王輕騎遁江都，悉焚其圖籍，攜妻子奔潤州，潛蒜山下，將入海逃高麗，抵海陵，阻風遺山江中，其將王那相斬之，凡二十五首，傳東都，皆夷其家。中宗反正，詔還勣官封屬籍，葺完塋冢焉。

初，敬業之叔思文爲潤州刺史。敬業兵起，以使間道聞，固守踰月。城陷，敬業責曰：「廬陵王繼天下，無罪見廢，今兵以義動，何過拒邪？若太后是助，宜卽姓武。」思温等欲殺之，敬業不許。及揚、楚平，乃獨免。后遂賜武姓，歷春官尚書。或言本與敬業謀者，乃復徐氏，卒。子欽憲，開元中，仕至國子祭酒。

贊曰：唐興，其名將曰英、衞，擢皆罪亡之餘，遂能依乘風雲，勒功帝籍。蓋君臣之際，固有以感之，獨推期運，非也。若靖闔門稱疾，畏遠權逼，功大而主不疑，雖古哲人，何以尚茲？勣之節，見于黎陽，故太宗勤勤於託孤，誠有爲也。至以老臣輔少主，會房帷易奪，天子畏大臣，依違不專，委誠取決，惟議是聽。勣乃私己畏禍，從而導之，武氏奮而唐之宗屬幾殲焉。及其孫，因民不忍，舉兵覆宗，至掘冢而暴其骨。嗚呼，不幾一言而喪邦乎？惜其不通學術，昧夫臨大節不可奪之誼，反與許、李同科，可不戒哉！世言靖精風角、鳥占、雲祲、孤虛之術，爲善用兵。是不然，特以臨機果，料敵明，根于忠智而已。俗人傳著怪詭禨祥，皆不足信。故列靖所設施如此。

唐書卷九十四

列傳第十九

侯君集 張亮 薛萬均 萬徹 萬備 盛彥師 盧祖尚 劉世讓 劉蘭 李君羨

侯君集，幽州三水人。以材雄稱。少事秦王幕府，從征討有功，擢累左虞候、車騎將軍，封全椒縣子。預誅隱太子尤力。王即位，拜左衞將軍，進封潞國公，邑千戶。貞觀四年，遷兵部尚書，俄檢校吏部尚書，參議朝政。

李靖討吐谷渾，以君集爲積石道行軍總管〔一〕。師次鄯州，議所向。君集曰：「王師已至，而賊不走險，天贊我也。若以精兵掩不備，彼不我虞，必有大利。若遁岨山谷，克之實難。」靖然其計，簡銳士，約齎深入，追及其衆於庫山，大戰，破之，進會大非川，平其國。

會詔世封功臣，授陳州刺史，更封陳；羣臣不願封，進吏部尚書。君集本以行伍奮，不知學；後貴，益自喜，好書。及典選，分明課最，有譽於時。

吐蕃圍松州，授當彌道行軍大總管以擊之。高昌不臣，拜交河道行軍大總管出討。王麴文泰笑曰：「唐去我七千里，磧鹵二千里無水草，冬風裂肌，夏風如焚，行賈至者百之一，安能致大兵乎？使能頓吾城下一再旬，食盡當潰，吾且係而虜之。」君集次磧口，而文泰死，子智盛襲位。進營柳谷，候騎言國方葬死君，諸將請襲之。君集曰：「不可，天子以高昌驕慢，使吾龔行天罰，今襲人於墟墓間，非問罪也。」於是鼓而前。賊嬰城自守，遣諭之，不下。乃刊木塞塹，引撞車毀其堞，飛石如雨，所向無敢當，因拔其城，俘男女七千，進圍都城。初，文泰與西突厥欲谷設約，有急相援。及是，欲谷設益懼，西走，智盛失援，乃降。高昌平，君集刻石紀功還。

初，君集配沒罪人不以聞，又私取珍寶、婦女，將士因亦盜入，不能制。及還京師，有司劾之，詔君集詣獄簿對。中書侍郎岑文本諫曰：「高昌之罪，議者以其遐遠，欲置度外，唯陛下奮獨見之明，授決勝之略，君集得指期平殄。今推勞將帥，從征之人悉蒙重賞，未踰數日，更以屬吏，天下聞之，謂陛下錄過遺功，無以勸後。且古之出師，克敵有重賞，不勝蒙顯戮。當其有功也，雖貪財縱欲，尙蒙爵邑；其無功也，雖勤躬絜己，不免鈇鉞。故曰：『記人之功，忘人之過，宜爲君者也。』昔李廣利貪不愛卒，陳湯盜所收康居財物，二主皆赦其罪，封侯賜金。夫將帥之臣，廉愼少而貪沒多。軍法曰：『使智，使勇，使貪，使愚。故智者樂立其功，勇者好行其志，貪者邀趨其利，愚者不計其死。』是以前聖使人，必收所長而棄所短。陛下宜申宥君集，俾復朝列，以勸有功。」帝寤，釋不問。

君集自恃有功，以它罪被繫，居怏怏不平。會張亮出洛州都督，君集謬激說曰：「何爲見排？」亮曰：「公排我，尙誰咎？」君集曰：「我平一國還，觸天子嗔，何能排君？」因攘袂曰：「鬱鬱不可活，能反乎？當與公反。」亮密以聞。帝曰：「卿與君集皆功臣，今獨相語而無左驗，奈何？」祕不發，待君集如初。皇太子承乾數有過，慮廢，知君集怨望，因其壻賀蘭楚石爲千牛，私引君集入，問自安計。君集擧手謂曰：「此手當爲殿下用之。」又遣楚石語承乾曰：「魏王得愛，陛下若有詔召，願毋輕入。」承乾納之。然君集常畏謀洩，忽忽不自安，或中夕驚吒，妻怪之，曰：「公，國大臣，何爲爾？若有所負，宜自歸，首領尙可全。」不從。

承乾事覺，捕君集下獄。楚石告狀，帝自臨問，曰：「我不欲令刀筆吏辱公。」君集辭窮不能對。帝語羣臣曰：「君集於國有功，朕不忍置諸法，將丐其命，公卿其許我乎？」羣臣皆曰：「君集罪大逆不道，請論如法。」帝乃謂曰：「與公訣矣，今而後，徒見公遺像已！」因泣下，遂斬之，籍其家。君集臨刑色不變，謂監吏曰：「我豈反者乎？蹉跌至此。然嘗爲將，破二國，若言之陛下，丐一子以守祭祀。」帝聞，原其妻及一子，徙嶺表。

始，帝命李靖教君集兵法，既而奏：「靖且反，兵之隱微，不以示臣。」帝以讓靖，靖曰：「方中原無事，臣之所教，足以制四夷，而求盡臣術，此君集欲反耳。」靖爲右僕射，君集爲兵部尚書，同還省，君集馬過門數步乃覺，靖語人曰：「君集其有異慮乎？」後果如言。

張亮，鄭州滎陽人。起畎畝，志趣奇譎，雖外敦厚而內不情。隋大業末，李密略地滎、汴，亮從之，未甚甄識。時軍中有謀叛去者，亮輒以告，密愛其誠，乃署驃騎將軍，隸李勣。勣以黎陽歸，亮頗佐佑之，擢鄭州刺史。會王世充取鄭，亮提孤軍不敢入，亡命共城山。俄檢校定州別駕。勣討劉黑闥，使亮守相州，賊方盛，棄城遁。

房玄齡以亮沈果有謀，白秦王，引爲車騎將軍。隱太子將作難，命亮統左右千人之洛陽，陰結山東豪桀以備變。齊王告亮反，高祖以屬吏詰訊，終無所言，乃得釋。王即位，除右衞將軍，封長平郡公。累遷御史大夫，進封鄅國公，食益州戶五百。歷幽夏鄜三州都督、相州長史，徙鄖國。召拜工部尚書。亮爲政多伺察，發擿隱微，示神明，抑彊恤弱，所至有績。拜太子詹事，出爲洛州都督。侯君集已誅，以刑部尚書參預朝政。

時茂州俚童張仲文自稱天子，有司論斥乘輿有害當死，攝刑部尚書韋挺奏：「童乃妖言，無死坐。」帝怒曰：「爾作威福于下，而歸虐朕耶！」挺失據趨出。亮爲挺直之，帝曰：「公欲取剛正名乎？」亮不謝，帝寤曰：「寧屈我，以申公之請。」童免死。

帝將伐高麗，亮頻諫，不納，因自請行，詔爲平壤道行軍大總管。引兵自東萊浮海，襲破沙卑城，進至建安，營壁未立，賊奄至，亮不知所爲，踞胡牀直視無所言，衆謂其勇，得自安。於是副將張金樹鼓于軍，士奮擊，因破賊。及從帝還，至幷州，乃得罪。

初，亮棄故妻，更娶李氏。李妬悍，私通歌兒，養爲子，名愼幾。亮子顗數諫止，亮不納。李好左道，交通巫覡，橈政事。亮爲相州，假子公孫節以讖有「弓長之主當別都」，亮自以相舊都，「弓長」其姓，陰有怪謀。術家程公穎者，亮素與厚，陰謂曰：「君前言陛下眞天下主，何其神邪！」公穎內曉，卽稱亮臥若龍，當大貴。亮曰：「國家殆必亂，吾臂龍鱗奮矣，愼幾且大貴。」公孫常者，節兄也，亮謂曰：「吾有妾，相者云必爲諸王姬。」常曰：「我兄子大品言，有神告公名在讖書。」亮悅。會陝人常德發其謀，幷言亮養假子五百。帝使馬周案之，亮讕辭曰：「囚等畏死，見誣耳。」因自陳佐命舊臣。帝曰：「亮養子五百將何爲？正欲反耳。」詔百官議，皆言亮當誅。帝遣長孫无忌、房玄齡就獄謂曰：「法者，天下平，與公共爲之。公不自脩，乃至此，將奈何？」於是斬西市，籍其家。

薛萬均，本燉煌人，後徙京兆咸陽。父世雄，大業末爲涿郡太守，萬均與弟萬徹因客幽州，以材武爲羅藝所厚善。與藝歸款，高祖授萬均上柱國、永安郡公。

竇建德帥衆十萬寇范陽，藝迎拒之。萬均曰：「衆寡不敵，宜以計勝。」卽教藝羸兵阻水以誘之，萬均自以精騎百匿城左。建德師度水，邀半度擊之，大敗其衆。明年，建德以二十萬騎來攻，兵已緣堞，萬均與萬徹率死士百人出地道，掩擊其背，衆驚潰去。秦王平劉黑闥，引萬均爲右二護軍，北門長上。

柴紹之討梁師都也，以萬均爲副，萬徹亦從。距朔方數十里，突厥兵驟至，王師却，萬均兄弟橫擊之，斬其驍將，虜陣譟，乘之，俘殺相藉。突厥走，遂圍師都。諸將以城險未可下，萬均曰：「城中氣死，鼓不能聲，破亡兆也。」旣而賊果斬師都降。拜左屯衞將軍。

俄爲沃沮道行軍副總管，從李靖討吐谷渾。軍次青海，萬均、萬徹各以百騎行前，卒與虜遇，萬均單騎馳突，無敢當者。還語諸將曰：「賊易與。」復馳進擊，斬數千級，勇蓋三軍。追奔至積石山，大風折旗，萬均曰：「虜且來！」乃勒兵。俄而虜至，萬均直前斬其將，衆遂潰，追至圖倫磧乃還，與靖會青海。璽書勉勞，遷本衞大將軍。又副侯君集擊高昌，麴智盛堅守未下，萬均麾軍進，智盛懼，乃降。進潞國公。

會有訴萬均與高昌女子亂，太宗欲窮治。魏徵曰：「君使臣以禮，若所訴實，罪且輕，虛則所失重矣。」詔勿治。後帝幸芙蓉園，坐淸宮不謹下獄，憂憤卒。帝驚悼，爲舉哀，詔陪葬昭陵。後嘗賜羣臣膜皮，及萬徹而誤呼萬均，愴然曰：「萬均朕勳舊，忽口其名，豈死者有知，冀此賜乎？」因命取焚之，舉坐感歎。

弟萬徹、萬淑、萬備。

萬徹與萬均歸高祖，授車騎將軍、武安縣公，事隱太子。太子誅，萬徹督宮兵戰玄武門，譟而趨秦府，衆失色；乃示以太子首，然後去，與數十騎亡之南山。秦王數使貸諭，乃出謝。王以其忠於所事，不之罪也。

從李靖討突厥頡利可汗，以功授統軍，進爵郡公。歷右衞將軍、蒲州刺史。副李勣擊薛延陀，與虜戰磧南，率數百騎爲先鋒，繞擊陣後。虜顧見，遂潰，斬首三千級，獲馬萬五千，封一子爲縣侯。改左衞將軍，尙丹楊公主，加駙馬都尉。遷代州都督、右武衞大將軍。太宗嘗曰：「當今名將，唯李勣、江夏王道宗、萬徹而已。勣、道宗雖不能大勝，亦未嘗大敗；至萬徹，非大勝卽大敗矣。」

貞觀二十二年，以青丘道行軍總管帥師三萬伐高麗，次鴨淥水，以奇兵襲大行城，與高麗步騎萬餘戰，斬虜將所夫孫。虜皆震恐，遂傅泊汋城。虜衆三萬來援，擊走之，拔其城。萬徹在軍中，任氣不能下人，或有上書言狀者，帝愛其功，直加讓勗而已，卽爲焚書。副將裴行方亦言其怨望。李勣曰：「萬徹位大將軍，親主壻，而內懷不平，罪當誅。」因詔除籍徙邊，會赦，還。

高宗永徽二年，授寧州刺史。入朝，與房遺愛昵甚，因曰：「我雖病足，坐置京師，諸輩猶不敢動。」遺愛曰：「若國有變，當與公共輔荆王。」謀洩下獄，誅。臨刑曰：「萬徹大健兒，留爲國効死，安得坐遺愛殺之！」遂解衣顧監刑者曰：「亟斬我！」斬之不殊，叱曰：「胡不力！」三斬乃絕。

萬淑亦以戰功顯。歷右領軍將軍、梁郡公、暢武道行軍總管。

萬備有至行，居母喪，廬墓前，太宗詔表異其門。以尙輦奉御從伐高麗。李勣圍白巖，虜遣兵萬餘來援，將軍契苾何力以八百騎苦戰，中槊創甚，爲賊所窘，萬備單馬進救，何力獲免。仕至左衞將軍。

在武德、貞觀時，又有盛彥師、盧祖尙、劉世讓、劉蘭、李君羨等，頗以功力顯，而皆不終，附于左。

盛彥師者，宋州虞城人。少任俠。隋大業末，爲澄城長。高祖兵至汾陰，彥師率賓客上謁，授行軍總管，從平京師，與史萬寶鎮宜陽。李密叛，謀出山南，萬寶懼，謂彥師曰：「密，驍賊也，以王伯當輔之，挾思東歸之士，非計出萬全不爲也，殆不可當。」彥師笑曰：「請以數千兵爲公梟其首。」萬寶問計，答曰：「兵詭道也，難豫言。」卽引衆踰洛水，入熊耳山，命士持滿夾道，伏短兵溪谷間，令曰：「賊半度乃擊。」所部皆笑曰：「賊趨洛州，何爲備此？」彥師曰：「密聲言入洛，其實走襄城就張善相，我據其要，必禽之。」密果至，彥師横擊，首尾不相救，遂斬密及伯當。以功封葛國公，授武衞將軍，鎮熊州。

討王世充也，彥師與萬寶軍伊闕，絕山南路。世充平，爲宋州總管。始，彥師入關，世充以陳寶遇爲宋州刺史，待其家不以禮。及是，彥師因事殺之，又殺平生所惡數十家，州人震駭，皆重足立。

徐圓朗反，詔爲安撫大使，戰敗，爲賊所執。圓朗待之厚，命作書招其弟，使舉虞城叛。彥師爲書曰：「吾奉使無狀，爲賊禽，誓死報國。若宜善侍母，勿以我爲念。」圓朗笑曰：「將軍，壯士也。」置之。武德六年，圓朗平，彥師得還。高祖以罪誅之。

盧祖尚字季良，光州樂安人。家饒財，好施，以俠聞。隋大業末，募壯士捕盜，時年十九，善御衆，所向有功，盜畏，不入境。宇文化及之亂，據州稱刺史，歃血誓衆，士皆感泣。越王侗立，遣使歸地，因署本州總管，封沈國公。王世充僭位，以州歸高祖，授刺史，封弋陽郡公。從趙郡王孝恭討輔公祏，爲前軍總管，下宣、歙，進擊賊帥馮惠亮、陳正通，破之。歷蔣州刺史、壽州都督、瀛州刺史，有能名。

貞觀二年，交州都督以賄敗，太宗方擇人任之，咸以祖尚才備文武，可用也。召見內殿，謂曰：「交州去朝廷遠，前都督不稱職，公爲我行，無以道遠辭也。」祖尚頓首奉詔，既而託疾自解，帝遣杜如晦等諭意曰：「匹夫不負然諾，公既許朕矣，豈得悔？三年當召，不食吾言。」對曰：「嶺南瘴癘，而臣不能飲，當無還理。」遂固辭。帝怒曰：「我使人不從，何以爲天下！」命斬朝堂。既而悔之，詔復其官。

劉世讓字元欽，京兆醴泉人。仕隋爲徵仕郎。高祖入長安，以漳川歸，授通議大夫。時唐弼餘黨寇扶風，世讓自請安輯，許之，得其衆數千，因授安定道行軍總管，率兵二萬拒薛舉，戰不勝，與弟寶皆沒於賊。舉令至城下，紿說使降。世讓陽許之，至則告守者曰：「賊兵極於此矣，善自固！」舉重其節，不加害。秦王方屯高墌，世讓密遣寶間走王，言賊虛實。高祖悅，賜其家帛千匹。舉平，授彭州刺史。俄領陝東道行軍總管，從永安王孝基討呂崇茂於夏縣，軍敗，爲賊所囚。聞獨孤懷恩有逆謀，唐儉語世讓曰：「懷恩謀行，則國難未息，可亡歸，白發之。」世讓逃還，高祖方濟河幸懷恩營，驚曰：「世讓之來，天也！」因封爲弘農郡公，賜田百畝、錢百萬。母喪免，起爲檢校并州總管。

竇建德之援王世充也，世讓率萬騎出黃沙嶺，襲洺州。會突厥入寇，又詔以兵屯鴈門，世讓馳騎八百赴之，而可汗軍大至，乃保武州。可汗與高開道、苑君璋合衆攻之，城數壞，輒立栅完拒。鄭元璹先使可汗，可汗使來說，世讓叱曰：「丈夫奈何爲夷狄作說客邪？」久之，虜引去。元璹還，具道其忠，賜良馬、金帶。襄邑王神符鎮并州，世讓數以氣凌之，坐是削籍徙康州。

未幾，召授廣州總管。帝問以備邊策，答曰：「突厥數南寇者，恃有馬邑爲地耳。如使勇將屯崞城，厚儲金帛以招降者，數出奇兵略城下，踐禾稼，不踰歲，馬邑可圖也。」帝曰：「非公無可任者。」乃使馳驛經略，於是世讓至馬邑。

高滿政以地來降，突厥患之，縱反間，云：「世讓與可汗爲亂。」帝不之察，因誅之，籍其家。貞觀初，突厥降者言世讓無逆謀，乃原其妻子。

劉蘭字文郁，青州北海人。仕隋鄱陽郡書佐。涉圖史，能言成敗事。性陰狡，以天下將亂，見北海完富，潛介賊破其鄉，取子女玉帛。淮安王神通安撫山東，率宗黨歸順。貞觀初，梁師都未平，蘭上書陳方略，太宗以爲夏州都督府司馬。師都以突厥兵頓城下，蘭仆旗息鼓，賊疑不敢迫，夜引去。蘭追擊，破之，遂進軍夏州。師都平，遷豐州刺史，召爲右領軍衞將軍。十一年，爲夏州都督長史。時突厥攜貳，郁射設阿史那摸末率屬帳居河南，蘭縱反間離之，頡利果疑。摸末懼，來降，頡利急追，蘭逆拒，卻其衆。封平原郡公，俄檢校代州都督。

初，長社許絢解讖記，謂蘭曰：「天下有長年者，咸言劉將軍當爲天下主。」蘭子昭又曰：「讖言海北出天子，吾家北海也。」會鄠縣尉游文芝以罪繫獄當死，因發其謀，蘭及黨與皆伏誅。

李君羡，洺州武安人。初事李密，後爲王世充驃騎。惡世充爲人，率其屬歸高祖，授上輕車都尉。秦王引置左右，從破宋金剛於介休，加驃騎將軍，賜以宮人、繒帛。從討王世充，爲馬軍副總管。世充子玄應自武牢轉糧入洛，君羨俘其軍，玄應走。從破竇建德、劉黑闥，所向必先登摧其鋒，累授左衛府中郎將。突厥至渭橋，君羨與尉遲敬德擊破之。太宗曰：「使皆如君羨者，虜何足憂！」改左武候中郎將，封武連縣公，北門長上。在仗讀書不休，帝嘉勞。歷蘭州都督、左監門衛將軍。

先是，貞觀初，太白數晝見，太史占曰：「女主昌。」又謠言「當有女武王者」。會內宴，爲酒令，各言小字，君羨自陳曰「五娘子」。帝愕然，因笑曰：「何物女子，乃此健邪！」又君羨官邑屬縣皆「武」也，忌之。未幾，出爲華州刺史。會御史劾奏君羨與狂人爲妖言，謀不軌，下詔誅之。天授中，家屬詣闕訴冤，武后亦欲自詫，詔復其官爵，以禮改葬。

贊曰：侯君集位將相私謁太子，張亮養子五百人，薛萬徹與狂豎謀，皆死有餘責，又何咎哉？以太宗之明德，蔽于謠讖，濫君羨之誅，徒使孽后引以自神，顧不哀哉！

校勘記

〔一〕以君集爲積石道行軍總管　「積」，各本原作「磧」，本書卷二太宗紀、卷六一宰相表、卷二二一上吐谷渾傳、舊書卷一九八吐谷渾傳及通鑑卷一九四均作「積」，據改。

唐書卷九十三

列傳第二十

高儉 履行 眞行 重　竇威 軌 琮 抗 靜 誕 璡 德玄

高儉字士廉，以字顯，齊清河王岳之孫，父勵樂安王，入隋爲洮州刺史。士廉敏惠有度量，狀貌若畫，觀書一見輒誦，敏於占對。隋司隸大夫薛道衡、起居舍人崔祖濬皆宿臣顯重，與爲忘年友，繇是有名。自以齊宗室，不欲廣交，屛居終南山下。吏部侍郞高孝基勸之仕，仁壽中，擧文才甲科，補治禮郞。斛斯政奔高麗，坐與善，貶爲朱鳶主簿，以母老不可居瘴癘地，乃留妻鮮于奉養而行。會世大亂，京師阻絕，交趾太守丘和署司法書佐。時欽州俚帥甯長眞以兵侵交趾，和懼，欲出迎，士廉曰：「長眞兵雖多，縣軍遠客，勢不得久，城中勝兵尚可戰，奈何受制於人？」和因命爲行軍司馬，逆擊破之。

高祖遣使徇嶺南，武德五年與和來降，於是秦王領雍州牧，薦士廉爲治中，親重之。

隱太子與王隙已熾，乃與長孫无忌密計討定，是日率吏卒釋囚授甲，趨芳林門助戰。王爲皇太子，授右庶子。進侍中，封義興郡公。坐匿王珪奏不時上，左授安州都督。進益州大都督府長史。蜀人畏鬼而惡疾，雖父母病皆委去，望舍投餌哺之，昆弟不相假財。士廉爲設條教，辯告督勵，風俗翕然爲變。又引諸生講授經藝，學校復興。秦時李冰導汶江水灌田，瀕水者頃千金，民相侵冒。士廉附故渠厮引旁出，以廣溉道，人以富饒。

入爲吏部尚書，進封許國公。雅負裁鑒，又詳氏譜，所署用，人地無不當者。高祖崩，攝司空，營山陵；加特進，遷尚書右僕射。士廉三世居此官，世榮其貴。太宗幸洛陽，太子監國，命攝少師。手詔曰：「端拱三川，不憂關中者，以屬卿也。」久之，請致仕，聽解僕射，加開府儀同三司、同中書門下三品，知政事。帝伐高麗，皇太子監國駐定州，又攝太傅，同掌機務。太子令曰：「寡人資公訓道，而比聽政，據桉對公，情所未安，所司宜別設桉奉太傅。」士廉固辭。

還至幷州，有疾，帝即所舍問之。貞觀二十一年疾甚，帝幸其第，爲流涕，卒年七十一。又欲臨弔，房玄齡以帝餌金石，諫不宜近喪。帝曰：「朕有舊故姻戚之重，君臣之分，卿置勿言。」即從數百騎出。長孫无忌伏馬前，陳士廉遺言，乞不臨喪，帝猶不許，无忌至流涕，乃還入東苑，南向哭。詔贈司徒、并州都督，謚曰文獻，陪葬昭陵。方寒食，敕尚宮以食四罌往祭，帝自爲文。喪出橫橋，又登城西北樓望哭以過喪。高宗即位，加贈太尉，配享太宗廟廷。

士廉進止詳華，凡有獻納，搢紳皆屬以目。奏議未嘗不焚稿，家人無見者。士廉少識太宗非常人，以所出女歸之，是爲文德皇后。及遺令墓不得它藏，惟置衣一襲與平生所好書示先王典訓可用終始者。

初，太宗嘗以山東士人尚閥閱，後雖衰，子孫猶負世望，嫁娶必多取貲，故人謂之賣昏。由是詔士廉與韋挺、岑文本、令狐德棻責天下譜諜，參考史傳，檢正眞僞，進忠賢，退悖惡，先宗室，後外戚，退新門，進舊望，右膏粱，左寒畯，合二百九十三姓，千六百五十一家，爲九等，號曰氏族志，而崔幹仍居第一。帝曰：「我於崔、盧、李、鄭無嫌，顧其世衰，不復冠冕，猶恃舊地以取貲，不肖子偃然自高，販鬻松檟，不解人間何爲貴之？齊據河北，梁、陳在江南，雖有人物，偏方下國，無可貴者，故以崔、盧、王、謝爲重。今謀士勞臣以忠孝學藝從我定天下者，何容納貨舊門，向聲背實，買昏爲榮耶？太上有立德，其次有立功，其次有立言，其次有爵爲公、卿、大夫，世世不絕，此謂之門戶。今皆反是，豈不惑邪？朕以今日冠冕爲等級高下。」遂以崔幹爲第三姓，班其書天下。

高宗時，許敬宗以不敍武后世，又李義府恥其家無名，更以孔志約、楊仁卿、史玄道、呂才等十二人刊定之，裁廣類例，合二百三十五姓，二千二百八十七家，帝自敍所以然。以四后姓、酅公、介公及三公、太子三師、開府儀同三司、尚書僕射爲第一姓，文武二品及知政事三品爲第二姓，各以品位高下敍之，凡九等，取身及昆弟子孫，餘屬不入，改爲姓氏錄。當時軍功入五品者，皆昇譜限，搢紳恥焉，目爲「勳格」。義府奏悉索氏族志燒之。又詔後魏隴西李寶，太原王瓊，滎陽鄭溫，范陽盧子遷、盧渾、盧輔，清河崔宗伯、崔元孫，前燕博陵崔懿，晉趙郡李楷，凡七姓十家，不得自爲昏；三品以上納幣不得過三百匹，四品五品二百，六品七品百，悉爲歸裝，夫氏禁受陪門財。先是，後魏太和中，定四海望族，以寶等爲冠。其後矜尚門地，故氏族志一切降之。王妃、主壻皆取當世勳貴名臣家，未嘗尚山東舊族。後房玄齡、魏徵、李勣復與昏，故望不減，然每姓第其房望，雖一姓中，高下縣隔。李義府爲子求昏不得，始奏禁焉。其後天下衰宗落譜，昭穆所不齒者，皆稱「禁昏家」，益自貴，凡男女皆潛相聘娶，天子不能禁，世以爲歎云。

士廉六子，履行、審行、眞行有名。

履行居母喪毀甚，太宗諭使彊食。尚東陽公主，襲爵。繇戶部尚書爲益州大都督府長史，政有名。坐長孫无忌，左授洪州都督，改永州刺史。

眞行至左衞將軍。其子岐連章懷太子事，詔令自誡切，眞行以佩刀刺殺之，斷首棄道上，高宗鄙其爲，貶睦州刺史。

審行自戶部侍郎貶渝州刺史。

士廉五世孫重，字文明，以明經中第，李巽表鹽鐵轉運巡官，善職，凡十年，進累司門郎中。

敬宗愼置侍講學士，重以簡厚惇正，與崔郾偕選，再擢國子祭酒。文宗好左氏春秋，命分列國各爲書，成四十篇。與鄭覃刊定九經于石。出爲鄂岳觀察使，以美政被褒。久之，拜太子賓客，分司東都。卒，贈太子少保。

贊曰：古者受姓受氏以旌有功，是時人皆土著，故名宗望姓，舉郡國自表，而譜系興焉，所以推叙昭穆，使百代不得相亂也。遭晉播遷，胡醜亂華，百宗蕩析，士去墳墓，子孫猶挾系錄，以示所承，而代閥顯者，至賣昏求財，汨喪廉恥。唐初流弊仍甚，天子屢抑不爲衰。至中葉，風教又薄，譜錄都廢，公靡常產之拘，士亡舊德之傳，言李悉出隴西，言劉悉出彭城，悠悠世胙，訖無考按，冠冕皂隸，混爲一區，可太息哉！

竇威字文蔚，岐州平陸人。父熾，在周爲上柱國，入隋爲太傅，太穆皇后，其從兄弟女也。

威沈邃有器局，貫覽羣言，家世貴，子弟皆喜武力，獨威尙文，諸兄詆爲書癡。內史令李德林舉秀異，授祕書郎，當遷不肯調者十年，故其學益博。而諸兄以軍功位通顯矣，薄威職閑宂，更謂曰：「昔仲尼積學成聖，猶棲遲不偶，汝尙何求耶？」威笑不答。蜀王秀辟爲記室，威以秀多不法，謝疾去。秀廢，府屬皆得罪，威獨免。大業中，累遷內史舍人，數諫忤旨，轉考功郎中，後坐事免。

高祖入關，召補大丞相府司錄參軍。方天下亂，禮典湮缺，威多識朝廷故事，乃裁定制度。帝語裴寂曰：「威，今之叔孫通也。」武德元年，授內史令。每論政事得失，必陳古爲諭，帝益親矚，嘗引入臥內，謂曰：「昔周有八柱國，吾與公家是也。今我爲天子，而公爲內史令，事固有不等耶？」威懼，頓首謝曰：「臣家在漢，再爲外戚。至元魏，有三皇后。今陛下龍興，臣復以姻戚進，夙夜懼不克任。」帝笑曰：「公以三后族夸我邪！關東人與崔、盧婚者，猶自矜大，公世爲帝戚，不亦貴乎。」

後寢疾，帝臨問，及卒，哭之慟。贈同州刺史，追封延安郡公，謚曰靖。威性儉素，家不樹產，比喪，無餘貲，遺令薄葬。詔皇太子、百官臨送。

兄子軌，字士則。父恭，仕周爲雍州牧、鄧國公。軌性剛果有威，大業中，爲資陽郡東曹掾，去官歸。高祖起兵，軌募衆千餘人迎謁長春宮。帝大悅，賜良馬十匹，使略地渭南，下永豐倉，收兵五千，從平京師。封贊皇縣公，爲大丞相諮議參軍。

稽胡賊五萬掠宜春，詔軌討之。次黃欽山，遇賊乘高叢射，衆爲却。軌斬部將十四人，更拔其次代之，身擁數百騎殿，令曰：「聞鼓不進者斬。」既鼓，士爭赴賊，賊射不勝，大破之，斬首千級，獲男女二萬。擢太子詹事。赤排羌與薛舉叛將鍾俱仇寇漢中，拜秦州總管，討賊連戰有功，餘黨悉降。復鄧國舊封，遷益州道行臺左僕射。党項引吐谷渾寇松州，詔軌與扶州刺史蔣善合援之。善合先期至，敗之鉗川。軌進軍臨洮，擊左封，走其衆。度羌必爲患，始屯田松州。詔率所部兵從秦王討王世充。明年，還蜀。

軌旣貴，益嚴酷，然能自勤苦，每出師臨敵，身未嘗解甲，其下有不用命卽誅，至小過亦鞭箠流血，人見者皆重足股慄，由是蜀盜悉平。初，以其甥爲腹心，嘗夜出，呼不時至，斬之。又戒家奴毋出外，忽遣奴取漿公廚，既而悔焉，曰：「要當借汝頭以明法。」命斬奴，奴稱冤，監刑者疑不時決，軌并斬之。後入朝，賜坐御榻，容不肅，又坐對詔，帝怒曰：「公入蜀，車騎、驃騎從者二十人，公斬誅略盡，我隴種車騎，尚不足給公。」因繫詔獄。俄釋之，還鎮益州。

軌與行臺尚書韋雲起、郭行方素不協，及隱太子誅，詔至，軌內詔懷中，雲起問詔安在，軌不肯示，因執殺之。行方懼，奔京師，得免。是歲，行臺廢，授益州都督，加食邑戶六百。

貞觀元年，召授右衞大將軍，出爲洛州都督。周洛間，因隋亂，人不土著，軌下令諸縣，有游手末作者按之，由是威信大行，民皆趨本。卒，贈并州都督。

子奉節，尚永嘉公主，歷左衞將軍、秦州都督。

軌弟琮，有武幹。大業末，犯法亡命太原，依高祖。與秦王有憾，不自安。王方收天下豪英，降禮接之，與出入臥內，琮意乃釋。大將軍府建，引爲統軍。從平西河，破霍邑。授金紫光祿大夫，封扶風郡公。從劉文靜擊屈突通於潼關，敗其將桑顯和，通遁去，琮以輕騎追獲於稠桑。進兵下陝縣，拔太原倉。遷左領軍大將軍，賜物五百段。隋河陽都尉獨孤武潛謀歸款，命琮總萬騎，自柏崖迎之，逗留不進，武見殺，坐除名。武德初，爲右屯衞大將軍。時將圖洛陽，詔琮留守陝，護饟道。王世充將羅士信數以兵鈔絕，琮使人說降之。東都平，檢校晉州總管。從隱太子平劉黑闥，以功封譙國公，賜黃金五十斤。卒，贈左衞大將軍，謚曰敬。永徽五年，加贈特進。

威從兄子抗，字道生。父榮定，爲隋洛州總管、陳國公，謚曰懿。母，隋文帝姊安成公主也。抗美容儀，性通率，涉見圖史。以帝甥蚤貴，入太學，釋褐千牛備身、儀同三司。侍父疾，束帶五旬不弛；居喪，哀癯過常。襲爵，累轉梁州刺史。將之官，文帝幸其第，酣宴如家人禮。母卒，數號絕，詔宮人節哭。歲餘，爲岐州刺史，轉幽州總管，所至以寬惠聞。漢王諒反，煬帝疑抗爲應，遣李子雄馳往代之。子雄因誣抗得諒書不奏，桉鞫無狀，然坐是遂廢。

抗與高祖少相狎，及楊玄感反，抗謂高祖曰：「玄感爲我先耳，李氏名在圖錄，天所啓也。」高祖曰：「爲禍始不祥，公無妄言。」煬帝遣抗出靈武，逴護長城，聞高祖已定京師，喜曰：「此吾家婿，豁達有大度，眞撥亂主也。」因歸長安。高祖見之喜，握手曰：「李氏果王，何如？」因置酒爲樂，授將作大匠兼納言，尋罷爲左武候大將軍。

帝聽朝，或引升御坐，既退，入臥內，從容談笑，極平生歡，以兄呼之，宮中稱爲舅，或留宿禁省，侍燕豫，然未嘗干朝廷事。後從秦王平薛舉，功第一；又從征王世充。東都平，册勳於廟者九人，抗與從弟軌與焉。賜女樂一部，珍幣不貲。卒，贈司徒，謚曰密。

子衍、靜、誕，衍襲爵。

靜字元休，在隋佐親衞，以父得罪煬帝，久不之進。高祖入京師，擢幷州大總管府長史。時突厥數爲邊患，糧道不屬，靜表請屯田太原，以省餽運。議者以流亡未復，不宜重困，於是召入與裴寂、蕭瑀、封倫廷議，寂等不能屈，帝從之，歲收粟十萬斛。詔檢校幷州大總管。又請斷石嶺以爲鄣塞，制突厥之入。

太宗卽位，授司農卿，封信都縣男。趙元楷爲少卿，靜鄙其聚斂，因會官屬大言曰：「如煬帝奢侈，竭四海自奉，司農須公矣。今天子躬節儉，屈一人安兆庶，惡用公哉？」元楷大慙。改夏州都督。

突厥攜貳，諸將出征者過靜，靜爲陳虜中虛實，諸將由是大克獲。又間其部落，郁射所部鬱孤尼等九俟斤皆內附。帝嘉之，賜馬百匹、羊千口。及禽頡利，詔處其衆河南。靜上書曰：「夷狄窮則搏噬，飽則羣聚，不可以刑法繩、仁義教也。衣食仰給，不恃耕桑。今損有爲之民，資無知之虜，得之無益於治，失之不害於化。況首丘未忘，則一旦變生，犯我王略矣。不如因其破亡，假以賢王一號，妻之宗女，披其土地部落，使權弱勢分，易爲羈制，則世爲藩臣矣。」帝雖不從，然嘉其忠，優詔答曰：「北方之務，悉以相委，以卿爲寧朔大使，朕無北顧憂矣。」再遷民部尙書。卒，謚曰肅。

子逵，尙遂安公主，襲爵。

誕，隋末起家朝請郎。義寧初，辟丞相府祭酒，封安豐郡公，尙襄陽公主。從秦王征薛擧，爲元帥府司馬。累遷太常卿。高祖諸子幼，未出宮者十餘王，國司家事，皆誕主之。出爲梁州都督。

貞觀初，召授右領軍大將軍，進莘國公，爲宗正卿。太宗與語，昏謬失對。乃下詔曰：「誕比衰耗，不能事，朕知而任之，是謂不明。且爲官擇人者治，爲人擇官者亂。其以光祿大夫罷就第。」卒，贈工部尙書、荆州刺史，謚曰安。

抗弟璡，字之推，性沈厚。隋大業末，爲扶風太守。唐兵起，以郡歸，歷民部尙書。從秦王平薛仁杲，賜錦袍。尋鎭益州，時蜀盜賊多，皆討平之。與皇甫無逸不協，數相訴毁，因請入朝，至半道，詔還之。璡內憂恐。會使者至，璡引宴臥內，厚餉遺。無逸以聞，坐免官。未幾，授祕書監，封鄧國公。

貞觀初，遷將作大匠，詔脩洛陽宮，鑿池起山，務極侈浮，費不勝算。太宗怒，詔毀之，免其官。以酆王納璡女爲妃，復位。卒，贈禮部尚書，謚曰安。璡有巧思，工書。武德中，與太常少卿祖孝孫受詔定雅樂，是正鍾律云。

威從孫德玄，隋大業中，起家國學生。祖照，尚周文帝義陽公主，封鉅鹿郡公。父彥，襲爵，終隋西平太守。兄德明，師事陳留王孝逸，通知文史。漢王諒反，遣將綦良攻黎州。德明年十八，募士五千，號令嚴整，倍道擊賊，破之。以功擢累齊王府屬。坐事免。高祖兵叩長安，而宗室孝基、神符、道宗及竇誕、趙慈景等並繫獄，隋將衞文昇、陰世師欲殺之，德明諫曰：「罪不在此，殺之無傷於彼，祗取怨焉，不如挺之。」乃止。長安平，謁高祖，終不自言，時稱長者。拜考功郎中。從秦王擊王世充。封顯武男，歷常、愛二州刺史，卒。

德玄始爲高祖丞相府千牛，歷太宗時不甚顯，高宗以舊臣，自殿中少監爲御史大夫，歲中遷司元太常伯。時帝又以源直心爲奉常正卿，劉祥道爲司刑太常伯，上官儀爲西臺侍極，郝處俊爲太子左中護，凡十餘人，皆帝自擇，以示宰相李勣等，皆頓首謝。

麟德初，進檢校左相，勤職約己，天子嘗臨朝，咨其清素，加以賜賚。居位數年，贊圖封禪事，與李勣皆爲使。帝次濮陽，問古謂帝丘，德玄不能對，許敬宗具道其然，帝稱善。敬宗自矜于人，德玄知，不爲忤，衆服其量。禮成，進爵二級。以弟德遠未及爵，願分封，詔可，故德玄封鉅鹿男，德遠樂安男。德玄迎時取合，未嘗有過，然無它補益。卒，年六十九，贈光祿大夫、幽州都督，謚曰恭。

贊曰：高、竇雖緣外戚姻家，然自以才猷結天子，廁跡名臣，垂榮無窮，時有遇合，故見諸事業。古來賢豪，不遭興運，埋光鏟采，與草木俱腐者，可勝咤哉！竇宗自魏訖唐，支冑扶疏數百年，所馮厚矣。

唐書卷九十六

列傳第二十一

房玄齡 遺愛　杜如晦 楚客　淹　元穎　審權　讓能

房玄齡字喬，齊州臨淄人。父彥謙，仕隋，歷司隸刺史。玄齡幼警敏，貫綜墳籍，善屬文，書兼草隸。開皇中，天下混壹，皆謂隋祚方永，玄齡密白父曰：「上無功德，徒以周近親，妄誅殺，攘神器有之，不爲子孫立長久計，淆置嫡庶，競侈僭，相傾閡，終當內相誅夷。視今雖平，其亡，跬可須也。」彥謙驚曰：「無妄言！」年十八，舉進士。授羽騎尉，校讎祕書省。吏部侍郎高孝基名知人，謂裴矩曰：「僕觀人多矣，未有如此郎者，當爲國器，但恨不見其聳壑昂霄云。」補隰城尉。漢王諒反，坐累，徙上郡。顧中原方亂，慨然有憂天下志。會父疾，緜十旬，不解衣；及喪，勺飲不入口五日。

太宗以燉煌公徇渭北，杖策上謁軍門，一見如舊，署渭北道行軍記室參軍。公爲秦王，即授府記室，封臨淄侯。征伐未嘗不從，衆爭取怪珍，玄齡獨收人物致幕府，與諸將密相申結，人人願盡死力。王嘗曰：「漢光武得鄧禹，門人益親。今我有玄齡，猶禹也。」居府出入十年，軍符府檄，或駐馬即辦，文約理盡，初不著藁。高祖曰：「若人機識，是宜委任。每爲吾兒陳事，千里外猶對面語。」

隱太子與王有隙，王召玄齡與計，對曰：「國難世有，惟聖人克之。大王功蓋天下，非特人謀，神且相之。」乃引杜如晦協判大計。累進陝東道大行臺考功郎中、文學館學士。故太子忌二人者，奇譖于帝，皆斥逐還第。太子將有變，王召二人以方士服入，夜計事。事平，王爲皇太子，擢右庶子。太子即位，爲中書令。第功班賞，與如晦、長孫无忌、尉遲敬德、侯君集功第一，進爵邗國公，食邑千三百戶，餘皆次敍封拜。帝顧羣臣曰：「朕論公等功，定封邑，恐不能盡，無有諱，各爲朕言之。」淮安王神通曰：「義師起，臣兵最先至，今玄齡等以刀筆吏居第一，臣所未喻。」帝曰：「叔父兵誠先至，然未嘗躬行陣勞，故建德之南，軍敗不振，討黑闥反動，望風輒奔。今玄齡等有決勝帷幄、定社稷功，此蕭何所以先諸將也。叔父以親，宜無愛者，顧不可緣私與功臣競先後爾。」初，將軍丘師利等皆怙跋攘袂，或指畫自陳說，見神通愧屈，乃曰：「陛下至不私其親，吾屬可妄訴邪！」

進尚書左僕射，監脩國史，更封魏。帝曰：「公爲僕射，當助朕廣耳目，訪賢材。比聞閱牒訟日數百，豈暇求人哉？」乃敕細務屬左右丞，大事關僕射。

帝嘗問：「創業、守文孰難？」玄齡曰：「方時草昧，羣雄競逐，攻破乃降，戰勝乃剋，創業則難。」魏徵曰：「王者之興，必乘衰亂，覆昏暴，殆天授人與者。既得天下，則安于驕逸。人欲靜，徭役毒之；世方敝，裒刻窮之。國繇此衰，則守文爲難。」帝曰：「玄齡從我定天下，冒百死，遇一生，見創業之難。徵與我安天下，畏富貴則驕，驕則怠，怠則亡，見守文之不爲易。然創業之不易，既往矣；守文之難，方與公等愼之。」

會詔大臣世襲，授宋州刺史，徙國梁，而羣臣讓世襲事，故罷刺史，遂爲梁國公。未幾，加太子少師。始詣東宮，皇太子欲拜之，玄齡讓不敢謁，乃止。居宰相積十五年，女爲王妃，男尙主，自以權寵隆極，累表辭位，詔不聽。頃之，進司空，仍總朝政。玄齡固辭，帝遣使謂曰：「讓，誠美德也。然國家相眷賴久，一日去良弼，如亡左右手。顧公筋力未衰，毋多讓！」晉王爲皇太子，改太子太傅，知門下省事。以母喪，賜塋昭陵園。起復其官。會伐遼，留守京師。詔曰：「公當蕭何之任，朕無西顧憂矣。」凡糧械飛輸，軍伍行留，悉裁總之。玄齡數上書勸帝，願毋輕敵，久事外夷。固辭太子太傅，見聽。

晚節多病，時帝幸玉華宮，詔玄齡居守，聽臥治事。稍棘，召許肩輿入殿，帝視流涕，玄齡亦感咽不自勝。命尙醫臨候，尙食供膳，日奏起居狀。少損，卽喜見于色。玄齡顧諸子曰：「今天下事無不得，惟討高麗未止，上含怒意決，羣臣莫敢諫，吾而不言，抱愧沒地矣！」遂上疏曰：

上古所不臣者，陛下皆臣之；所不制者，陛下皆制之矣。爲中國患，無如突厥，而大小可汗相次束手，弛辮握刀，分典禁衞。延陀、鐵勒，披置州縣；高昌、吐渾，偏師掃除。惟高麗歷代逋命，莫克窮討。陛下責其弒逆，身自將六軍，徑荒裔，不旬日拔遼東，虜獲數十萬，殘衆、孽君縮氣不敢息，可謂功倍前世矣。

易曰：「知進退存亡不失其正者，其惟聖人乎！」蓋進有退之義，存有亡之機，得有喪之理，爲陛下惜者此也。傳曰：「知足不辱，知止不殆。」陛下威名功烈既云足矣，拓地開疆亦可止矣。邊夷醜種，不足待以仁義，責以常禮，古者以禽魚畜之。必絕其類，恐獸窮則搏，苟救其死。且陛下每決死罪，必三覆五奏，進疏食，停音樂，以人命之重爲感動也。今士無一罪，驅之行陣之間，委之鋒鏑之下，使肝腦塗地，老父孤子、寡妻慈母望轊車，抱枯骨，摧心掩泣，其所以變動陰陽，傷害和氣，實天下之痛也。使高麗違失臣節，誅之可也；侵擾百姓，滅之可也；能爲後世患，夷之可也。今無是三者，而坐敝中國，爲舊王雪恥，新羅報仇，非所存小、所損大乎？臣願下沛然之詔，許高麗自新，焚陵波之船，罷應募之衆，即臣死骨不朽。

帝得疏，謂高陽公主曰：「是已危惙，尚能憂吾國事乎！」疾甚，帝命鑿苑垣以便候問，親握手與決。詔皇太子就省。擢子遺愛右衛中郎將，遺則朝散大夫，令及見之。薨，年七十一，贈太尉、并州都督，謚曰文昭，給班劍、羽葆、鼓吹、絹布二千段、粟二千斛，陪葬昭陵。高宗詔配享太宗廟廷。

玄齡當國，夙夜勤彊，任公竭節，不欲一物失所。無娼忌，聞人善，若己有之。明達吏治，而緣飾以文雅，議法處令，務爲寬平。不以己長望人，取人不求備，雖卑賤皆得盡所能。或以事被讓，必稽顙請罪，畏惕，視若無所容。

貞觀末年，以譴還第，黃門侍郎褚遂良言於帝曰：「玄齡事君自無所負，不可以一眚便示斥外，非天子任大臣意。」帝悟，遽召于家。後避位不出。久之，會帝幸芙蓉園觀風俗，玄齡敕子弟汛掃廷唐，曰：「乘輿且臨幸。」有頃，帝果幸其第，因載玄齡還宮。帝在翠微宮，以司農卿李緯爲民部尚書，會有自京師來者，帝曰：「玄齡聞緯爲尚書謂何？」曰：「惟稱緯好鬚，無它語。」帝遽改太子詹事。帝討遼，玄齡守京師，有男子上急變，玄齡詰狀，曰：「我乃告公。」玄齡馹遣追帝，帝視奏已，斬男子。下詔責曰：「公何不自信！」其委任類如此。

治家有法度，常恐諸子驕侈，席勢凌人，乃集古今家誡，書爲屏風，令各取一具，曰：「留意於此，足以保躬矣！漢袁氏累葉忠節，吾心所尚，爾宜師之。」子遺直嗣。

次子遺愛，誕率無學，有武力。尙高陽公主，爲右衞將軍。公主，帝所愛，故禮與它壻絕。主驕蹇，疾遺直任嫡，遺直懼，讓爵，帝不許。主稍失愛，意怏怏。與浮屠辯機亂，帝怒，斬浮屠，殺奴婢數十人，主怨望，帝崩，哭不哀。高宗時，出遺直汴州刺史，遺愛房州刺史。主又誣遺直罪，帝敕長孫无忌鞫治，乃得主與遺愛反狀，遺愛伏誅，主賜死。遺直以先勳免，貶銅陵尉。詔停配享。

杜如晦字克明，京兆杜陵人。祖果，有名周、隋間。如晦少英爽，喜書，以風流自命，內負大節，臨機輒斷。隋大業中，預吏部選，侍郎高孝基異之，曰：「君當爲棟梁用，願保令德。」因補滏陽尉，棄官去。

高祖平京師，秦王引爲府兵曹參軍，徙陝州總管府長史。時府屬多外遷，王患之。房玄齡曰：「去者雖多，不足吝，如晦王佐才也。大王若終守藩，無所事；必欲經營四方，捨如晦無共功者。」王驚曰：「非公言，我幾失之！」因表留莫府。從征伐，常參帷幄機祕。方多事，裁處無留，僚屬共才之，莫見所涯。進陝東道大行臺司勳郎中，封建平縣男，兼文學館學士。天策府建，爲中郎。王爲皇太子，授左庶子，遷兵部尚書，進封蔡國公，食三千戶，別食益州千三百戶。俄檢校侍中，攝吏部尚書，總監東宮兵，進位尚書右僕射，仍領選。與玄齡共筦朝政，引士賢者，下不肖，咸得職，當時浩然歸重。監察御史陳師合上拔士論，謂一人不可總數職，陰剴諷如晦等。帝曰：「玄齡、如晦不以勳舊進，特其才可與治天下者，師合欲以此離間吾君臣邪？」斥嶺表。

久之，以疾辭職，詔給常俸就第，醫候之使道相屬。會病力，詔皇太子就問，帝親至其家，撫之梗塞。及未亂，擢其子左千牛構兼尚舍奉御。薨，年四十六，帝哭爲慟，贈開府儀同三司。及葬，加司空，謚曰成。手詔虞世南勒文于碑，使言君臣痛悼意。

它日，食瓜美，輟其半奠焉。嘗賜玄齡黃銀帶，曰：「如晦與公同輔朕，今獨見公。」泫然流涕曰：「世傳黃銀鬼神畏之。」更取金帶，遣玄齡送其家。後忽夢如晦若平生，明日爲玄齡言之，敕所御饌往祭。明年之祥，遣尚宮勞問妻子，國府官佐亦不之罷，恩禮無少衰。後詔功臣世襲，追贈密州刺史，徙國萊。

方爲相時，天下新定，臺閣制度，憲物容典，率二人討裁。每議事帝所，玄齡必曰：「非如晦莫籌之。」及如晦至，卒用玄齡策也。蓋如晦長於斷，而玄齡善謀，兩人深相知，故能同心濟謀，以佐佑帝，當世語良相，必曰房、杜云。

構位慈州刺史。次子荷，性暴詭不循法，尙城陽公主，官至尙乘奉御，封襄陽郡公。承乾謀反，荷曰：「琅邪顏利仁善星數，言天有變，宜建大事，陛下當爲太上皇。請稱疾，上必臨問，可以得志。」及敗，坐誅。臨刑，意象軒驁。構以累貶死嶺表。

如晦弟楚客，少尙奇節，與叔父淹皆沒於王世充。淹與如晦有隙，譖其兄殺之，并囚楚客瀕死。世充平，淹當誅。楚客請于如晦，不許。楚客曰：「叔殘兄，今兄又棄叔，門內幾盡，豈不痛哉！」如晦感悟，請之高祖，得釋。

方建成難作，楚客遁舍嵩山。貞觀四年，召爲給事中。太宗曰：「君居山似之矣，謂非宰相不起，渠然邪？夫走遠者自近，人不卹無官，患才不副。而兄與我異支一心者，爾當如兄事吾而輔我。」楚客頓首謝，因擢爲中郞將。每入直，盡夕不釋仗，帝知而勞之，進蒲州刺史，政有能名，徙瀛州。後爲魏王府長史，遷工部尙書，攝府事，以威肅聞。揣帝意薄承乾，乃爲王諂媚用事臣，數言王聰睿可爲嗣，人或以聞，帝隱恚。及王貶爵，暴其罪，以如晦功免死，廢于家，終虔化令。

淹字執禮，材辯多聞，有美名。隋開皇中，與其友韋福嗣謀曰：「上好用隱民，蘇威以隱者召，得美官。」乃共入太白山，爲不仕者。文帝惡之，謫戍江表。赦還，高孝基爲雍州司馬，薦授承奉郎，擢累御史中丞。王世充僭號，署少吏部，頗親近用事。洛陽平，不得調，欲往事隱太子。時封倫領選，以諗房玄齡，玄齡恐失之，白秦王，引爲天策府兵曹參軍、文學館學士。嘗侍宴，賦詩尤工，賜銀鍾。慶州總管楊文幹反，辭連太子，歸罪淹及王珪、韋挺，並流越巂，王知其誣，餉黄金三百兩。

及踐阼，召爲御史大夫，封安吉郡公，食四百戶。淹建言諸司文桉稽期，請以御史檢促。太宗以問僕射封倫，倫曰：「設官各以其事治，御史劾不法，而索桉求疵，是太苛，且侵官。」淹嘿然。帝曰：「何不申執？」對曰：「倫所引國大體，臣伏其議，又何言？」帝悅，以資博練，帝敕東宮儀典簿最悉聽淹裁訂。

俄檢校吏部尚書，參豫朝政。所薦贏四十人，後皆知名。嘗白郅懷道可用，帝問狀。淹曰：「懷道及隋時位吏部主事，方煬帝幸江都，羣臣迎阿，獨懷道執不可。」帝曰：「卿時何云？」曰：「臣與衆。」帝折曰：「事君有犯無隱，卿直懷道者，何不讜言？」謝曰：「臣位下，又顧諫不從，徒死無益。」帝曰：「內以君不足諫，尚何仕？食隋粟忘隋事，忠乎？」因顧羣臣：「公等謂何？」王珪曰：「比干諫而死，孔子稱仁，泄冶諫亦死，則曰：『民之多辟，無自立辟。』祿重責深，從古則然。」帝笑曰：「卿在隋不諫，宜置。世充親任，胡不言？」對曰：「固嘗言，不見用。」帝曰：「世充愎諫飾非，卿若何而免？」淹辭窮不得對。帝勉曰：「今任卿已，可有諫未？」答曰：「願死無隱。」

貞觀二年疾，帝爲臨問。卒，贈尚書右僕射，謚曰襄。始，淹典二職，貴重於朝矣，而亡清白名，獲譏當世。子敬同襲爵，官至鴻臚卿。

如晦五世孫元穎，貞元末及進士第，又擢宏詞。數從使府辟署，稍以右補闕爲翰林學士，敏文辭，憲宗特所賞歎。吳元濟平，論書詔勤，遷司勳員外郎，知制誥。穆宗以元穎多識朝章，尤被寵，拜中書舍人、戶部侍郎，爲學士承旨，以本官同中書門下平章事，建安縣男。自帝卽位，不閱歲至宰相，搢紳駭異。甫再期，出爲劍南西川節度使、同平章事，帝爲御安福門臨餞。

敬宗驕僻不君，元穎每欲中帝意以固幸，乃巧索珍異獻之，踵相躡於道，百工造作無程，斂取苛重，至削軍食以助裒畜。又給與不時，戍人寒飢，乃仰足蠻徼。於是人人咨苦，反爲蠻內覘，戎備不脩。大和三年，南詔乘虛襲戎、巂等州，諸屯聞賊至，輒潰，戍者爲鄉導，遂入成都。已傳城，元穎尙不知，乃率左右嬰牙城以守。賊大掠，焚郛郭，殘之，留數日去，蜀之寶貨、工巧、子女盡矣。初，元穎計迫，將挺身走，會救至乃止。文宗遣使者臨撫南詔，南詔上言：「蜀人祈我誅虐帥，不能克，請陛下誅之，以謝蜀人。」由是貶邵州刺史。議者不厭，斥爲循州司馬。官屬崔璜、紇干臬、盧并悉奪秩，分逐之。元穎死於貶所，年六十四。將終，表丐贈官，乞歸葬。詔贈湖州刺史。

元穎與李德裕善，會昌初，德裕當國，因赦令復其官。

弟元絳，終太子賓客。元絳子審權。

審權字殷衡，第進士，辟浙西幕府。舉拔萃中，爲右拾遺。宣宗時，入翰林爲學士，累遷兵部侍郎、學士承旨。懿宗立，進同中書門下平章事，再遷門下侍郎，出爲鎮海軍節度使、同平章事。龐勛亂徐州，審權與令狐綯、崔鉉連師掎角，饋粟相銜，王師賴濟。勛破，進檢校司空，入爲尚書左僕射、襄陽郡公。繼領河中、忠武節度使。卒，贈太子太師，謚曰德。

審權淸重寡言，性長厚，居翰林最久，終不漏禁近語。在方鎭，視事有常處，要非日入未始就內寢。坐必斂衽，常若對大賓客。或晝日少息，則顧直將解簾；即旁無人，自起徹鉤，手擁簾徐下，乃退。與杜悰俱位將相，悰先進，故世謂審權爲「小杜公」。

子讓能，字羣懿，擢進士第，從宣武王鐸府爲推官，以長安尉爲集賢校理。喪母，以孝聞。又辟劉鄴、牛蔚二府，稍進兵部員外郎。蕭遘領度支，引判度支桉。僖宗狩蜀，奔謁行在，三遷中書舍人，召爲翰林學士。方關東兵興，調發緩徠，書詔叢浩，讓能思精敏，凡號令行下，處事値機，無所遺算，帝倚重之。從還京師，再遷兵部尙書，封建平縣子。

李克用兵至，帝夜出鳳翔，蒼黃無知者。讓能方直，徒步從十餘里，得遺馬，褫紳爲靮乘之。朱玫兵逼乘輿，帝走寶雞，獨讓能從。翌日，孔緯等乃至。俄而進狩梁。是時棧道爲山南石君涉所毀，天子間關嶮澁，讓能未嘗暫去側。帝勞曰：「朕失道，再違宗廟。方艱難時，卿不少捨朕，蓋古所謂忠於所事邪！」讓能頓首曰：「臣世蒙國厚恩，陛下不以臣不肖，使扞牧圉，臨難苟免，臣之恥也。」帝次褒中，擢兵部侍郎、同中書門下平章事。

於時，嗣襄王熅即僞位，彊藩大鎭附者已十八，貢賦不輸行在，無以備賞勞，衞兵往往乏食，君臣搏手無它策。讓能建遣大使入河中，以諭王重榮，重榮果奉詔。已而京師平，進中書侍郎，徙封襄陽郡公。官吏多汙僞署，有司皆欲論死，讓能以脅從不足深治，固爭之，多所全貸。昭宗立，進尙書左僕射、晉國公，賜鐵券，累進太尉。

李茂貞守鳳翔，自大順後兵寖彊，恃有功，不奉法，朝廷弱，弗能制。會楊復恭走山南，茂貞欲兼有梁、漢，請以師問罪，未報而兵出，帝忿其專，然不得已從之。山南平，詔茂貞領興元、武定，而以徐彥若爲鳳翔節度使，分果、閬州隸武定軍。茂貞怨，不赴鎮，上章語悖慢。又詒書讓能詆責，以爲助守亮爲亂，抑忠臣，奪已功，其言醜肆。京師匈懼，日數千人守闕下，候中尉西門重遂出，請與茂貞鳳翔地，爲百姓計。答曰：「事出宰相，我無預。」茂貞益怨。帝怒，詔讓能計議，且趣調發，經月不就第。

時宰相崔昭緯陰結茂貞及王行瑜，讓能所言悉漏之，茂貞乃以健兒數百雜市人，候昭緯與鄭延昌歸第，擁肩輿譟曰：「鳳翔無罪，幸公不加討以震驚都輦！」昭緯曰：「上委杜太尉，吾等何知？」市人不識孰爲太尉，即投瓦石妄擊，昭緯等走而免，遂喪其印。帝愈怒，捕首惡誅之。京師爭避亂，逃山谷間。讓能諫帝曰：「茂貞固宜誅，然大盜適去，鳳翔國西門，又陛下新即位，願少寬假，以貞元故事姑息之，不可使怨望。」帝曰：「今詔令不出城門，國制橈弱，賈生慟哭時也。朕顧奄奄度日，坐觀此邪！卿爲我圖之，朕自以兵屬諸王。」讓能曰：「陛下欲削滌僭嫚，剛主威，隆王室，此中外大臣所宜共成之，不宜專任臣。」帝曰：「卿，元輔，休戚與我均，何所避？」泣曰：「臣位宰相，所以未乞骸骨者，思有以報陛下，敢計身乎！且陛下之心，憲祖心也，但時有所未便。它日臣蒙鼂錯之誅，顧不足弭七國患，然敢不奉詔！」

景福二年，以嗣覃王爲招討使，神策將李鐬副之，率師三萬送彥若赴鎮。昭緯內畏有功，密語茂貞曰：「上不喜兵，一出太尉。」茂貞乃悉兵迎戰盩厔，覃王敗，乘勝至三橋。讓能曰：「臣固豫言之，臣請歸死以紓難。」帝涕下不能已，曰：「與卿决矣！」再貶雷州司戶參軍。茂貞尚駐兵請必殺之，乃賜死，年五十三。

弟彥林，官御史中丞；弘徽，戶部侍郎，皆及誅。帝痛之，後贈太師。

子光乂，次子曉，不復仕。曉入梁，貴顯于世。

贊曰：太宗以上聖之才，取孤隋，攘羣盜，天下已平，用玄齡、如晦輔政。興大亂之餘，紀綱彫弛，而能興仆植僵，使號令典刑粲然罔不完，雖數百年猶蒙其功，可謂名宰相。然求所以致之之蹟，逮不可見，何哉？唐柳芳有言：「帝定禍亂，而房、杜不言功；王、魏善諫，而房、杜讓其直；英、衞善兵，而房、杜濟以文。持衆美效之君。是後，新進更用事，玄齡身處要地，不吝權，善始以終，此其成令名者。」諒其然乎！如晦雖任事日淺，觀玄齡許與及帝所親款，則謨謀果有大過人者。方君臣明良，志叶議從，相資以成，固千載之遇，蕭、曹之勛，不足進焉。雖然，宰相所以代天者也，輔贊彌縫而藏諸用，使斯人由而不知，非明哲曷臻是哉？彼揚己取名，瞭然使戶曉者，蓋房、杜之細邪！

唐書卷九十七

列傳第二十二

魏徵 蓍

魏徵字玄成，魏州曲城人。少孤，落魄，棄貲產不營，有大志，通貫書術。隋亂，詭爲道士。武陽郡丞元寶藏舉兵應李密，以徵典書檄。密得寶藏書，輒稱善，既聞徵所爲，促召之。徵進十策說密，不能用。王世充攻洛口，徵見長史鄭頲曰：「魏公雖驟勝，而驍將銳士死傷略盡；又府無見財，戰勝不賞。此二者不可以戰。若浚池峭壘，曠日持久，賊糧盡且去，我追擊之，取勝之道也。」頲曰：「老儒常語耳！」徵不謝去。

後從密來京師，久之未知名。自請安輯山東，乃擢秘書丞，馳駟至黎陽。時李勣尙爲密守，徵與書曰：「始魏公起叛徒，振臂大呼，衆數十萬，威之所被半天下，然而一敗不振，卒歸唐者，固知天命有所歸也。今君處必爭之地，不早自圖，則大事去矣！」勣得書，遂定計歸，而大發粟餽淮安王之軍。

會竇建德陷黎陽，獲徵，僞拜起居舍人。建德敗，與裴矩走入關，隱太子引爲洗馬。徵見秦王功高，陰勸太子早爲計。太子敗，王責謂曰：「爾鬩吾兄弟，奈何？」答曰：「太子蚤從徵言，不死今日之禍。」王器其直，無恨意。

卽位，拜諫議大夫，封鉅鹿縣男。當是時，河北州縣素事隱、巢者不自安，往往曹伏思亂。徵白太宗曰：「不示至公，禍不可解。」帝曰：「爾行安喻河北。」道遇太子千牛李志安、齊王護軍李思行傳送京師，徵與其副謀曰：「屬有詔，宮府舊人普原之。今復執送志安等，誰不自疑者？吾屬雖往，人不信。」卽貸而後聞。使還，帝悅，日益親，或引至臥內，訪天下事。徵亦自以不世遇，乃展盡底蘊無所隱，凡二百餘奏，無不剴切當帝心者。由是拜尙書右丞，兼諫議大夫。

左右有毀徵阿黨親戚者，帝使溫彥博按訊，非是。彥博曰：「徵爲人臣，不能著形迹，遠嫌疑，而被飛謗，是宜責也。」帝謂彥博行讓徵。徵見帝，謝曰：「臣聞君臣同心，是謂一體，豈有置至公，事形迹？若上下共由茲路，邦之興喪未可知也。」帝矍然，曰：「吾悟之矣！」徵頓首曰：「願陛下俾臣爲良臣，毋俾臣爲忠臣。」帝曰：「忠、良異乎？」曰：「良臣，稷、契、咎陶也；忠臣，龍逢、比干也。良臣，身荷美名，君都顯號，子孫傳承，流祚無疆；忠臣，己嬰禍誅，君陷昏惡，喪國夷家，祗取空名。此其異也。」帝曰：「善。」因問：「爲君者何道而明，何失而暗？」徵曰：「君所以明，兼聽也；所以暗，偏信也。堯、舜氏闢四門，明四目，達四聰。雖有共、鯀，不能塞也，靖言庸違，不能惑也。秦二世隱藏其身，以信趙高，天下潰叛而不得聞；梁武帝信朱异，侯景向闕而不得聞；隋煬帝信虞世基，賊偏天下而不得聞。故曰，君能兼聽，則姦人不得壅蔽，而下情通矣。」

鄭仁基息女美而才，皇后建請爲充華，典册具。或言許聘矣。徵諫曰：「陛下處臺榭，則欲民有棟宇；食膏粱，則欲民有飽適；顧嬪御，則欲民有室家。今鄭已約昏，陛下取之，豈爲人父母意！」帝痛自咎，即詔停册。

貞觀三年，以秘書監參豫朝政。高昌王麴文泰將入朝，西域諸國欲因文泰悉遣使者奉獻。帝詔文泰使人厭怛紇干迎之。徵曰：「異時文泰入朝，所過供擬不能具，今又加諸國焉，則瀕塞州縣以乏致罪者衆。彼以商賈來，則邊人爲之利；若賓客之，中國蕭然耗矣。漢建武時，西域請置都護、送侍子，光武不許，不以蠻夷弊中國也。」帝曰：「善。」追止其詔。

於是帝即位四年，歲斷死二十九，幾至刑措，米斗三錢。先是，帝嘗嘆曰：「今大亂之後，其難治乎？」徵曰：「大亂之易治，譬飢人之易食也。」帝曰：「古不云善人爲邦百年，然後勝殘去殺邪？」答曰：「此不爲聖哲論也。聖哲之治，其應如響，期月而可，蓋不其難。」封德彝曰：「不然。三代之後，澆詭日滋。秦任法律，漢雜霸道，皆欲治不能，非能治不欲。徵書生，好虛論，徒亂國家，不可聽。」徵曰：「五帝、三王不易民以教，行帝道而帝，行王道而王，顧所行何如爾。黃帝逐蚩尤，七十戰而勝其亂，因致無爲。九黎害德，顓頊征之，已克而治。桀爲亂，湯放之；紂無道，武王伐之。湯、武身及太平。若人漸澆詭，不復返朴，今當爲鬼爲魅，尚安得而化哉！」德彝不能對，然心以爲不可。帝納之不疑。至是，天下大治。蠻夷君長襲衣冠，帶刀宿衞。東薄海，南踰嶺，戶闔不閉，行旅不齎糧，取給於道。帝謂羣臣曰：「此徵勸我行仁義，旣効矣。惜不令封德彝見之！」

俄檢校侍中，進爵郡公。帝幸九成宮，宮御舍圍川宮下。僕射李靖、侍中王珪繼至，吏改館宮御以舍靖、珪。帝聞，怒曰：「威福由是等邪！何輕我宮人？」詔并按之。徵曰：「靖、珪皆陛下腹心大臣，宮人止後宮掃除隸耳。方大臣出，官吏諮朝廷法式；歸來，陛下問人間疾苦。夫官舍，固靖等見官吏之所，吏不可不謁也。至宮人則不然，供饋之餘無所參承。以此按吏，且駭天下耳目。」帝悟，寢不問。

後宴丹霄樓，酒中謂長孫无忌曰：「魏徵、王珪事隱太子、巢剌王時，誠可惡，我能棄怨用才，無羞古人。然徵每諫我不從，我發言輒不卽應，何哉？」徵曰：「臣以事有不可，故諫，若不從輒應，恐遂行之。」帝曰：「弟即應，須別陳論，顧不得？」徵曰：「昔舜戒羣臣：『爾無面從，退有後言。』若面從可，方別陳論，此乃後言，非稷、卨所以事堯、舜也。」帝大笑曰：「人言徵舉動疏慢，我但見其嫵媚耳！」徵再拜曰：「陛下導臣使言，所以敢然；若不受，臣敢數批逆鱗哉！」

七年，爲侍中。尚書省滯訟不決者，詔徵平治。徵不素習法，但存大體，處事以情，人人悅服。進左光祿大夫、鄭國公。多病，辭職，帝曰：「公獨不見金在鑛何足貴邪？善治鍛而爲器，人乃寶之。朕方自比於金，以卿爲良匠而加礪焉。卿雖疾，未及衰，庸得便爾？」徵懇請，數却愈牢。乃拜特進，知門下省事，詔朝章國典，參議得失，祿賜、國官、防閤並同職事。

文德皇后既葬，帝即苑中作層觀，以望昭陵，引徵同升，徵孰視曰：「臣眊昏，不能見。」帝指示之，徵曰：「此昭陵邪？」帝曰：「然。」徵曰：「臣以爲陛下望獻陵，若昭陵，臣固見之。」帝泣，爲毀觀。尋以定五禮，當封一子縣男，徵請封孤兄子叔慈。帝愴然曰：「此可以勵俗。」即許之。

後幸洛陽，次昭仁宮〔一〕，多所譴責。徵曰：「隋惟責不獻食，或供奉不精，爲此無限，而至於亡。故天命陛下代之，正當兢懼戒約，奈何令人悔爲不奢。若以爲足，今不啻足矣；

以爲不足，萬此寧有足邪？」帝驚曰：「非公不聞此言。」退又上疏曰：

書稱「明德愼罰」，「惟刑之恤」。禮曰：「爲上易事，爲下易知，則刑不煩。」「上多疑，則百姓惑；下難知，則君長勞。」夫上易事，下易知，君長不勞，百姓不惑，故君有一德，臣無二心。夫刑賞之本，在乎勸善而懲惡。帝王所與，天下畫一，不以親疏貴賤而輕重者也。今之刑賞，或由喜怒，或出好惡。喜則矜刑於法中，怒則求罪於律外；好則鑽皮出羽，惡則洗垢索瘢。蓋刑濫則小人道長，賞謬則君子道消。小人之惡不懲，君子之善不勸，而望治安刑措，非所聞也。且暇豫而言，皆敦尚孔、老；至於威怒，則專法申、韓。故道德之旨未弘，而鍥薄之風先搖。昔州犂上下其手而楚法以敝，張湯輕重其心而漢刑以謬，況人主而自高下乎！頃者罰人，或以供張不贍，或不能從欲，皆非致治之急也。夫貴不與驕期而驕自至，富不與奢期而奢自至，非徒語也。

且我之所代，實在有隋。以隋府藏況今之資儲，以隋甲兵況今之士馬，以隋戶口況今之百姓，挈長度大，曾何等級焉！然隋以富彊而喪，動之也；我以貧寡而安，靜之也。靜之則安，動之則亂，人皆知之，非隱而難見、微而難察也。不蹈平易之塗，而遵覆車之轍，何哉？安不思危，治不念亂，存不慮亡也。方隋未亂，自謂必無亂；未亡，自謂必不亡。所以甲兵亟動，徭役不息，以至戮辱而不悟滅亡之所由也，豈不哀哉！

夫監形之美惡，必就止水；監政之安危，必取亡國。詩曰：「殷鑒不遠，在夏后之世。」臣願當今之動靜，以隋爲鑒，則存亡治亂可得而知。思所以危則安矣，思所以亂則治矣，思所以亡則存矣。存亡之所在，在節嗜欲，省游畋，息靡麗，罷不急，愼偏聽，近忠厚，遠便佞而已。夫守之則易，得之實難。今旣得其所難，豈不能保其所易？保之不固，驕奢淫泆有以動之也。

帝宴羣臣積翠池，酣樂賦詩。徵賦西漢，其卒章曰：「終藉叔孫禮，方知皇帝尊。」帝曰：「徵言未嘗不約我以禮。」它日，從容問曰：「比政治若何？」徵見久承平，帝意有所忽，因對曰：「陛下貞觀之初，導人使諫。三年以後，見諫者悅而從之。比一二年，勉彊受諫，而終不平也。」帝驚曰：「公何物驗之？」對曰：「陛下初卽位，論元律師死，孫伏伽諫以爲法不當死，陛下賜以蘭陵公主園，直百萬。或曰：『賞太厚。』答曰：『朕卽位，未有諫者，所以賞之。』此導人使諫也。後柳雄妄訴隋資，有司得，劾其僞，將論死，戴冑奏罪當徒，執之四五然後赦。謂冑曰：『弟守法如此，不畏濫罰。』此悅而從諫也。近皇甫德參上書言『修洛陽宮，勞人也；收地租，厚斂也；俗尙高髻，宮中所化也。』陛下恚曰：『是子使國家不役一人，不收一租，宮人無髮，乃稱其意。』臣奏：『人臣上書，不激切不能起人主意，激切卽近訕謗。』于時，陛下雖從臣言，賞帛罷之，意終不平。此難於受諫也。」帝悟曰：「非公，無能道此者。人苦不自覺耳！」

先是，帝作飛山宮，徵上疏曰：

隋有天下三十餘年，風行萬里，威讋殊俗，一旦舉而棄之。彼煬帝者，豈惡治安、喜滅亡哉？恃其富彊，不虞後患也。驅天下，役萬物，以自奉養，子女玉帛是求，宮宇臺榭是飾，徭役無時，干戈不休，外示威重，內行險忌，讒邪者進，忠正者退，上下相蒙，人不堪命，以致殞匹夫之手，爲天下笑。聖哲乘機，拯其危溺。今宮觀臺榭，盡居之矣；奇珍異物，盡收之矣；姬姜淑媛，盡侍於側矣；四海九州，盡爲臣妾矣。若能鑒彼所以亡，念我所以得，焚寶衣，毀廣殿，安處卑宮，德之上也。若成功不廢，即仍其舊，除其不急，德之次也。不惟王業之艱難，謂天命可恃，因基增舊，甘心侈靡，使人不見德而勞役是聞，斯爲下矣。以暴易暴，與亂同道。夫作事不法，後無以觀。人怨神怒，則災害生；災害生，則禍亂作；禍亂作，而能以身名令終者鮮矣。

是歲，大雨，穀、洛溢，毀宮寺十九，漂居人六百家。徵陳事曰：

臣聞爲國基於德禮，保於誠信。誠信立，則下無二情；德禮形，則遠者來格。故德禮誠信，國之大綱，不可斯須廢也。傳曰：「君使臣以禮，臣事君以忠。」「自古皆有死，民無信不立。」又曰：「同言而信，信在言前；同令而行，誠在令外。」然則言而不行，言不信也；令而不從，令無誠也。不信之言，不誠之令，君子弗爲也。

自王道休明，緜十餘載，倉廩愈積，土地益廣，然而道德不日博，仁義不日厚，何哉？由待下之情，未盡誠信，雖有善始之勤，而無克終之美。故便佞之徒得肆其巧，謂同心爲朋黨，告訐爲至公，彊直爲擅權，忠讜爲誹謗。謂之朋黨，雖忠信可疑；謂之至公，雖矯僞無咎。彊直者畏擅權而不得盡，忠讜者慮誹謗而不敢與之爭。熒惑視聽，鬱於大道，妨化損德，無斯甚者。

今將致治則委之君子，得失或訪諸小人，是譽毀常在小人，而督責常加君子也。夫中智之人，豈無小惠，然慮不及遠，雖使竭力盡誠，猶未免傾敗，況內懷姦利，承顏順旨乎？故孔子曰：「君子而不仁者有矣，未有小人而仁者。」然則君子不能無小惡，惡不積無害於正；小人時有小善，善不積不足以忠。今謂之善人矣，復慮其不信，何異立直木而疑其景之曲乎？故上不信則無以使下，下不信則無以事上。信之爲義大矣！

昔齊桓公問管仲曰：「吾欲使酒腐於爵，肉腐於俎，得無害霸乎？」管仲曰：「此固非其善者，然無害霸也。」公曰：「何如而害霸？」曰：「不能知人，害霸也；知而不能用，害霸也；用而不能任，害霸也；任而不能信，害霸也；既信而又使小人參之，害霸也。」晉中行穆伯攻鼓，經年而不能下，餽閒倫曰：「鼓之嗇夫，閒倫知之，請無疲士大夫，而鼓可得。」穆伯不應。左右曰：「不折一戟，不傷一卒，而鼓可得，君奚不爲？」穆伯曰：「閒倫之爲人也，佞而不仁。若使閒倫下之，吾不可以不賞，若賞之，是賞佞人也。佞人得志，是使晉國捨仁而爲佞，雖得鼓，安用之！」夫穆伯，列國大夫，管仲，霸者之佐，猶能愼於信任，遠避佞人，況陛下之上聖乎？若欲令君子小人是非不雜，必懷之以德，待之以信，厲之以義，節之以禮，然後善善而惡惡，審罰而明賞，無爲之化何遠之有！善善而不能進，惡惡而不能去，罰不及有罪，賞不加有功，則危亡之期或未可保。

帝手詔嘉答。於是，廢明德宮玄圃院賜遭水者。

它日，宴羣臣，帝曰：「貞觀以前，從我定天下，間關草昧，玄齡功也。貞觀之後，納忠諫，正朕違，爲國家長利，徵而已。雖古名臣，亦何以加！」親解佩刀，以賜二人。帝嘗問羣臣：「徵與諸葛亮孰賢？」岑文本曰：「亮才兼將相，非徵可比。」帝曰：「徵蹈履仁義，以弼朕躬，欲致之堯、舜，雖亮無以抗。」時上封者衆，或不切事，帝厭之，欲加譴黜，徵曰：「古者立謗木，欲聞己過。封事，其謗木之遺乎！陛下思聞得失，當恣其所陳。言而是乎，爲朝廷之益；非乎，無損於政。」帝悅，皆勞遣之。

十三年，阿史那結社率作亂，雲陽石然，自冬至五月不雨，徵上疏極言曰：

臣奉侍帷幄十餘年，陛下許臣以仁義之道，守而不失；儉約朴素，終始弗渝。德音在耳，不敢忘也。頃年以來，寖不克終。謹用條陳，裨萬分一。

陛下在貞觀初，清淨寡欲，化被荒外。今萬里遣使，市索駿馬，并訪怪珍。昔漢文帝却千里馬，晉武帝焚雉頭裘。陛下居常論議，遠輩堯、舜，今所爲，更欲處漢文、晉武下乎？此不克終一漸也。子貢問治人。孔子曰：「懍乎若朽索之馭六馬。」子貢曰：「何畏哉？」對曰：「不以道導之，則吾讎也，若何不畏！」陛下在貞觀初，護民之勞，煦之如子，不輕營爲。頃既奢肆，思用人力，乃曰：「百姓無事則易驕，勞役則易使。」自古未有百姓逸樂而致傾敗者，何有逆畏其驕而爲勞役哉？此不克終二漸也。陛下在貞觀初，役己以利物，比來縱欲以勞人。雖憂人之言不絕於口，而樂身之事實切諸心。無慮營構，輒曰：「弗爲此，不便我身。」推之人情，誰敢復爭？此不克終三漸也。在貞觀初，親君子，斥小人。比來輕褻小人，禮重君子。重君子也，恭而遠之；輕小人也，狎而近之。近之莫見其非，遠之莫見其是。莫見其是，則不待間而疏；莫見其非，則有時而昵。昵小人，疏君子，而欲至治，非所聞也。此不克終四漸也。在貞觀初，不貴異物，不作無益。而今難得之貨雜然並進，玩好之作無時而息。上奢靡而望下朴素，力役廣而冀農業興，不可得已。此不克終五漸也。貞觀之初，求士如渴，賢者所舉，即信而任之，取其所長，常恐不及。比來由心好惡，以衆賢舉而用，以一人毀而棄，雖積年任而信，或一朝疑而斥。夫行有素履，事有成迹，一人之毀未必可信，積年之行不應頓虧。陛下不察其原，以爲臧否，使讒佞得行，守道疏間。此不克終六漸也。在貞觀初，高居深拱，無田獵畢弋之好。數年之後，志不克固，鷹犬之貢，遠及四夷，晨出夕返，馳騁爲樂，變起不測，其及救乎？此不克終七漸也。在貞觀初，遇下有禮，羣情上達。今外官奏事，顏色不接，間因所短，詰其細過，雖有忠款，而不得申。此不克終八漸也。在貞觀初，孜孜治道，常若不足。比恃功業之大，負聖智之明，長傲縱欲，無事興兵，問罪遠裔。親狎者阿旨不肯諫，疏遠者畏威不敢言。積而不已，所損非細。此不克終九漸也。貞觀初，頻年霜旱，畿內戶口並就關外，攜老扶幼，來往數年，卒無一戶亡去。此由陛下矜育撫寧，故死不攜貳也。比者疲於徭役，關中之人，勞弊尤甚。雜匠當下，顧而不遣。正兵番上，復別驅任。市物襁屬於廛，遞子背望於道。脫有一穀不收，百姓之心，恐不能如前日之恬泰。此不克終十漸也。

夫禍福無門，惟人之召，人無釁焉，妖不妄作。今旱熯之災，遠被郡國，凶醜之孽，起於轂下，此上天示戒，乃陛下恐懼憂勤之日也。千載休期，時難再得，明主可爲而不爲，臣所以鬱結長歎者也！

疏奏，帝曰：「朕今聞過矣，願改之，以終善道。有違此言，當何施顏面與公相見哉！方以所上疏，列爲屛障，庶朝夕見之，兼錄付史官，使萬世知君臣之義。」因賜黃金十斤，馬二匹。

高昌平，帝宴兩儀殿，歎曰：「高昌若不失德，豈至於亡！然朕亦當自戒，不以小人之言而議君子，庶幾獲安也。」徵曰：「昔齊桓公與管仲、鮑叔牙、甯戚四人者飲，桓公請叔牙曰：『盍起爲寡人壽？』叔牙奉觴而起曰：『願公無忘在莒時，使管仲無忘束縛於魯時，使甯戚無忘飯牛車下時。』桓公避席而謝曰：『寡人與二大夫能無忘夫子之言，則社稷不危矣。』」帝曰：「朕不敢忘布衣時，公不得忘叔牙之爲人也。」

帝遣使者至西域立葉護可汗，未還，又遣使賫金帛諸國市馬。徵曰：「今立可汗未定，卽詣諸國市馬，彼必以爲意在馬，不在立可汗。可汗得立，必不懷恩。諸蕃聞之，以中國薄義重利，未必得馬而先失義矣。魏文帝欲求市西域大珠，蘇則以爲惠及四海，則不求自至；求而得之，不足貴也。陛下可不畏蘇則言乎！」帝遂止。

是後右僕射缺，欲用徵，徵讓，得不拜。皇太子承乾與魏王泰交惡，帝曰：「當今忠謇貴重無踰徵，我遣傅皇太子，一天下之望，羽翼固矣。」卽拜太子太師。徵以疾辭，詔答曰：「漢太子以四皓爲助，我賴公，其義也。公雖臥，可擁全之。」

十七年，疾甚。徵家初無正寢，帝命輟小殿材爲營構，五日畢。并賜素褥布被，以從其尙。令中郎將宿其第，動靜輒以聞，藥膳賜遺無算，中使者綴道。帝親問疾，屛左右，語終日乃還。後復與太子至徵第，徵加朝服，拕帶。帝悲懣，拊之流涕，問所欲。對曰：「嫠不恤緯，而憂宗周之亡！」帝將以衡山公主降其子叔玉，時主亦從，帝曰：「公彊視新婦！」徵不能謝。是夕，帝夢徵若平生，及旦，薨。帝臨哭，爲之慟，罷朝五日。太子舉哀西華堂。詔內外百官朝集使皆赴喪，贈司空、相州都督，謚曰文貞，給羽葆、鼓吹、班劍四十人，陪葬昭陵。將葬，其妻裴辭曰：「徵素儉約，今假一品禮，儀物褎大，非徵志。」見許，乃用素車，白布幨帷，無塗車、芻靈。帝登苑西樓，望哭盡哀。晉王奉詔致祭。帝作文于碑，遂書之。又賜家封戶九百。

帝後臨朝歎曰：「以銅爲鑑，可正衣冠；以古爲鑑，可知興替；以人爲鑑，可明得失。朕嘗保此三鑑，內防己過。今魏徵逝，一鑑亡矣。朕比使人至其家，得書一紙，始半藁，其可識者曰：『天下之事，有善有惡，任善人則國安，用惡人則國弊。公卿之內，情有愛憎，憎者惟見其惡，愛者止見其善。愛憎之間，所宜詳愼。若愛而知其惡，憎而知其善，去邪勿疑，任賢勿猜，可以興矣。』其大略如此。朕顧思之，恐不免斯過。公卿侍臣可書之於笏，知而必諫也。」

徵狀貌不逾中人，有志膽，每犯顏進諫，雖逢帝甚怒，神色不徙，而天子亦爲霽威。議者謂賁、育不能過。嘗上冢還，奏曰：「向聞陛下有關南之行，旣辦而止，何也？」帝曰：「畏卿，遂停耳。」始，喪亂後，典章湮散，徵奏引諸儒校集秘書，國家圖籍粲然完整。嘗以小戴禮綜彙不倫，更作類禮二十篇，數年而成。帝美其書，錄寘內府。帝本以兵定天下，雖已治，不忘經略四夷也。故徵侍宴，奏破陣武德舞，則俛首不顧，至慶善樂，則諦玩無斁，擧有所諷切如此。

徵亡，帝思不已，登凌煙閣觀畫像，賦詩悼痛。聞者媢之，毀短百爲。徵嘗薦杜正倫、侯君集才任宰相，及正倫以罪黜，君集坐逆誅，孅人遂指爲阿黨；又言徵嘗錄前後諫爭語示史官褚遂良。帝滋不悅，乃停叔玉昏，而仆所爲碑，顧其家衰矣。

遼東之役，高麗、靺鞨犯陣，李勣等力戰破之。軍還，悵然曰：「魏徵若在，吾有此行邪！」卽召其家到行在，賜勞妻子，以少牢祠其墓，復立碑，恩禮加焉。

四子：叔玉、叔琬、叔璘、叔瑜。叔玉襲爵爲光祿少卿。神龍初，以其子膺紹封。叔璘，禮部侍郞，武后時，爲酷吏所殺。叔瑜，豫州刺史，善草隸，以筆意傳其子華及甥薛稷。世稱善書者「前有虞、褚，後有薛、魏」。華爲檢校太子左庶子、武陽縣男。開元中，寢堂火，子孫哭三日，詔百官赴弔。

徵五世孫謩。

謩字申之。擢進士第，同州刺史楊汝士辟爲長春宮巡官。文宗讀貞觀政要，思徵賢，詔訪其後，汝士薦爲右拾遺。謩姿宇魁秀，帝異之。

邕管經略使董昌齡誣殺參軍衡方厚，貶溆州司戶，俄徙峽州刺史。謩諫曰：「王者赦有罪，唯故無赦。比昌齡專殺不辜，事跡暴章，家人銜冤，萬里投訴，獄窮罪得，特被矜貸，中外以爲屈法。今又授刺史，復使治人，紊憲章，乖至治，不見其可。」有詔改洪州別駕。

御史中丞李孝本，宗室子，坐李訓事誅死，其二女沒入宮。謩上言：「陛下即位，不悅聲色，于今十年，未始采擇。數月以來，稍意聲伎，教坊閱選，百十未已，莊宅收市，亹亹有聞。今又取孝本女內之後宮，宗姓不育，寵幸爲累，傷治道之本，速塵穢之嫌。諺曰：『止寒莫若重裘，止謗莫若自修。』惟陛下崇千載之盛德，去一旦之玩好。」帝即出孝本女，詔曰：「乃祖在貞觀時，指事直言，無所避，每覽國史，朕與嘉之。謩爲拾遺，屢有獻納。夫備灑埽於內，非曰聲妓，恤宗女之幼，不爲漁取，然疑似之間，不可戶曉。謩辭深切，其惜我之失，不亦至乎？謩雖居位日淺，朕何愛一官，增直臣之氣，其以謩爲右補闕。」

先是，帝謂宰相曰：「太宗得徵，參裨闕失，朕今得謩，又能極諫，朕不敢仰希貞觀，庶幾處無過之地。」教坊有工善爲新聲者，詔授揚州司馬，議者頗言司馬品高，郎官、刺史迭處，不可以授賤工，帝意右之。宰相諭諫官勿復言，謩獨固諫不可，工降潤州司馬。荆南監軍呂令琛縱傔卒辱江陵令，觀察使韋長避不發，移內樞密使言狀。謩劾長任察廉，知監軍侵屈官司，不以上聞，私白近臣，亂法度，請明其罰。不報。

俄爲起居舍人，帝問：「卿家書詔頗有存者乎？」謩對：「惟故笏在。」詔令上送。鄭覃曰：「在人不在笏。」帝曰：「覃不識朕意，此笏乃今甘棠。」帝因敕謩曰：「事有不當，毋嫌論奏。」謩對：「臣頃爲諫臣，故得有所陳；今則記言動，不敢侵官。」帝曰：「兩省屬皆可議朝廷事，而毋辭也！」帝索起居注，謩奏：「古置左、右史，書得失，以存鑒戒。陛下所爲善，無畏不書；不善，天下之人亦有以記之。」帝曰：「不然。我旣嘗觀之。」謩曰：「向者取觀，史氏爲失職。陛下一見，則後來所書必有諱屈，善惡不實，不可以爲史，且後代何信哉？」乃止。

中尉仇士良捕妖民賀蘭進興及黨與治軍中，反狀具，帝自臨問，詔命斬囚以徇。御史中丞高元裕建言：「獄當與衆共之。刑部、大理，法官也，決大獄不與知，律令謂何？請歸有司。」未報。謩上言：「事繫軍，卽推軍中。如齊民，宜付府縣。今獄不在有司，法有輕重，何從而知？」帝停決，詔神策軍以官兵留仗內，餘付御史臺。臺憚士良，不敢異，卒皆誅死。擢諫議大夫，兼起居舍人、弘文館直學士，謩固讓不見可，乃拜。

始蓍之進，李珏、楊嗣復實推引之。武宗立，蓍坐二人黨，出爲汾州刺史。俄貶信州長史。宣宗嗣位，移郢、商二州刺史。召授給事中，遷御史中丞，發駙馬都尉杜中立姦贓，權戚縮氣。俄兼戶部侍郎事，蓍奏：「中丞，紀綱所寄，不宜雜領錢穀，乞專治戶部。」詔可。頃之，進同中書門下平章事。建言：「今天下粗治，惟東宮未立，不早以正人傅導之，非所以存副貳之重。」且泣下，帝爲感動。自敬宗後，惡言儲嫡事，故公卿無敢開陳者。時帝春秋高，嫡嗣未辨，蓍輔政，白發其端，朝議歸重。

會詹毗國獻象，蓍以爲非土性，不可畜，請還其獻。詔可。河東節度使李業殺降虜，邊部震擾，業內恃憑藉，人無敢言者，蓍奏徙滑州。遷中書侍郎。大理卿馬曙有犀鎧數十首，懼而瘞之。奴王慶以怨告曙藏甲有異謀，按之無它狀，投曙嶺外，慶免。議者謂奴訴主，法不聽。蓍引律固爭，卒論慶死。累遷門下侍郎，兼戶部尙書。

大中十年，以平章事領劍南西川節度使。上疾求代，召拜吏部尙書，用久疾，檢校尙書右僕射、太子少保。卒，年六十六，贈司徒。

蓍爲宰相，議事天子前，它相或委抑規諷，惟蓍讜切無所回畏。宣宗嘗曰：「蓍名臣孫，有祖風，朕心憚之。」然卒以剛正爲令狐綯所忌，譏罷之。

贊曰：君臣之際，顧不難哉！以徵之忠，而太宗之睿，身殁未幾，猜譖遽行。始，徵之諫，累數十餘萬言，至君子小人，未嘗不反復爲帝言之，以佞邪之亂忠也。久猶不免。故曰：「皓皓者易汙，嶢嶢者難全」，自古所歎云。唐柳芳稱「徵死，知不知莫不恨惜，以爲三代遺直」。諒哉！謩之論議挺挺，有祖風烈，詩所謂「是以似之」者歟！

校勘記

〔一〕昭仁宮　貞觀政要卷一〇及通鑑卷一九四作「顯仁宮」。